任继愈论历史人物

任继愈 著

國家圖書館出版社

图书在版编目（CIP）数据

任继愈论历史人物/任继愈著. --北京:国家图书馆出版社,2016.12
ISBN 978 - 7 - 5013 - 6001 - 7

Ⅰ.任…　Ⅱ.①任…　Ⅲ.①历史人物—人物研究—中国—文
集　Ⅳ.①K820 - 53

中国版本图书馆 CIP 数据核字（2016）第 307363 号

责任编辑：耿素丽　王　雷

书名　任继愈论历史人物
著者　任继愈　著

出版　国家图书馆出版社（100034　北京市西城区文津街 7 号）
　　　　（原书目文献出版社　北京图书馆出版社）
发行　010 - 66114536　66126153　66151313　66175620
　　　　66121706（传真）　66126156（门市部）
E-mail　nlcpress@ nlc. cn（邮购）
Website　www. nlcpress. com → 投稿中心
经销　新华书店
印装　河北三河弘翰印务有限公司
版次　2016 年 12 月第 1 版　2016 年 12 月第 1 次印刷

开本　880 × 1230（毫米）　1/32
印张　10
字数　227 千字

书号　ISBN 978 - 7 - 5013 - 6001 - 7
定价　36. 00 元

出版说明

    任继愈先生是我国 20 世纪著名的哲学家、宗教学家和历史学家,是我国坚持运用马克思主义原理进行学术研究的优秀代表,中国马克思主义宗教学的开创者和奠基人,中国哲学、宗教学领域高瞻远瞩的学术研究领导者和优秀的学术活动组织者。任先生毕生致力于中华优秀文化的整理、研究、传播、发展,并以勤奋不懈的思考和身体力行的实践,为我们留下了丰赡的文化遗产。因此,梳理、总结任先生的理论与实践,不仅具有十分重要的学术价值,也具有十分重要的学术导向作用。

    国家图书馆是任先生生前长期工作的地方。国家图书馆出版社作为国家图书馆下属的出版机构,编辑出版任先生的学术论著,使之嘉惠学林、泽被后世,既是一种使命,也是一种荣誉,更是全社员工的共同心愿。因此,我社于 2013 年相继推出两大系列——"任继愈著作系列""任继愈研究会丛书系列"。其中,"任继愈著作系列"出版了《魏晋南北朝佛教经学》《宗教学讲义》;"任继愈研究会丛书系列"出版了《任继愈的为人与为学》。

    为将任先生一生的学术思想和研究成果进行系统整理和总结,为后人学习与研究任先生的思想提供系统性的学习参考资料,2014年我社出版了国家出版基金项目《任继愈文集》。《文集》收入任先生自 20 世纪 40 年代开始在各种期刊、报纸及内部刊物上发表的文章六百余篇,约四百万字,多为未刊稿,分为十册,涉及宗教、哲学、史学等领域。共分八编:第一编宗教学与科学无神论研究;第二编中国哲学史研究;第三编佛教研究;第四编儒教研究;第五编道教研究;第六编论古籍整理;第七编史学研究;第八编杂著。它是目前收录最全、文字最为可靠的任继愈先生的文集。它体大思精,充分体现了任继愈先生博大的思想和治学理念。

《任继愈文集》中收入的是任先生六十余载学术生涯的研究成果,是一部集大成之作。为方便使用、便于普及,我们从中按专题辑出四种:《任继愈论历史人物》《任继愈论儒佛道》《任继愈论文化与教育》《任继愈论古籍整理》,纳入"任继愈著作系列"。其中,《任继愈论历史人物》按历史人物生活的时代分为古代、近现代两部分,收入文章四十八篇,另有相关文章三篇作为附录收入其中;《任继愈论儒佛道》按内容划分为儒教、佛教、道教三部分,收入文章二十八篇;《任继愈论文化与教育》按内容划分为人文精神与道德建设、人才培养、传统文化与经典教育、北大与西南联大、文化交流、杂记六部分,收入文章四十六篇;《任继愈论古籍整理》按内容划分为古籍整理与保护、《中华大典》、《中华大藏经》、儒释道经典整理、其他古籍整理五部分,收入文章四十一篇。这四个专题从四个侧面展示了任先生对中华民族历史文化的深厚情怀与深刻反思的高度统一,高屋建瓴,便于读者阅读理解。

一代学术宗师任继愈先生留给后人的是一笔无比丰厚的精神财富和学术遗产,值得我们去慢慢回味、研究、发扬光大。它们不仅能够使当代人得到教诲和启迪,而且应该传扬于子孙后代。

国家图书馆出版社

2016 年 11 月

·附录·

· 古代 ·

中国古代大军事家孙武^①

在中国古代春秋末期（约在公元前 5 世纪后半期），出现了一位杰出的军事家——孙武。相传孙武是《孙子兵法》的作者。他生是在齐国（相当于今天的山东省地区）。他活动的时代，大致和孔子同时，年龄比孔子小。他在齐国时已经是一位有学识的军事学家，并开始著作兵书。后来他跑到南方的吴国（相当于今天的江苏省南部地区）做了将军。《史记》上记载，他曾和吴国大将伍子胥一同攻打楚国，一连攻下了楚国的许多城市，最后把楚国的首都——郢（在今天湖北省江陵附近）也攻下了，把楚昭王赶出了楚国。吴国和楚国比起来，吴是小国，楚是大国。但是在吴楚战争中，吴军转战数千里，攻城陷阵，势如破竹。吴国击败楚国这一巨大事件，使得北方的大国像齐国和晋国（晋国相当于今天的山西省的地区）也为之震惊，南方的越国（相当于今天的浙江省的地区）也被吴国的军威所慑服。史书记载中曾说，这是由于"伍子胥、孙武之谋"，才能够使吴国"西破强楚，北威齐晋，南服越人"。

孙武在中国，以及在世界军事史上，所以有不朽的地位，并不在

———————————
① 原载《八一杂志》1956 年第 108 期。

1

于他有战功,更重要的在于他是一位卓越的军事思想家。他的军事思想都保存在《孙子兵法》这部经典著作中。

《孙子兵法》被后人尊为"兵经",这是世界上最古的、成系统的军事学的著作。这部不朽的著作曾被译成多国的文字,在世界上起着影响。法国名将拿破仑带兵打仗就经常摆一部《孙子兵法》在身边。从《孙子兵法》影响的广泛,也可以想见它的价值。这部书是根据古代的战争总结出来的战争基本原理。也有人认为这部书中谈到的战争规模很大,常说"带甲十万",也谈到有关用骑兵作战的地方,因而断定这部书是战国时期的作品。据近来历史家的研究,认为《孙子兵法》这部书可能导源于孙武,完成于战国时代的孙膑(孙膑是孙武的后代子孙)。中国古书(包括一切学派的著作)都不是由一个人亲手执笔写成的,是由各家学说的信奉者不断地补充、发展,经过若干年才写成定本的。《孙子兵法》中包括战国时期的情况,是完全可以理解的。先秦古书《老子》《墨子》《易经》和其他著作差不多都有这样的情况。

《孙子兵法》的价值在哪里呢? 现在可以分作以下几点来谈谈:

(一)《孙子兵法》提出了颠扑不破的名言"知己知彼,百战不殆"(《谋攻篇》)。这就是说,首先要摸清楚敌我双方的情况,不盲目打仗。《孙子兵法》中不止一次地提到这条原理。在《地形篇》中说:作战时只知道我方的优势而不知道敌方的优势,打起仗来只有一半胜利的希望(知吾卒之可以击,而不知敌之不可击,胜之半也)。只知道敌人的弱点而不知道我方的弱点,打起仗来也只有一半的胜利的希望(知敌之可以击,而不知吾卒之不可以击,胜之半也)。知道了敌人的弱点,又知道我方的优势,如果不知道地形对我方不利,打起仗来也只有一半胜利的希望(知敌之可击,知吾卒之可以击,而不知地形之不可以战,胜之半也)。只有"知彼知己,胜乃不殆;知地知天,胜乃可全"(《地形篇》)。

作战之前要先了解敌我双方全面情况,这是任何时代都要遵守的战争原理,谁要违反了这一原理,必然遭到失败,这是历史上无数次战争的实践所证明了的。其实不仅作战要先了解情况,做其他工作又何尝不是先了解情况?所以毛主席对《孙子兵法》中这条原理给了很高的估价。毛主席在《中国革命战争的战略问题》中说:"有一种人,明于知己,暗于知彼,又有一种人,明于知彼,暗于知己,他们都是不能解决战争规律的学习和使用的问题的。中国古代大军家孙武书上'知己知彼,百战不殆'这句话,是包括学习和使用两个阶段而说的,包括从认识客观实际中的发展规律,并按照这些规律去决定自己行动克服当前敌人而说的;我们不要看轻这句话。"

(二)《孙子兵法》提出了在战术上以多量兵力集中打击敌人的少量兵力的原理。《孙子兵法》的《虚实篇》中说:"我专为一,敌分为十,是以十攻其一也,则我众而敌寡。"意思是说:我集中兵力为一,敌分散兵力为十,我仍可以用十个打它一个。这就是我多敌少。怎样造成这样以多胜少的局面呢?他又说:"吾所与战之地不可知。不可知,则敌所备者多。敌所备者多,则吾所与战者寡矣。"大意是说,我方要善于隐蔽自己的作战意图,敌人不知道我方从哪里进攻,必然处处防守。处处防守,就必然分散兵力。兵力一分散,我就可以以多打少。

在我军的军事思想和军事实践中,接受了并大大地发展了这一宝贵的遗产,在革命战争中用它消灭了不少敌人。毛主席说:"我们的战略是'以一当十',我们的战术是'以十当一',这是我们制胜敌人的根本法则之一。"

(三)《孙子兵法》提出了为战争的胜利准备条件,并争取主动的原则。《孙子兵法》中说,打胜仗的军队总是先准备好了一切胜利的条件然后求战;相反地,打败仗的军队总是不知道准备好胜利的条件,先打仗再求胜。他说:"胜兵先胜而后求战,败兵先战而后求胜。"(《地形篇》)《孙子兵法》中经常提到:"善战者立于不败之地","先为不可胜以待敌之可胜。"(《地形篇》)正由于准备充分,能立于不败之地,所以要处处争取主动,要指挥敌人,不要被敌人指挥:"善战者致人而不致于人。"(《虚实篇》)能够做到这样,我方无论进攻或防守就都有把握。

(四)《孙子兵法》虽然是一部杰出的军事学的著作,可是它没有陷于单纯军事观点,它没有主张战争万能论。它能够从比战争更广泛的范围来估量战争。它说:"不尽知用兵之害者,则不能尽知用兵之利也。"(《作战篇》)

孙子指出最好不要用战争而取得胜利:"百战百胜,非善之善者也;不战而屈人之兵,善之善者也。"(《谋攻篇》)因此孙子虽然没有认识战争和政治的关系,但是它已初步接触这一问题的实质。它说最好的策略是粉碎敌人向我发动战争的企图(上兵伐谋);其次的策略是利用国家之间的矛盾,孤立敌人,使他不敢发动战争(其次伐交);再次的策略才是用兵作战(其次伐兵);最下的策略是攻城(下政攻城)。

《孙子兵法》不能不受到历史条件的局限,因而也不可避免地带着一些不好的东西。

毫无疑问,现代战争与古代战争是迥乎不同了,孙子的许多原理是大大过时了,其治兵的方法更是过时了。但是,这位伟大的古代军事家给我们留下的遗产是极其宝贵的,是有很大研究价值的,我们必须批判地加以接受。

武圣孙武①

　　文化发展的过程,标志着人类社会思维逐步前进的过程,它要通过某些领域的代表人物表现出来。这些代表人物曾经站在该时代人类认识的最前列,体现了当时人类思想的高度,把人类认识推到一个新的水平,从而奠定了他们在人类文化史上的地位。

　　文化遗产之所以宝贵,受重视,因为它是前人用极高代价换来的。哲学遗产是人类克服大量错误认识,走过许多弯路取得的;医学遗产是积累众多临床实践,用无数患者的痛苦和生死代价换来的;军事科学遗产是总结无数实战经验(小者为战役的得失,大者为国家的兴亡)得来的,也可以说是用鲜血和生命换来的。

　　孙武是春秋时期的天才军事家,善于总结古今实战经验的理论家。他活动在春秋时期,正是中国古代社会结构解体,向新的发展阶段转化的时期。以周天子为共主的金字塔式的等级秩序解体,各诸侯国争相扩充势力,天子的号令不起作用。国际间出现了以力量角胜负的兼并战争,战争的规模逐渐扩大,并且越演越烈。战胜者乘机扩充领土,战败者身死国灭,如何应付日益频繁的兼并战争,已成为各诸侯国的贵族们共同关心、无可回避的问题。各诸侯国,即使不谋求兼并他国,至少也要有能力防止被他国兼并。

---

　　① 据《任继愈学术文化随笔》,《二十世纪中国学术文化随笔大系·33》,中国青年出版社,1996 年版。原载《孙子学刊》1992 年第 1 期。

商周以来，统治者认为"国之大事，在祀与戎"。春秋时期，鬼神主宰吉凶的信仰有所减弱，相信占卜决定国运的逐渐减少，祭祀的地位相对衰弱，相信武力决定国运的逐渐加强，战争的作用越来越被看重，已形成时代思潮。孔子一生重视教育，提倡文治，墨子宣传兼爱，反对战争，但孔、墨两家对于军事科学都予以相当关注，孔、墨两家都曾培养出能文能武的人才。由于儒、墨两家各有自己的哲学体系，重点不在战争，所以儒家、墨家没有发展出用兵作战的理论，这一任务由孙武完成。

西周灭亡，王室的礼器文献丧失殆尽，文化中心已不在东迁以后的周王都城。韩宣子、吴季札访问鲁国，都赞叹"周礼尽在鲁矣"。实际上的文化中心转移到广大齐鲁地区。管子、晏子、孔子、孙武、墨子、公输般，都涌现于齐鲁。孙子的传统，如果往上推寻，可以追溯到管仲学派。管子把农业生产组织和军事战争组织相结合，合耕战为一体。

《孙子兵法》产生在齐鲁文化先进的环境下，虽然以兵书的面貌呈现于学术界，但它受过儒、墨传统文化的熏陶，又吸收齐文化的滋养（孙武故乡，在今广饶，为古齐地），因而视野开阔，立论深宏，开一代宗师规模，远远超出就军事言军事的兵家著作的专业范围。

由于《孙子兵法》规模宏远，它不同于一般的兵书，其思想方法已进入哲学领域。1961 年，我们编写大学用的中国哲学史教科书时，为《孙子兵法》一书设有专章，集中讨论该书的军事辩证法思想，《孙子兵法》开始引进大学哲学的课堂。书中指出《孙子兵法》中的朴素唯物论和军事辩证法思想的丰富内容不局限于战争这一社会现象，在认识论、方法论上也具有一般哲学意义。它自觉地运用辩证法思想和从唯物主义观点去观察战争，是在哲学世界观指导下进行的。它是辩证法的发展、深化，涵摄范围比老子狭窄，但精密和明确程度则有所提高。老子认为柔弱胜刚强是无条件的，《孙子兵法》进一步指出，在没有转化的条件之前，弱还是弱，不是强；在没有转化的条件之下，弱不能胜强。因此，在战争中，要避免"以少合众，以弱击强"（《地形篇》），否则就会招致失败。《孙子兵法》提出"兵无常势，水无常形，能因敌变化而取胜者谓之神"（《虚实篇》）。此外，发挥主动性、争取主动的思想也有胜过老子消极被动的地方，如"善战者致人而不致于人"（《虚实篇》）。"善攻者，敌不知其所守；善守者，敌不知其所攻"（《虚实篇》）。充分发挥人的能动作用，才会"以迂为直，以患为利"（《军争篇》），变不利条件为有利。他避免了老子辩证法哲学看不到主观能动作用的缺点，达到比较深刻的结论。

《孙子兵法》说："知己知彼，百战不殆；知地知天，胜乃可全。"（《地形篇》）。不但是用兵作战的真理，体现了唯物主义认识论反映论的精神，也体现了从矛盾双方的特点去认识事物的辩证法思想。还要指出，古人的认识论，不可避免地受到历史和阶级的局限，所达到的高度不能不受朴素的自发的辩证法可能达到的高度的局限。他看到战争与政治、经济有密切关系，但没有分清战争与经济是什么关系，比如"战争是政治的继续"这样深刻的认识，《孙子兵法》是无法企及的，儒、墨两家都指出战争有正义与非正义的原则区别，正义的战争应当支持，不正义的战争应当反对。《孙子兵法》看不出有这样的认识。由于剥削阶级的局限，孔子、老子都有愚民政策，孔子的"民可使由之，不可使知之"，老子的"民之难治以其智多"，《孙子兵法》也有愚兵政策，如"置之死地而后生"，对兵士采取迫胁手段。他看到战争不宜旷日持久，主张速决，这与当时侵略、兼并的形势有关，却不能理解战役的速决和战略的持久的辩证关系，它只看到将帅在战争中的作用,看不到人民群众对战争的作用。这一点,比他稍后的孟子、荀子都比《孙子兵法》有更深刻的见解。如孟子、荀子都提出过,正义的战争,得到人民的支持,以落后的武器装备可以战胜有先进装备的军队等有价值的理论。

正是因为《孙子兵法》没有深层次地认识战争,不能区分正义战争与非正义战争,才有战国时期受聘用的职业兵家专门为人带兵打仗。当代人不但用《孙子兵法》的一些原则指导用兵,还有用来指导商业竞争和企业管理,指导体育比赛,也经常收到奇效。

我国用历史唯物主义观点来研究《孙子兵法》,是在新中国建立以后的事。这一领域有待于进一步开发的问题还很多,大有发展的余地。

中国古代尊奉的有文武圣人。文圣人孔子,已有定论。武圣人有两位,一是蜀汉名将关羽,一是民族英雄岳飞。"圣人"是中国古代社会人们对一个人的最高品格评价。关、岳两人,各领风骚千百年。中国历代名将中,其业绩、品格和关羽、岳飞不相上下的还有不少,关羽、岳飞都有各自的不足之处。从古代军事科学领域推出杰出代表人物,以品格、理论造诣及对后世的深远影响而论,数千年来孙武一人而已。武圣人的称号,只有孙武当之无愧。

墨子生卒年简考①

对墨子生卒年,汉代有几家比较重要而影响较大的说法:

(1)司马迁《史记·孟子荀卿列传》只有二十四个字:"盖墨翟宋之大夫,善守御,为节用。或曰并孔子时,或曰在其后。"

(2)刘向:"在七十子之后。"(《史记索隐》引《别录》)

(3)班固:"在孔子后。"(《汉书·艺文志》)

(4)张衡:"当子思时。"(见《后汉书》本传引张衡《论图纬虚妄疏》云:"公输般与墨翟并当子思时,出仲尼后。")

汉代学者都认为墨子在孔子后。所谓在孔子后,只是说略后于孔子,而不是不加限制地"在孔子后";不然,孟子、荀子等也"在孔子后",这四个字用在他们身上就是废话了。汉代人共同的说法都认为墨子应在春秋时,似不在战国。这是对墨子的生卒年代较早的一些说法。

到了清代,又有些学者倾向于偏晚的说法。如毕沅以为墨子是"六国时人,周末犹存"(《墨子书后》)。到了孙诒让,对过去的墨子研究进行初步总结,对墨子的生卒年代也有较详细的考证,作有《墨子年表》,把《墨子》书中所提到的一些活动和接触的人物安排在当时的历史进程中,他的结论是:

---

① 原载《文史哲》1962 年第 2 期。

> 墨子当与子思并时,而生年尚在其后(子思生于鲁哀公
> 二年,周敬王二十七年,公元前493年)。当生于周定王初
> 年,而卒于安王之季(二十四年,公元前378年),盖八九十
> 岁,亦寿考矣。(《墨子年表》)

孙说一出,在学术界几乎成了定论,后来一些学者对墨子生卒年代的看法,基本上都是在孙诒让的说法的基础上作了一些小的修正或补充。略举几家的看法试作比较,如近人梁启超:

> 生于周定王初年(元年至十年之间,前468—前459
> 年),约当孔子卒后十余年(孔子卒于前479年)。墨子卒于
> 周安王中叶(十二年至二十年之间,前390—前382年),约
> 当孟子生前十余年(孟子生于前372年)。(《墨子学案》)

张荫麟:

> 墨子的肇生约略和孔子逝世衔接。

现代学者的看法也和孙诒让、梁启超的看法差不多:

(1)范文澜:生年约在公元前468年,卒年约在公元前376年(据孙诒让说)(《中国通史简编》第一编,第218页)。

(2)吕振羽:"梁(启超)之说较近"(《中国政治思想史》,第106页)。

(3)侯外庐:生年约在周敬王三十年(孔子卒前十年,前490),死于周威烈王二十三年(前403)(《中国思想通史》第一卷,第192页)。

(4)翦伯赞等:生年为前480年? —卒年为前390年?(《中国历史纲要》)

以上这些说法,墨子生年的最早和最迟相差约二十年;卒年最早和最迟相差约三十年。诸说前后相错的总情况,综合来看,墨子的年岁约为百岁左右。如果再加上毕沅的说法,至周末犹存,墨子要活到百岁以上才能把《墨子》书中所涉及的关于墨子言行的记载完全安排得下。各家的学说,大约都主张在八十岁左右。

我们认为关于墨子的生卒考订方法上,要有几个固定可靠的"界标",才好动手安排材料的排比。我们不能把《墨子》书中记载的一切大大小小的事情都给排在墨子活动的日程表上去。也就是说,要通过几件有确定日期的重大事件,而且又确实和墨子有实际关系的重大事件,去作去伪存真的工夫。

关于墨子的生年,孙诒让的考证大体接近事实,但不完全正确。

(1)墨子止楚攻宋的行动,有年代,有同时的人物可考,这件事可以作为一个可信的界标。关于止楚攻宋的记载,除《墨子·公输》篇外,还有《战国策·宋策》。《史记·鲁仲连传》鲁仲连《遗燕将书》中也提到:"今公又以敝聊之民,距全齐之兵,是墨翟之守也。"《吕氏春秋·爱类》篇、《淮南子·修务训》也都有大同小异的记载,可见这是当时国际上反对侵略战争、防止以强凌弱的有名的事件,所以流传很广。以至于以"墨守"成了"不可战胜"的同义语。(今天用的"墨守成规",意思变了,另当别论)止楚攻宋,应在公元前445年到前440年之间,孙诒让把它系于公元前440年,大体可信。但是,孙诒让认为墨子这时才二十到三十岁之间,他的根据仅仅从墨子的体力上推测,认为"百舍重茧",十日十夜不停地奔走,非年富力强办不到。他这点考虑是有道理的。但是还应考虑到墨子这时已是一个学派的领

袖,有弟子禽滑厘等三百人听他调拨,为他守城于宋。宋国居然采纳
了墨子的建议,任用禽滑厘等人,这不像是个二十多岁的青年人所能
办得到的。墨子成为学派领袖,也不能在三十岁以前,似宜在墨子三
十五岁至四十岁之间。当然,墨子也不能太老,十日十夜不休息,是
要相当体力才行。关于这一点,鲁迅先生的见解还是值得参考的。
在《非攻》中,鲁迅先生描绘了墨子这位哲学家的形象时说他是个
"三十来岁……乌黑的脸"①,鲁迅先生写的是小说,不能太当真,但
鲁迅先生的深刻的观察还是值得相信的,比孙诒让的推测更接近事
实一些。

这时孔子的弟子子夏、曾子约六十多岁;墨子的年龄约与子思的
年龄相当②,应在四十岁左右。

(2)关于墨子的卒年,孙诒让的推测就与事实出入更大了。考查
这个问题的支点应放在墨子后学为楚国阳城君守国这一事件上。这
件事发生在吴起死后不久,吴起死于公元前 381 年(周安王二十一
年)。

《吕氏春秋·上德》记载着:

> 墨者巨子孟胜,善荆之阳城君。阳城君令守于国。毁
> 璜以为符,约曰:符合听之。荆王薨,群臣攻吴,起兵于丧
> 所。阳城君与焉。荆罪之,阳城君走。荆收其国。孟胜曰:
> 受人之国,与之有符,今不见符,而力不能禁,不能死,不可。
> 其弟子徐弱谏孟胜曰:死而有益阳城君,死之可矣。无益
> 也,而绝墨者于世,不可。孟胜曰:不然,吾于阳城君也,非

---

① 《鲁迅全集》第 2 卷,人民文学出版社,1956 年版,第 404 页。
② 可参看《孔门子弟列传》。

师则友也，非友则臣也。不死，自今以来，求严师必不于墨
者矣，求贤友必不于墨者矣，求良臣必不于墨者矣。死之，
所以行墨者之义而继其业者也。我将属巨子于宋之田襄
子。田襄子贤者也。何患墨者之绝世也。徐弱曰：若夫子
之言，弱请先死以除路，还殁头前于孟胜。因使二人传巨子
于田襄子。孟胜死，弟子死之者百八十三人，以致令于田襄
子，欲反死孟胜于荆。田襄子止之曰：孟子已传巨子于我
矣。不听，遂反死之。

墨家有巨子的传授制度，这是可信的，但墨子活着的时候，以及
记载墨子言行的直接记录，都没有提到墨子有什么传授巨子的规定，
可见这是墨子死后才建立起来的制度，而且应当是墨子死后若干年
的事。

如果据墨子生前的情况推想，第二代巨子应当是禽滑厘。《墨
子·耕柱》篇及《吕氏春秋·当染》和《尊师》两篇的记载，都可证明
禽滑厘确死于墨子之后，并曾讲学授徒。如果说巨子制度是墨子死
后开始的，第二代应是禽滑厘，孟胜至早也只能是第三代的巨子，或
者更晚一些。孟胜这个人不见于《墨子》各篇中，也足证孟胜不是墨
子的及门的弟子，应在禽滑厘之后。孟胜能够当上巨子，至少应是墨
子的学派中有地位有声望的大弟子，《墨子》书中不应该不提到他，只
提到禽滑厘。这个重要人物应晚于禽滑厘若干年。

从以上的事实，可以推知，吴起死时，不但墨子不及亲见，连禽滑
厘也不及亲见。应是墨子死后相当久的事了。孙诒让说墨子及见吴
起之死，是不对的。

如果以一般的师生传授的年代来推定，约十五年到二十年为一

代,第一代为禽滑厘,第二代或第三代为孟胜,墨子的死年和他的再传或三传弟子至少应相差四十年左右。墨子死于公元前420年,他以下的几个巨子,传到孟胜,才有传递的余地。当然,也许有人会说,墨子的学派都能"赴汤蹈火,死不旋踵",敢于牺牲,会不会有两三个巨子接二连三地守城、殉难,传两三代也不过是几年的事。当然,不敢说没有这种可能,但在《吕氏春秋》这一段的记载中,还看不出墨子死后的巨子有过这种为人死难的遭遇,所以徐弱才有要不要殉城的怀疑。

现在我们的结论是墨子的生卒年,大约是公元前480—前420年。墨子活了六十岁左右。

也许有人问,如果墨子死得这样早,《墨子》中其他有关墨子政治活动、学术活动的记载怎么处理?我们认为这个问题不难解决,那就是后来墨学假托墨子的言行以发挥墨子的学说的文章。它的道理是可信的,总是墨家的学说,它的事实是不可信的。

提出墨子死于公元前420年,有什么意义呢?我认为是有意义的。春秋和战国的分界,现在有几种不同的说法。(1)有人认为战国应由公元前475年开始;(2)也有人认为战国应从三家分晋开始,那就是公元前403年。如果根据(2)说划分春秋战国的分界,墨子的死年,就关系到把墨子分到春秋时期还是战国时期的问题。又由于春秋战国时期阶级矛盾的情况不同,对墨子学说的实际作用、进步性的估计也有关系,故不可不辨。

孟 子①

身世和师承

孟子姓孟名轲,生于公元前 372 年,死于公元前 289 年,是战国时孔子学派的一位著名的思想家。他是鲁国的邹(在山东省邹县)地方的人,是鲁国的贵族孟孙氏一族的后代。但是在孟子以前若干世代,已失去了贵族的地位,所以孟子的父亲、祖父以及以上各代的名字也失传了。孟子这种没落贵族家庭出身的情况十分像孔子。孟子是靠他个人的社会活动和学术地位而知名的。

据说孟子的母亲是一位聪明能干、关心子女教养的妇女。当孟子还是小孩子的时候,家住在靠近坟墓的地区(从这一点可推知孟子幼年家境贫困),孟子天天学做埋葬死人的游戏。孟子的母亲认为这个环境对孩子没有好处,就搬到一个市场附近的地区居住。因为靠近市场,孟子天天学习论价钱、做生意的游戏,他母亲认为这也不能使自己的孩子增长知识,又开始第三次搬家。这一次搬到了一所学校的附近。由于耳濡目染,孟子也学习学校里学生们读书、行礼的举

① 原载《中国青年》1956 年第 18 期"中国思想家人物志"。

动。这是孟子接受鲁国传统文化的开始。

以后,孟子跟着子思读儒家的经典著作,正式继承了孔子的思想。按照学术传授的系统来说,曾子(姓曾名参)是孔子的学生,孔子的孙子子思(孔伋)是曾子的学生。孟子是孔子第四传的学生。从孔子到孟子中间相隔一百零七年,他们中间思想传授的线索是清楚的。孟子自称是孔子学派的继承人,事实确是这样。但是孟子并不是简单地继承孔子的学说。他在某些方面修正和发展了孔子的学说。

时代和著作

战国时代,中国社会激烈地变化着,旧贵族处在新时代的面前更加显得无能,他们在统治人民、管理军队方面的本领都很差。因此不得不以高官厚禄来招聘一些有专门知识的"士"来帮忙。战国时代各国养"士"的风气比春秋时盛得多。孟子成名以后,受到当时各国君主优待。孟子到各国游说的时候,经常有几十辆车子和几百名随从人员(里面有他的学生和服役的人),比起春秋时代孔子的生活来,显然阔气得多。孟子曾在齐国作过一短时期官,此后一直没有机会参加政治,和孔子一样,在各国诸侯之间游说,希望实现他的政治理想。他一生活动的地区不出今天山东、河南一带。幼年和中年在鲁国,中年成名以后,在齐国、魏国。除了在他家乡鲁国住的时间较长以外,他在齐国住得最久,其次是魏国、滕国,还有其他小国。

孟子生活的时代,是战国时代学术思想最活跃、百家争鸣的时代,由于当时阶级的分化,社会上涌现了各种思想流派。就和孟子先后同时,有专门带兵打仗的军事家,像吴起、孙膑、庞涓;有主张变法图强的法家，像商鞅、申不害；有专门进行外交活动的纵横家，像公孙衍、苏秦、张仪；有宣传隐居退守的杨朱学派；有宣传唯物主义的稷下学派，像宋钘、尹文、田骈、慎到；至于春秋以来影响广泛的墨家更是儒家的有力的敌人。孟子在思想上，为了发挥孔子以来儒家宣传仁义的主张，必须对其他各派展开激烈的思想斗争。

孟子的政治主张不像纵横家、军事家或法家那样，实行后马上可以见效，所以孟子尽管在当时享有很高的荣誉，但各国的国君都认为他的办法空洞、不切实际，因而各国都不采纳他的政治主张。孟子一生也和孔子、墨子一样，始终找不到实现他的政治理想的机会。他到了老年，不得不也走了孔子所走的道路，和学生们讲学著书。现在保有下来的《孟子》这部书，就是他们活动的记录。

《孟子》这部书约三万五千字，是孟子学生们的笔记，里面记载着孟子的政治活动，有关学术问题的问答，以及和其他学派的争论。这部书生动地反映了当时百家争鸣、思想斗争的实况。由于这部书说理透辟，文笔犀利、流畅，能够深入浅出，因而被公认为是少数优秀的古代散文的典范。孟子不但是一个哲学家，在文学史上也有很高的地位。

贵王贱霸的政治主张

孟子继承了孔子"仁政"的理想，他认为只有推行"仁政"，才是稳定社会秩序的唯一办法。仁政的主要措施之一就是恢复井田制度。据说古代每八家划作一个生产单位，把田大致划成一个"井"字的样子。每一家耕种一百亩（相当于今天的三十亩）。"井"字中间的一块田是贵族的,叫作"公田";八家农民的田叫作"私田"(私田的所有权并不归农民私人所有)。农民共同负责耕种中间的"公田"。"公田"的收获物全部归贵族所有;私田的收获物归农民自己。这是比较原始的一种对农民的剥削方式。春秋中叶以后,井田制度就改为按每亩的实际收获量按比例收租。这样,贵族可以不必监督农民生产,可以不必照顾农民的耕作季节,可以随时征调农民去作战,也可以刺激农民加紧生产(因为生产得多,农民也可以多留一些)。所以到了战国时期,井田制度不能复活了。孟子这种想法是开倒车的,行不通的。

但是孟子的主观愿望认为井田制恢复,可以使农民的负担相对地减轻,可以减少一些战争。孟子把他的理想建筑在"仁政"的基础上,认为只要国君天良发现,从思想感情上关怀人民,人民就可以过着幸福的日子。他无法理解,在敌对的阶级社会中根本不可能使剥削的阶级不剥削。所以孟子的"仁政"的理想,只能是个空想,不可能实现。

孟子看到当时贵族们残酷的剥削会引起统治秩序的崩溃,为了统治者们的长远打算,他提出了"省刑罚,薄税敛"的口号。并且他以愤激的感情揭露了贵族们不顾人民死活所造成的罪恶。在某种意义上说,也是对贵族的警告。他指出当时情况是:

> 厨房里堆着肥肉,马棚里养着肥马,可是农民脸上有饥饿的颜色,野外躺着饿倒的僵尸,这真是带着一群野兽在吃人啊!

当时那些荒淫无耻的贵族非常欣赏儒家尊君的主张,因为孔子

以来就宣称臣对君要忠顺,不允许造反。有一次齐宣王和孟子谈话:

> "听说古代汤把他的国君夏桀赶跑了,武王把他的国君
> 纣打败杀死了。有这样的事吗?"齐宣王问。"在古书上是
> 这样的记载着",孟子回答。"为臣的居然造反,杀死他的国
> 君,可以这样做吗"?齐宣王问,并希望孟子能够为了国君
> 的利益发表一些只能服从,不能造反的议论。他料想不到
> 孟子说:"伤害了'仁'的原则的人叫做'贼',伤害了'义'的
> 原则的人叫做'残';具有'残'和'贼'这种品质的人叫做
> '光棍',我只知道古代曾杀掉了一个'光棍'叫做纣的,没
> 有听说以臣杀君。"

孟子这一段激烈的议论,不但说得齐宣王张口结舌,连后来孔孟的追随者都觉得孟子这些话不大像圣贤口吻。我们今天看来,这种让贵族们听来感到不舒服的言论,正是孟子思想中光辉的部分。

孔子只谈到君要像个君的样子,臣要像个臣的样子。至于那些君不像君、臣不像臣的人,孔子没有进一步表明态度。孟子对君臣的关系提出了他的相对义务的观点,君对臣不能有绝对的权利。他说:

> 君待臣像手足,那末臣待君就像腹心一样;君待臣像犬
> 马(只养活他,使用他,但不尊重他),那末臣待君就像路人
> 一样(各走各的路,互不关心);君待臣像土芥(看得一文不
> 值),臣待君就像仇敌一样。

孟子又说过"民为贵""君为轻"。孟子这种极有价值的思想,几千年

来，一直在人民口头传诵着。事实上，后来的进步思想家多半从孟子那里得到启发。我们应当认为孟子的思想中这一部分，可以算是中国古典哲学中民主思想的萌芽。

孟子一方面提倡仁政，他认为能推行仁政的人可以为"王"。另一方面，又反对"霸政"。晋文公和齐桓公，是春秋战国时代知名的强国的国王，先后都做过各国诸侯的盟主。可是孟子却认为他们是不值得称道的。那么，王与霸的分别在什么地方呢？孟子认为，以德来服人的叫作"王"。在孟子看来，德的主要内容就是"仁义"。如果是以力来服人的叫作霸。孟子所说的力，是武力。孟子贵王贱霸的政治主张，是针对当时各国诸侯互相争战来说的。这种主张的目的在于减轻人民的痛苦，缓和阶级矛盾，但对于当时社会矛盾发展的必然趋势来说，却是不合时宜的。

劳心和劳力

孟子说，社会上必须有两种人，一种是劳心的，另一种是劳力的。孟子认为：

> 劳心的人统治人，劳力的人被统治；被统治的人养活人，统治人的人被人养活。这是天下的普遍原则。

孟子这种社会观点，后来被历代的剥削者利用起来，作为人剥削人的理论根据。几千年来，剥削阶级都认为是"天下之通义"。我们应当说，在很长久的时期内它是起着反动的影响的。

但是我们对孟子的这种社会观点也要加以具体的分析。孟子这段话是为了反驳许行的学说才提出来的。墨子学派有一个叫许行的人，认为人人都应当自耕而食，自织而衣，国君和人民一样，也应过这样的生活（即所谓"君臣并耕"）。许行这话的目的在于反对压迫和剥削，这是好的。但他在反对压迫和剥削的同时，把社会的分工也反对掉了。这是不符合历史发展的情况的。从原始公社制到奴隶制社会，在科学和文化发展上跃进了一大步，这里重要的原因就是由于奴隶制社会有了体力和脑力劳动的分工。有了一部分人从事于体力劳动，从事生产，才有可能腾出时间，使少数人从事于科学和其他文化创造研究。我们一方面要揭示出剥削制度的不合理，一方面也要承认它在历史上是必然的历史阶段。在剥削制度存在的社会里，要抹煞劳心和劳力的差别，是非科学的态度。奴隶制社会的文化之所以高出于原始公社制社会的文化，其原因之一就在此。

因此，孟子主张劳心和劳力的分工，和他对二者关系的认识，和许行的空想主义比起来，倒是应该说是进步的，现实的。而许行要人为地否认这种分别，反而是倒退的、不现实的思想。

我们也要指出，严格说来，劳心和劳力应当指的是对于物质和文化财富的创造性的劳动，应当指的是农民、手工业者、科学家、文学家等。因为只有他们才能创造财富。至于那些吃得脑满肠肥的贵族们，只是寄生在人民身上，懒得连政治也不肯管，他们既没有劳力，也说不上劳心。孟子的劳心和劳力的区别的说法，一部分是对的，因为他有分工的意义；一部分是有阶级目的的，因为他确实为剥削制度辩护。但是，在当时的社会历史条件下，消灭剥削、废除阶级实际上是不可能的。什么是剥削，什么是社会分工，这两者之间的区别，只有今天我们才有条件能把它指出来，孟子时代的人是没有能力对它加以区别的。

性善说

另一个影响深远的学说就是他的"性善"的学说。孟子认为每一个人生来都具有善良的本性。孟子曾举过一个有名的例子说明他的性善说。他说,当人们看到一个小孩在井边爬,快要掉到井里去的时候,不管是谁,只要看见,首先就会想到如何挽救这个孩子。孟子把人们当时这种心情叫作"仁",又叫作"恻隐之心"。孟子说这种"恻隐之心"就是人与人相互关怀的共同的思想基础。

孟子举的这个例子很雄辩,因而曾说服了当时不少的人。他从这个例子出发,推论出去,他断定人类的感觉器官如耳、目、口、鼻的功能作用,既然大家差不多,人类的嗜好也大家差不多,可以想见人类的道德思想意识也应当大家差不多。因而认为仁、义、礼、智是人类的共同本性,都是善的。所以孟子说人性善。

孟子认为:人类的本性虽然是善的,但也还需要后天的修养。修养的方法是不断地扩充人的本性。这样不断地扩充,最后就可以成为一个"大丈夫";得志的时候和别人一起来实行仁义,推行自己的主张;不得志的时候,就自己一个人来实行自己的主张;做到"富贵不能淫,贫贱不能移,威武不能屈"。孟子认为具有这种精神的人,便是具有所谓"浩然之气"的人。

孟子是以他的性善说来作为他的许多主张的理论根据的。但是今天我们看来,孟子的性善说是难于成立的。因为孟子把他所代表的贵族阶级利益的道德观点硬说是人类共同的道德观点,把阶级的偏见强加到其他阶级的人们的头上,这是错误的。在孟子和当时的贵族阶级看来,君臣、父子的伦理秩序是天经地义,是出于人的本性,这就是把他自己本阶级所要求的"人性"当作了全人类的"人性",并且叫它作"善"的。

事实证明孟子的这种观点不正确。既然在阶级对抗的社会里,每一个人的思想意识不能不打上阶级的烙印,特别是涉及本阶级利益的时候。所以墨子为小私有者和手工业提出了某些政治要求的时候,孟子就武断地骂墨家是"禽兽",认为他们的主张和要求是违反人类的善性。可见这种阶级偏见的严重和不可避免。至于孟子所举的看到小孩子将要掉到井里去的例子,是一个不牵涉到阶级利益的例子,和为一定阶级服务的仁、义、礼、智的道德规范不是一类事物。如果不涉及阶级利益的关系时,是可以为各阶级所共同接受的,这种事例在人类社会生活中是常有。但由此便推论出甘心忍受剥削和压迫(一切剥削阶级的道德都是宣扬剥削是合理合法的)是出于人的善性,从而说受剥削、受压迫的本性是人类生来就有的,这显然是错误的。孟子的性善说正是犯了这个错误。

孟子是孔子以后的一位儒家的大师,在他的学说和思想中,有唯心主义的成分和为剥削制度辩护的地方;但同时也有着很多可贵的民主思想的色彩。这些民主思想色彩,在中国历史上起过一定的积极的作用。

庄　子①

　　庄子姓庄名周,是战国时代宋国蒙(现在的河南省的东北部)地方的人。庄子和孟子同时,比孟子略晚一些。据有人考证,孟子见齐宣王、梁惠王时,已到了老年,这对庄子在政治上和学术上还没有展开活动。孟子和庄子没有见过面。

　　庄子的出身不很清楚。据推测,庄子可能出身于没落的贵族。他和当时一般没落贵族不同的地方,就是他是一个博学能文的学者。他非常看不起当时那些为了个人名誉地位到处奔走找官做的读书人。他希望过着自由的生活。

　　有一个比较短的时期,他做过蒙这个地方"漆园吏"(管理漆树园的小官吏),这个职位他也没有干了多久。后来他可能也和战国时代其他的思想家一样,开始讲学著书。庄子的生活很贫困,在穷得没有办法时,曾向监河侯(一个管理河道的小官吏)借过米;有时靠打草鞋过活;他曾穿着补了又补的粗布衣服见过魏王,连草鞋上的带子也是断了又结起来的。

　　庄子的著作保留下来的共有三十三篇,这部书名就叫作《庄子》。这部书中只有极少数的几篇是后人伪造的。有些人认为止有开首的七篇是庄子自己写的,这种说法不正确。

---

　　①　原载《中国青年》1956 年第 19 期"中国思想家人物志"。

　　《史记》上写庄子的为人，有这样一个故事：楚威王听说庄子有学问、有才干，派了两名使臣，带着贵重的礼物，聘请他作楚国的宰相。不料庄子笑着对楚国的使臣说："千两黄金确是很重的聘礼，宰相也确是尊贵的职位。你们没有看见过祭祀天帝时供神用的肥牛吗？养了好几年，把它养肥之后，宰杀了，给它盖上绣花的单子，抬到太庙里去。试替这只被宰杀的肥牛着想：这时候他即使想当一只又瘦又小的猪崽，办得到吗？你们赶快走开，不要玷污了我。我愿意终身不做官，只图个精神痛快。"

　　穷困的生活并没有压倒庄子的理想，他穷得有志气。《庄子》书中记载着一个生动的故事：

　　宋国有一位叫作曹商的人，宋王派他出使秦国。他去的时候只得到宋国的几辆车子。到了秦国，秦王很高兴，赏给他百辆车子。他回到宋国，见了庄子，对庄子说："您住在破旧的巷子里，穷得织草鞋，饿得颈子细长，面孔黄瘦，这是您的长处；至于一旦见了大国的国君，就能搞到上百辆车子，这就是我的长处了。"从曹商的话中，不难想见这位暴发户是怎样在他的同乡面前炫耀自己的财富和能干，显然有些昏头昏脑、得意忘形了。庄子对他说："我听说秦王得了痔疮，找医生给他治。谁能把痔疮弄破，就得到一辆车子；谁能舐他的痔疮，就得到五辆车子；治病越治得下流，得的车子就越多。你是不是给秦王治过痔疮？怎么得到这么多的车子呢？去你的吧！"

　　庄子和惠施是好朋友，惠施曾作过魏国的宰相。有一次惠施路过孟诸（地名），有车马百辆相从。这时庄子正在钓鱼，他见到惠施那种煊赫的气势，很看不惯，连自己的鱼也觉得是多余的东西，就把它抛到水里了。

　　庄子这种不慕富贵、不求荣利、对当权派的恶势力采取轻视、嘲笑的态度,但又不愿意走革命的道路,就是所谓"清高思想"。有"清高思想"的人,虽然不免常常被恶势力所利用,但比那些甘作恶势力帮凶的势利小人,要好得多。庄子的"清高思想",开辟了反传统、反权威的先例。几千年来,中国历史上有许多进步思想家,在反传统、反权威、反宗教迷信这些方面,确实吸取了庄子思想中的这些积极因素。

庄子是中国古代一个非常聪明的哲学家,他在哲学的根本问题上,有不少的创见。庄子观察了自然界事物的变化,他提出:一切事物没有停止不变的时候,而且这种变化不是什么神的意志使它变的,而是事物自己在变的。他继承了老子思想中的辩证法因素,这是我们对他的哲学要加以肯定的。古代的科学还没有今天这样发达,人们对于自然界的变化和发展,为什么有生,为什么有死? 为什么有人富贵,为什么有人贫贱、受压迫? 为什么有春夏秋冬的分别? 这一系列的问题不能得到解答时,宗教迷信思想就活跃起来。当时的进步思想家,像庄子这些人,针对宗教迷信所宣扬的上帝安排一切的谬说提出了要从自然界本身中找寻解答。庄子的伟大贡献就在于他反宗教、反迷信。

但是,他把辩证法引向了消极的方向。他说,既然有新生的东西,就会随着新生的东西添了新的麻烦,如果没有新东西的产生,这新的麻烦也不会产生。所以庄子看到事物在飞跃地变化矛盾中,他无能为力,又不能制止,于是就感到有些悲观、消极,甚至发出了无可奈何的慨叹:

  人们和所处的环境之间,有时违逆,有时顺适。人生就是在这种违逆顺适的情况下,像快马一样地奔驰过去,谁也不能使这种情况停止下来,这不是很悲哀的吗?终身忙忙碌碌,而看不见成功,困顿辛苦而不知哪里才是归宿,不也是很哀痛的吗?

庄子的思想,反映了没落贵族阶级的思想意识。在战国时代,阶级变化非常剧烈,贵族中间有一些人由贵族的地位下降为平民,而这种变化,在没落阶级看来,既是不可避免的,又是不被欢迎的。在被历史的规律所决定的阶级看来,这确是一个悲剧。

矛盾对立的原则是客观的存在,庄子也看到了这个事实。但是他不敢正视矛盾、迎接矛盾、克服矛盾。他认为既然有永远克服不尽的矛盾,最好是:少做事,少行动,少出主意,少变革,这样就可以少遇到新的麻烦。这种消极退守的人生态度,就是今天我们还经常遇到的"多一事不如少一事"的人生态度。从这里出发,庄子在处世接物上,就变成了玩世不恭的态度。庄子说:他若像婴儿那样,我就也跟着他学婴儿那样;他若没有威仪,我便也和他一样没有威仪。庄子的人生态度是极不严肃的。这一点和儒家、墨家大不相同。儒、墨的人生态度,尽管也有偏见,但他们可以为了他们的理想牺牲性命,他们能产生悲剧性的"殉道"者。庄子学派的人生态度却是随随便便,得过且过的,他们中间不可能产生殉道者。中国历史上也有不少的不敢面向现实、不敢对不合理的社会进行正面斗争的思想家,他们往往是采取了庄子思想中这些消极因素。

人们在日常生活中总不免遭遇到一些和主观愿望相违背的事。在阶级对抗的社会里,首先使人感到痛苦的是阶级所造成的贫富贵贱的对立。被压迫的阶级不自由,要进行反抗,压迫人的也要费尽心机,镇压人民的反抗。在自然条件方面,人们总是希望长寿,不愿意夭死。许多人对于这类的问题提出了不同的解决办法。庄子认为世界上的万物万事都在变化着、发展着，没有一刻暂停的时候，因为世界上任何东西只是相对的存在，不是绝对的。比如说，古代传说有个长寿老人（彭祖），活了八百岁；但在庄子的眼光看来，寿命的长短是相对的，比起整个宇宙的寿命来，彭祖只能算"夭折"。他说：

> 算一算，四海在天地之间，不就像瓦罐在大湖中吗？中国在四海之内，不就像粟米在太仓中吗？人类在万物之中，不过是其中的一物。人类在九州之中，能够耕种的地方，身体所能通行的，也只是其中的一部分。

总之，他认为人在整个自然界中，仅仅占一个极不重要的地位。从自然界的观点来看，世界上的一切，不论贵贱贫富、生死、毁誉、大小、美丑……都是一样，都是相对的。《庄子》书上有一个故事，说庄子妻子死的时候，庄子不但不哭，反而"鼓盆而歌"。有人问他为什么这样，他说：开始我也有些悲痛，但又一想：天地间本来没有人，后来才有的，现在人死了，是又归于无。这是很自然的事，所以反而觉得高兴了。还有一个故事说：庄子快死的时候，他的弟子要"厚葬"他。庄子反对。他说：我以天地为棺椁，以日月星辰为珠宝连璧，以万物为食物。我什么东西都有，为什么还要"厚葬"？弟子们说：我们怕乌鸦吃你呀！庄子说：你们怕乌鸦吃，却把我埋在地下让蝼蚁来吃，这太不公平了。

自然界的任何变化发展，人都不能有所改变。由于自然界的变化，才使得万物有变化。所以庄子要以自然界为老师。他对伟大的自然界发出由衷的歌颂：

老师啊,老师!您粉碎了万物,但不能算作暴戾;施给万世的恩惠,但无法称作仁慈;您比辽远的上古还悠久,但不足以说明您的长寿;您包罗天地,雕刻出万物的形象,而无从称赞您的技巧。

这就是说,自然界本身是伟大的造物者,它是永恒的,无限的,是第一性的存在。在这样的意义下,庄子是个唯物主义者。

承认客观世界的独立存在,并服从它的规律,这是庄子思想中正确的地方。但庄子却完全做了"自然"的俘虏。他说,最好的政治,即使像尧那样好的君主,他使天下人以生活为快乐,也是破坏了人生的自然状态,算不得幸福;如果有像桀那样的坏君主,他使天下人感到生活的困苦,使得人们失去了人生自然安静的状态,更说不上幸福。真正的幸福是大家都过着极度自由的生活,无拘无束,好似互不关心,但是却有最大的快乐。他用了一个生动的比喻,来攻击当时儒家和墨家竭力宣传"仁义"的学说不妥当:

天干了,一群鱼失去了水,挤在泥塘里,他们用唾液互相湿润。像这样的互相关心,怎能比得上在江湖中自由地游来游去的互不关心呢?

庄子认为,一切社会政治、文化、礼教,都是限制人性的自由发展的,人性中没有这些。像孔孟这些学派,尽管讲的是什么仁义,要大家互相关怀,其实这种办法只能给人带来痛苦,倒不如不谈什么仁义,大家像鱼在江湖中互相忘记,倒是幸福的。

在自然的面前,一切人为的东西都显得是那末渺小、不足道。所以庄子大胆地嘲笑那些服从权威、信仰旧传统的保守分子。庄子认为那些谨守古训的"君子",不过是抱着古人的尸体不放,违反了自然的规律,实在可笑得很。他们开口"先王",闭口"圣人","圣人"早已死了,他所留下的一些制度,不过是束缚人性的绳索罢了,都是骗人的。庄子在这里,的确看到问题的一方面:因为当时虽然有许多人在那里讲仁义,说道德,制定出礼乐制度,然而,人民的生活还是很痛苦的。但是庄子为了反对剥削制度的文化,他就归罪于文化本身,认为人类的苦难是文化带来的。照庄子的见解,非要把人们引向蒙昧的原始状态不可。这在事实上既不可能,在理论上也是讲不通的,庄子没有看到文化给人类带来的幸福。庄子看见自然界的作用,而没有看见人类的主观的能动作用,所以荀子说庄子的缺点是"蔽于天而不知人"。这种批评是中肯的。

庄子处在战国时代,那时在学术思想上是百家争鸣的时代,每一家每一派都有他的主张,都用他们的主张向不同的学派展开斗争。庄子是怎样对待这个问题呢?他主张"齐物"。所谓"齐物"就是根本无所谓真理,一切都是相对的,对这人是对的,对别人也许是错的。所以,无所谓对的错的,"此亦一是非,彼亦一是非"。庄子曾举过一个有趣的比喻说明他的观点:

人们睡潮湿的地方,就会腰痛半身不遂,难道鳅鱼也是这样吗?人们上到树上就害怕,难道猴子也这样吗?这三种动物(人、鱼、猴子)中哪一种知道真正的住处?

人们吃牛羊肉类,麋鹿吃草,蜈蚣喜欢吃蛇,猫头鹰喜欢吃老鼠,这四种动物哪一种知道真正的口味?

毛嫱丽姬,人类认为漂亮,可是鱼见了她们就沉入水

底,鸟见了她们就高飞,麋鹿见了她们就飞快地跑掉,这四
种动物哪一种知道天下的真正的美呢?

庄子从此得出世界上没有绝对真理的结论,这种看法显然是不
对的。因为庄子所举的例子首先混淆了事物的分类,不同类的事物
不能拿在一起相比。人和鱼不同,鱼和鹿也不同,怎能有一个共同感
觉的标准呢? 当然不能。庄子却企图用不同的类之间没有共同标准
这一事实,来证明世界上根本没有绝对真理。

庄子认为,真理既然没有客观的标准,那还有什么争论的必要
呢? 他说,各家各派的辩论胜了的也未必对,失败的未必不对。也许
两者都不对,也许两者都对。所以最好的办法就是不辩论,对任何问
题都不了了之。世界上的是非,本来就是无所谓,如果还他一个无所
谓,也就自然解决了。任其自然,自然也就明白了。这就是庄子所说
的"以明"的方法。

从前有一个下棋的高手,他的弟子向他请教怎样才能必胜;他说
必胜很难学,他自己也没有把握,倒是有一个办法可以不输,弟子们
觉得能不输也很好,再三向他请教,他说要不输很容易,就是不下棋。
这虽是个故事,倒也不是现实世界不存在的。这种"诀窍"庄子早就
提出来了。

庄子看来,世界是太大了,世界上的事物也确实太丰富了。而人
类的寿命有限,知识有限。以有限的寿命、有限的知识要想对世界的
事物做出正确的认识,是不可能的。认识总难免不全面,做事总难免
犯错误。他说:弹琴时,弹了悲哀的曲调,就不能同时表现快乐的感
情。最好表现感情的方法就是不弹琴,这样没有表现,也就没有
欠缺。

庄子认识到我们所生活的世界是极丰富多彩的,是无限的。就这一点来说是正确的。但是他的没落贵族的阶级意识的偏见,使他不能采取正面的、积极的方法从实践中逐步认识世界,改造世界,并从实践中纠正错误,消灭错误。相反地,他是从消极方面着想:怕认识错误,就不去认识;怕行动错误,就不去工作。当然这样确实可以不犯错误,可是我们试想想,这样一个人,尽管他活着,和一个死人有什么区别呢?

庄子在文学史上的地位,应当说,比他在哲学史上的地位更为重要,他是中国文学史上第一流的文学家。庄子的作品成为几千年来中国文学家所必读的文章典范之一。庄子能把极深刻的理论用生动的、文学的语言表达出来。他的著作中有诗的想象,有引人入胜的人物对话。《庄子》书中的人物是有生命的。《庄子》这部书是一部优美的寓言和故事集。他的寓言和故事充满了有生活气息的、大胆的、奔放的想象力。从庄子的著作中体现了中国古代人民素朴的、丰富的幻想。它不加雕饰而清新活泼。

庄子的文章启发了人们思想的道路;他的文章中没有板起面孔说教的气息,而是那末平易近人,使人读了感到亲切自然。鲁迅称道庄子的文章是"汪洋捭阖,仪态万千",在先秦诸子中没有人能比得上他。这种称许,一点也没有夸张,实际情况确实如此。

司马迁的哲学思想[1]

　　司马迁曾说过他写《史记》的目的:"仆窃不逊,近自托于无能之辞,网罗天下放失旧闻,考之行事,稽其成败兴坏之理,凡百三十篇。亦欲以究天人之际,通古今之变,成一家之言。"(《史记·报任安书》)司马迁写作的目的,绝不是为历史而历史,而是为了从历史事件中探寻社会历史发展道路中的"成败兴坏之理",也还在于探寻宇宙人生的根本道理,这也就是他所说的"究天人之际,通古今之变。"可惜这些庄严的词句被后来一些无知文人用作自吹自擂的滥调,中国古代有不少的文人,只要写历史,都要大言不惭地宣称他在"究天人之际通古今之变",这就近于无聊了。像蒋介石御用学者钱穆也在他写的历史书中自称为"究天人之际……"不但是无知,而且是无耻了。

　　我们研究古代的思想家的思想,并不是只看他主观的愿望,而是要根据事实来做具体的分析。司马迁在中国历史上、文学上的伟大的成就,这里不再重复论述,就以他的哲学思想方面的贡献来说也是值得我们充分重视的。

---

　　① 　原载《新建设》1956 年第 6 期。

一

在宇宙观方面,司马迁和他的父亲司马谈一样,都继承了先秦唯物主义道家思想的传统,接受了古代唯物主义学说。他认为天地万物的根源不是由于超现实的精神性的实体或上帝创造的,而是由于物质世界本身的原因。世界是物质性的:

> ……乃合大道,混混冥冥,光耀天下,复反无名。(《史记·太史公自序》)

这正是先秦以来,老子学说的继承。"气"的原始状态是"混混冥冥"的,在它没有形成任何具体东西以前,还说不上什么"名称",所以叫作"无名"。"无名"决不是不存在的东西,而是最根本、最原始,物质性的实体。至于人类的生命、身体的起源,司马迁父子也提供了唯物主义的说明。他们认为:

> 凡人所生者神也,所托者形也。神大用则竭,形大劳则散,形神离则死。死者不可复生,离者不可复反。故圣人重之。由是观之,神者生之本也,形者生之具也。(同上)

这一段中所说的"神"的性质,张守节在他的《史记正义》中说:"混混者,元气神者之貌也。"《史记集解》引用韦昭的话也说:"声气者神也,枝体者形也。"张守节和韦昭都是沿袭了秦汉以来唯物主义哲学对"神""气"的一般的理解来注释《史记》的。司马迁父子继承了周秦以来唯物主义哲学的优良传统,认为气是一切事物的根源。自然界和人类都是由气产生的,和神或上帝没有关系。唯心主义哲学家和宗教家故意把"神"说成精神性的、永存的上帝或鬼神。这种观点和古代唯物主义是鲜明对立的。司马迁父子采取了唯物主义哲学世界观,和唯心主义的哲学世界观处在对立的地位。

唯物主义从来就是和自然科学密切相联系的。自然科学的发展可以推动唯物主义哲学的发展。司马迁父子都是"世掌天官",司马迁本人就是精通天文科学的一位专家。汉初的自然科学和唯物主义哲学都是以道家的哲学作为骨干的。更具体地说,都是以阴阳五行学说作为理论根据的。郭沫若先生曾说过:"(阴阳五行)这一思想在它初发生的时候,我们倒应当说它是反迷信的,更近于科学的。在神权思想动摇了的时代,学者不满足于万物为神所造的那种陈腐的观念,故尔有无神论出现,有太一阴阳等新的观念产生。对这新的观念犹嫌其笼统,还要更分析入微,还要更具体化一点,于是便有这原始原子说的金、木、水、火、土的五行出现。万物的构成求之于这些实质的五个大元素,这思想应该算是一大进步。"①

司马迁父子的哲学,就接受了当时最流行的阴阳五行的哲学思想。唯物主义哲学思想的高涨和广泛传播是秦末、汉初哲学发展的总趋势。相信阴阳五行学说的不止邹衍一派,像《吕氏春秋》、《礼记》的《月令》、管子的《五行》《淮南子》都是的。就是那些不满意唯物主义哲学的唯心主义的哲学家,像董仲舒和后来的班固也采用了阴阳五行的间架而充填了一些唯心主义的内容。《汉书》赞司马迁,

---

① 郭沫若:《十批判书·吕不韦与秦王政的批判》,华侨出版社,2008年版。

说他"先黄老而后六经"。这是班彪和班固对司马迁的不满,认为司马迁不是正统,意存贬斥。古代也曾有些好心肠的卫道者,认为司马迁并不是"先黄老"而是"尊六经",这种"爱护"恰恰掩盖了司马迁的进步的一方面。司马迁被正统派认为"异端"正是他值得人们尊敬的地方。

司马迁参加了汉代第一次大规模的制订《太初历》的工作(在公元前104年)。他和当时全国第一流的科学家唐都、洛下闳、邓平、兒宽、尊大、射姓、司马可、宜君、淳于陵渠、壶遂等二十余人共同制定了新历。新历改正了周秦所用颛顼历长期所积累的差误,避免了"朔晦月见,弦望满亏"的缺点。

在汉朝的统治者看来,制历是为了装点刘姓王朝,"改正朔、易服色"的新气象,另一方面这部精确的历法却直接对生产起着指导作用。这部历法就是以后两千多年来一直沿用的"夏历"的基础。它的特点是以建寅之月为一岁之首,以包括冬至节的那一个月后两个月为正月。人们过年的时候正是冬闲的时候,适当地配合了黄河流域农业生产的节奏,因而符合了人民的利益。司马迁是制定历法的主要参加者,他的阴阳五行的学说充分表现在《史记》的《律书》和《天官书》中。其中有些观点和周秦时代"礼记"的"月令"的哲学思想极为接近。据说汉代"太史令凡岁将终,奏新年历。凡国祭丧娶之事,掌奏良日及时节禁忌"(《北堂书钞》设官部引《汉旧仪》)。

司马迁父子认为阴阳五行学说有它的缺点,认为"大(太重视)祥(灾异)而众忌讳,使人拘而多所畏",但是他们还是承认阴阳五行学说在解释"四时之序",天道运行方面"不可失也"。

我们说司马迁在宇宙观方面,继承了古代阴阳五行学说的唯物主义传统,并结合了他的精深的科学造诣,建立了他的唯物主义哲学的世界观,完全是有根据的。

司马迁在天文学方面,根据丰富的科学知识,说明天体运行是有规律可循的,他具体而精密地观察了天象、星座的位置,从而说明天象运行并不是什么神秘莫测的,而是可以由人类推算出来的自然现象。这种科学本身就是最强有力的打击宗教迷信的武器。今天看来,《史记·天官书》所记载的两千多年以前星球的运行、星座的位置和中国古代第一部记载星象的著作《甘石星经》具有同等不朽的价值。《史记》精确地记载着几百个星体、星座,并指出它出现的时间和季节运行的规律。

但是也必须指出,司马迁当时的科学发展和今天的科学成就相比,应当说是不够成熟的。汉代的天文学虽然已走上了科学的道路,但也残存着古代占星术的影响。司马迁在一定程度上还相信天上某星的出现和运行会造成人世上灾难和幸福。比如他曾认为金星在南,会"年谷熟";火星与水星合,火星与金星合的时候,不可以用兵,用兵就会"大败",岁星与金星争斗,"其野有破军"等。

在音律方面,他也相信某种音律和社会上的用兵的成败,刑罚的适当与不适当有一定的联系。

"律历,天所以通五行八正之气,天所以成熟万物也"。他利用当时的科学成就,以唯物主义原则,在更多的方面对自然现象进行解释、说明。他在音律方面提出有乐理学根据的理论。这一贡献的哲学意义就在于他根据科学的事实否定了圣人由他的主观意图可以创造音律的唯心主义观点。

司马迁把自然现象和社会人事现象中某些偶然先后联系出现的事件看作内在的必然的关系,显然是不正确的。司马迁在主观上固然反对上帝创造世界的宗教迷信思想,但是这种占星术的残余所留下的"天人感应"的观点,势必给宗教唯心主义留下了活动的地盘。

虽然如此,科学的局限性没有使司马迁放弃了对宗教迷信思想的战斗。司马迁在宇宙观方面一直进行着反对目的论的斗争。他要尽可能地用人事来说明人事,而避免用"天道"来说明人事。《史记》记载着项羽失败时,自称是"此天之亡我,非战之罪也",司马迁指出项羽的失败是他自己的过失,而不是什么"天意":"(项羽)自矜功伐,奋其私智而不师古,谓霸王之业,欲以力征经营天下,五年卒亡其国。身死东城,尚不觉悟而不自责,过矣。乃引'天亡我,非用兵之罪也',岂不谬哉!"(《史记·项羽本纪》)

蒙恬被秦王二世赐死时,蒙恬自以为有功,不当死,但他最后认为是他修长城、修驰道时曾经堑山湮谷,犯下"绝地脉"的罪过的报应。司马迁也批判了这种迷信的思想:"夫秦之初灭诸侯,天下之心未定,痍伤者未瘳,而恬为名将,不以此时强谏,振百姓之急,养老存孤,务修众庶之和,而阿意兴功,此其兄弟遇诛,不亦宜乎!何乃罪地脉哉?"(《史记·蒙恬列传》)

司马迁反对天命可以决定人们的吉凶祸福的思想,在当时是有它的实际意义的。因为当时统治者御用的学者,像董仲舒这一批人,从各方面搜求"证据",论证天是有意志的,天子是代天立言的,王权是神授的。从而教导那些被统治者必须乐天安命,安心当奴才,不要反抗。当时的统治者还力图"证明"富贵贫贱都是由天命决定的,只要按照统治者所规定的道德规范办事,奉公守法,就会得到好的结果。这种从思想麻痹人民的反抗思想的手段是反动的,也是毒辣的。司马迁由于他个人的不幸的遭遇,更主要的是他根据历史上大量的事实,他对当时的统治者从思想上奴役人民的教条提出了怀疑。他在《伯夷列传》中对于忠实于自己的理想、不为暴力屈服的伯夷、叔齐兄弟的殉道行为表示敬仰,并对宗教迷信、天道有知的观念提出了怀疑:"或曰天道无亲,常与善人。若伯夷、叔齐者可谓善人者非邪?积仁絜行如此而饿死!……天之报施善人,其何如哉?""若至近世,操行不轨,专犯忌讳,而终身逸乐,富厚累世不绝。或择地而蹈之,时然后出言,行不由径,非公正不发愤,而遇祸灾者,不可胜数也。余甚惑焉。傥所谓天道,是邪非邪?"(《史记·伯夷列传》)

司马迁这种怀疑是带有"叛逆"性格的。作为一个精通古今历史事变的专家,他所看见的古往今来许多的不合理、不公平的事实刚好证明统治者所宣传的那一套教条全是鬼话。安富尊荣的,经常是那些最贪婪、最无耻、最低能的剥削者、寄生者。至于那些善良的、忠诚的、追求真理和正义的人们却经常遭到凌辱、迫害、折磨和贫贱的痛苦。这是什么"天道"呢?对"天道"的怀疑构成了司马迁的唯物主义哲学思想中最光辉的组成部分。同样的思想,也表现在司马迁另外的著作中:"悲夫,士生之不辰,愧顾影而独存。恒克己而复礼,惧志行之无闻。谅才韪而世戾,将逮死而长勤。虽有形(行)而不彰,徒有能而不陈。何穷达之易惑,信美恶之难分。时悠悠而荡荡,将遂屈而不伸!使公于公者,彼我同兮!私于私者,自相悲兮!天道微哉,吁嗟阔兮!人理显然,相倾夺兮!……逆顺还周,乍没乍起。无造福先,无触祸始。委之自然,终归一矣。"(《悲士不遇赋》)。

司马迁在这篇简短的抒情诗中倾泻了他对当时不合理的社会现象悲愤的抗议。他诅咒当时社会上人与人之间倾夺和欺凌,他也指出了天道的渺茫和天道的无知。

司马迁要在不合理的社会中企图寻找所谓公道,他要探寻人类的社会历史变化发展的真相。因而他探求的问题自然从宇宙观转向了社会观、历史观。

二

在社会历史观方面,司马迁也做出了卓越的贡献。他认为决定人类命运的,首先是人类自己,而不是天和鬼神的力量。他说:"国之将兴,必有祯祥,君子用而小人退。国之将亡,(必有妖孽),贤人隐,乱臣贵。"(《史记·楚元王世家》)"国之将兴,必有祯祥;国之将亡,必有妖孽"是古代相传的宗教迷信的成语。司马迁在这里给它以新的、排除宗教迷信的解释。他认为所谓"祯祥"不是什么祥瑞、符命的出现,而是"君子用而小人退"的政治清明的现象。"妖孽"也不是什么"妖怪"事物,而是"贤人隐,乱臣贵"的政治混乱现象。这种打击神怪宗教思想决定国家兴亡的进步思想,是极其珍贵的。

司马迁的功绩不仅在于摆脱宗教迷信思想对历史发展的影响,并且在于他积极地建立了他的具有进步意义的对于历史的看法。

司马迁的《史记》固然主要记载了帝王将相的世系和事迹,这和他的唯心主义的历史观,认为英雄伟人创造历史的基本观念是分不开的。但是我们更应当注意的乃是他还记载了许多小市民、一向被人轻视的、在社会上不占地位的小人物的许多值得尊敬的事迹,他精密地观察了历史上极丰富极生动的事实。他给仅仅称王几个月的陈涉以极高的历史地位,甚至和正统派一向认为神圣不可侵犯的汤武革命并称。他歌颂了这一群揭竿而起的奴隶们,肯定了他们在推翻秦政权中所起的巨大作用。他也初步意识到社会上各阶层、各种不同的职业中的杰出人物对历史的功绩,这种历史家的见识是极可贵的,可以说是古代历史家中绝无仅有的范例。至少,司马迁对历史发展已具有笼统的整体的观念。当然,司马迁也还是承认英雄伟人是历史的创造者,但在客观上,他这样去写历史,势必不自觉地妨害了少数人物包办历史的旧观念。既然把历史的发展的动力放在人物的身上,自然排斥了天意、天志的作用。司马迁第一次以他的现实主义的观点,把历史看成人类自己活动和创造的历程,而不再是实现神的意志的工具,不再是被神意早已安排好了的,这一功绩是不可磨灭的。

司马迁为了通过历史的事实更有力地揭露社会上的压迫、欺诈和种种不合理的现象,他大力歌颂了给人们解除困难而不惜以身命相殉的游侠人物;称赞那些为民除害的"循吏";给那些残下媚上的坏官坏事写下了《酷吏列传》。这都表示司马迁的憎恨暴力,同情弱者的人道主义精神。

就在这些具有善良愿望,具有进步意义的表现中也反映了司马迁的历史观的弱点。司马迁向往公平,要求社会合理。他希望能有真正为被压迫者(因为他司马迁自己也在某些方面和被压迫者有着同样的命运)主持公道的社会,但是他看不见(也不可能看见)历史的真正的主人,也不知历史发展的动力,因而也看不出历史发展的方向。他最后不得不又回到"三王之道若循环,周而复始"(《史记·吕后本纪》)的旧轨道。他憎恨暴力,同情弱者和人民,但是他没有(也不可能)认识阶级社会内政权的实质就是和暴力强制分不开的。抽象的"仁义",不过是统治者为了自己的需要,硬把它说成为全民共同的道德规范和千古不变的是非的标准。司马迁找不到他所憧憬的公平时,便发出对天道怀疑的怨言。这种怀疑天道的怨言是清醒地认识历史的第一步。但是要真正认识历史,要从历史发展本身中进一步探寻。社会历史的现象是最复杂的,司马迁和古代任何伟大的思想家一样,历史的局限性和阶级的局限性使他在这方面无能为力。

当他没有能力用历史本身说明历史发展的客观性和规律性时,他不得不对宗教唯心主义的历史观作重大的让步。像他在《东越列传》中无法解释东越何以能长久统治,而归结为其先世可能"有大功德于民",所以"历数代常为君王"。在《韩世家》中认为韩国有"阴德";在《魏世家》中认为秦统一海内是命定的(天方令秦平海内),认为李广有卓越的战功而不得封侯是八字不好(数奇)。他虽然力图摆脱宗教迷信的思想,但是最后不得不求救于茫茫的"天道"。

对于社会历史发展的动力,司马迁也曾提出过极有意义的见解。他继承了先秦唯物主义哲学家的优良传统,企图从人类经济生活方面寻求原因。他认为人们关心自己的生活的幸福,谋取个人的利益是人的"天性"。这种天性的要求是不能遏止的:"夫神农以前,吾不知已。至若《诗》《书》所述虞、夏以来,耳目欲极声色之好,口欲穷刍豢之味,身安逸乐,而心夸矜势能之荣。使俗之渐民久矣,虽户说以眇论,终不能化。故善者因之,其次利道之,其次教诲之,其次整齐之,最下者与之争。"(《史记·货殖列传》)。司马迁这种说法,确实触到了正统派的思想家的隐痛所在,因而惹起他们的不满。说他离经叛道:"序游侠,则退处士而进奸雄;述货殖,则崇势利而羞贱贫。"(《汉书·司马迁传》)。我们今天看来,这些卫道者的不满,不但不足以贬损司马迁的价值,相反地倒是更可以见出司马迁的伟大。

司马迁把每一个人对生活利益的要求放在第一位,并认为,"天下熙熙,皆为利来;天下攘攘,皆为利往"(《史记·货殖列传》)。这不是无的放矢,正是对那些荒淫无耻、唯利是图,但又"口不言利"的统治者们有力的打击。以董仲舒为代表的汉代儒家正统派,秉承了汉武帝的意旨,教导人们不要讲什么利,只要讲明"道""义"就够了。这就是汉代统治者向人民标榜的"正其谊,不谋其利;明其道,不计其功"(董仲舒对策)的可耻的实质。统治者只要自己广收天下人之利,反而自称为"清高";他们要扼杀人们生存权利的要求,却宣扬什么"正义"!这真是最自私、最贪婪、最无耻的道德教条。司马迁在这里从根本上给以揭露,他公开宣称,统治者和被统治者都是一样的为了"利"。为利并不是什么错误。要求生活过得好,这是每一个人起码的要求。这种要求是出自天性,无法制止的,只有最愚蠢的统治者才与民争利,只许自己得利,而不许别人提出同样的要求。

司马迁在这里更进一步对生产的发展作了初步的分析:"故待农而食之,虞(从山泽中贩运特产的人)而出之,工而成之,商而通之。此宁有政教发征期会哉? 人各任其能,竭其力,以得所欲。故物贱之征贵,贵之征贱,各劝其业,乐其事,若水之趋下,日夜无休时,不召而自来,不求而民出之。岂非道之所符,而自然之验邪?"(《史记·货殖列传》)司马迁企图用经济原因,生产和交换的双方需要的客观情况来说明社会分工的必要与可能,并指出社会的发展正是由于各人为了满足自己的生活需要而努力工作着,这种愿望既是出于自然,而又符合客观需要,这就是"道"之所在。他还论证了求富是"物之理""人之欲",从而从许多实际的事例中驳斥了那些不允许人民言利的伪善者们的谎言。更值得注意的,司马迁在这里力图在经济原因中说明社会分工和社会发展的道路。司马迁以"求利"的观点来打击当时伪善者,并撕破他们的假面具,这是有极大的进步意义的。当然,他的"求利"的观点也还是唯心主义的想法。他和今天的个人主义的资产阶级腐朽思想,为了个人的利益而剥削别人,危害集体的利益的思想,无论在性质上,在客观作用上都是不相同的。今天的资产阶级思想,完全是过时的,不能和司马迁的具有进步意义的战斗性的重利的思想相提并论。

司马迁也企图从经济生活方面寻求道德产生的根据。他继承了管子的名言:"'仓廪实而知礼节,衣食足而知荣辱'。礼生于有而废于无。故君子富,好行其德;小人富,以适其力。"(《史记·货殖列传》)问题虽然不是新提出的,但是和当时社会历史条件联系起来考察,就可以看出司马迁的道德观是有战斗意义的,这是针对统治者们所宣扬的"仁义"出于天性,宣扬先天道德观念的唯心主义观念而提出的反驳。统治者为麻痹人民,一再宣称服从统治者的剥削制度,叫人从思想上放弃反抗的企图才是"仁义",他们又说"仁义"是每一个人生来具有的品质。

司马迁所谓道德仁义的具体内容和当时统治者所要求的道德内容完全一样,因为他虽然是统治者中间不得志的人,但还是统治阶级内部的。不过司马迁强调指出,统治者不要以为灌输一切道德教条就可以生效,首先要满足人民起码的生活要求。有了衣、食才会接受那一套道德规范。在客观上,这种学说对广大人民是有利的。

司马迁进而给求利致富者以理论根据:"贫富之道,莫之夺予,而巧者有余,拙者不足。""富无经业,则货无常主,能者辐凑,不肖者瓦解"(同上)。他在韩非以后,继续提出自由竞争的思想,公开为当时的工商业者辩护,他又说:"布衣匹夫之人,不害于政,不妨百姓,取与以时,而息富贵,智者有采焉。"(同上)他对那些为统治者死心塌地当贫贱奴才的人物进行指责,认为那是可耻的;他对那些强取豪夺而发家致富者也进行抨击:"今治生不待危身取给,则贤人勉焉。是故本富为上,末富次之,奸富最下。无岩处奇士之行,而长贫贱,好语仁义,亦足羞也。"(同上)

* * *

总起来看,司马迁的哲学思想,在中国哲学史上有着重要的贡

司马迁的哲学思想

献。他在宇宙观方面，根据当时天文学的知识，并继承了先秦的阴阳五行的哲学思想，发展了唯物主义哲学，因而对于当时的目的论的宇宙观进行了有力的打击。

在社会历史观方面，司马迁的贡献更为卓越。他根据丰富的历史材料，从事实上说明天道无知，天道茫茫，从而打击了和宗教迷信长期纽结在一起的天帝鬼神决定人类命运的社会历史观点。他并且尽可能地从自然现象和社会现象的本身去说明自然现象和社会现象。但是他也和古代许多唯物主义者一样，常常用自然现象来附会社会现象，用天上星象解释人世上历史的变化，因而使他的哲学思想和当时流行的唯心主义的天人感应的宗教迷信观念有时划不清界限。司马迁为了摆脱神权支配的影响，他力图为社会、历史的发展寻找它的物质原因。因而在历史观方面有着古人所少有的清醒的实事求是的精神。

但是人类对自然界、对社会的认识是有着一定的历史过程的。因为："人的认识，主要地依赖于物质的生产活动，逐渐地了解自然的现象、自然的性质、自然的规律性、人和自然的关系；而且经过生产活动，也在各种不同程度上逐渐认识了人和人的一定的相互关系。"①司马迁时代的科学发展、生产技术，以及各方面实践活动，如果和今天来比较，显然还处在比较低级的阶段。因而司马迁的哲学思想尽管达到了他可能达到的高度，如果和今天来比较，显然是很不够的。毛泽东同志早已指出："在很长的历史时期内，大家对于社会的历史只能限于片面的了解，这一方面是由于剥削阶级的偏见经常歪曲社会的历史，另方面，则由于生产规模的狭小，限制了人们的眼界。人

---

① 《实践论》，《毛泽东选集》第1卷，人民出版社，1966年版，第259—260页。

45

们能够对于社会历史的发展作全面的历史的了解,把对于社会的认识变成了科学,这只是到了伴随巨大生产力——大工业而出现近代无产阶级的时候,这就是马克思主义的科学。"①

毛泽东同志上述教导一方面告诉了我们马克思主义哲学,是哲学上的历史的变革,只有马克思主义哲学,才把社会历史变成为科学,只有马克思主义哲学才最后堵塞了唯心主义哲学在社会历史观方面的隐藏的洞穴。另一方面,毛泽东同志也告诉了我们,就在社会历史这一科学领域内,由于人类的实践,即使远在马克思主义哲学出现以前也还是有些片面的了解。也就是说在社会历史方面,古代的哲学家在某些个别的问题上也还提出过符合事实的见解,并不是对社会历史的发展完全无所知。正因为如此,我们今天重新检查司马迁的哲学思想,特别是他和唯心主义的社会历史观点进行斗争时所提出的论证和论据是有历史意义的。通过对司马迁的哲学思想的初步探索,使我们更加明确马克思主义哲学的革命的变革是和它的文化继承性有着辩证的联系,而不可以割裂的。

---

① 《实践论》,《毛泽东选集》第 1 卷,人民出版社,1966 年版,第 260 页。

曹参、班超离任时对继任者的嘱托①

　　史书记裁,曹参在齐国为相,听说萧何病逝,便促使家人准备行装,说他将入朝替补萧何的丞相遗缺。不几天,朝廷果然下了诏书,命曹参接任丞相。从这里可以看出当年随同刘邦打天下的丰沛集团之间有较深的默契,西汉开国时君臣之间是团结的②。曹参临行前对继任者说,"以齐狱市为寄,慎勿忧也"。狱市是齐国都城内的一处集贸市场。按常情,曹参临行前,应当交代一些重大的方针政策,或急需要办的重大事项,曹参却特别叮嘱要好好维持狱市集贸市场。集贸市场内流品混杂,难免有招摇撞骗、投机取巧者混迹其间。为维持社会稳定,应当取缔;曹参不但不取缔,反倒维持它,这是为什么?

　　另一个例子是东汉时驻守西域的大臣班超,因年老多病,70岁时,请求调回内地,朝廷批准了他的请求,派年富力强的任尚去接替他为都护。任尚向班超请教关于守土治民的经验。班超告诉任尚,要"荡佚简易,宽小过,总大纲而已"。班超的经验可以归纳为六个字——"宽小过,总大纲"。任尚听了很失望,说"我以班君当有奇策,今所言平平耳"。

---

　　①　原载《群言》1990 年第 12 期。
　　②　刘邦取得政权后曾杀过不少功臣,如韩信、彭越等,那是中途结识的同路人,刘邦不放心他们,对张良刘邦也未必放心,丰沛小同乡,是刘邦的核心力量,他们之间是团结的。这也是小农意识的表现。

上述两例的主角都是两汉有名的人物,两人都是能征善战的猛将,后来由治军转而治民,两人的战功和治绩都很卓著,韬略很不一般。可是他们离任时对继任者的嘱托却显得很平常。曹参关注的是齐都的狱市,班超关照继任者不要计较当地百姓的小过失。似乎有点轻重不分。

千百年后,我们客观地评论这两件事,却可以说他们的见解相当高明。曹参的嘱托,想必后继者照办了,齐国的治安没有出现什么麻烦①,班超的后继者没有照办,果然引起地方的动乱,连班超经营了多年的成绩也给断送了。

曹参、班超两人见解可贵的地方,在于他们能从全局着眼,不局限眼前小是小非。在小农经济的封建社会,视野难免狭隘,重视局部,往往缺乏全局观点,没有远见。贪近利而伤害远图。曹参允许在狱市这块小范围内给少数不逞之徒留一个活动地盘,正是为了在齐国全境保持更广泛的安定。班超不计较当地百姓的小过失,正是为了维护整个西域的秩序稳定。汉代开国时建立的治国指导思想是"黄老之术"。一般认为黄老之术是"无为而治",这是不错的。人们往往只重视了"无为"的一方面而忽视了"而治"的一方面。黄老与刑名二者是并存整套治术。黄老之术与刑名之治不能割裂,二者割裂,就不是黄老之学,非引起天下大乱不可。曹参给齐国保存着一处狱市,等于在国内设置了一个安全阀门,不使完全密闭,免得一旦失控引起爆炸。

班超的经验看似平平,却又是安定西域的奇策。如果过于烦琐、苛细,管得过死,难免出乱子。班超的六字诀(宽小过,总大纲)是他

---

① 后来吴楚七国之乱,齐国也受到牵连,那是后来的事,与曹参治齐没有关系。

三十年治民的经验,可惜任尚没有听进去,后来果然出了乱子。

后人多称道汉朝建国有恢宏、广大的气概。所谓恢宏、广大,说到底就是视野开阔,有全局观点。就是说,在小农经济占统治地位的时代,能摆脱小生产者的狭隘眼光的局限。这里所谓摆脱,只是相对地说,完全摆脱小生产者的局限,在古代是不可能的。

论诸葛亮^①

　　诸葛亮是中国人家喻户晓的名人。千百年来,诸葛亮的形象在官方、民间都有广泛而深刻的流传。诸葛亮的形象代表忠诚、廉洁、负责的生活作风,又是民族智慧的化身。如果要在古今人物中找出几个完美人格的代表,诸葛亮应该是少数优秀人物之一。

　　我们可以从三个方面来看待这个问题:诸葛亮在当时所起的作用;三国以后历代对诸葛亮的评价;今天我们的看法。

　　任何英雄人物,都不能超越他们的时代,都不能不带有历史的烙印。时代有一个评价。通过诸葛亮这个正面典型人物,我们从中学到什么,受到什么启发,都是我们今人的任务。

　　诸葛亮(181—234)原为琅邪士族,汉司隶校尉诸葛丰之后,父珪,早孤,从父玄,共依荆州牧刘表。士族子弟自幼受教育,多早慧,王弼二十几岁已成大家。诸葛氏也有很好的家教,他从事军旅,不暇治学,但留传下来的文集二十四篇,十万余言,文采可观。刘备前往隆中访求策略,诸葛亮提出有名的"隆中对",这是他二十七岁时对天下大势绘制的蓝图,认为曹魏势已成,江东孙氏在江南有了根基,只有西蜀可以为将来创业的根据地,再加上荆襄据长江上游,与蜀地连成一片,北据汉中,这样,可以与曹魏争霸中原。以后的十几年间,刘

―――――――――

　　① 原载《文津讲演录》之五,国家图书馆出版社,2005 年 7 月版。是任先生在国家图书馆举办的以传播中华传统文化为主旨的名人讲座内容。

备按照这个方略,逐步实现了他的建国计划,形成三国鼎立之势。

诸葛亮辅佐刘备,刘备死,又辅佐刘禅,先后二十多年,他对西蜀的贡献约有以下几项:

(1)给刘备建立蜀汉制定了规划,以荆州与西蜀为根据地,东联孙吴,北攻曹魏。

在刘备当阳战败,最困难的时刻,诸葛亮亲自赴东吴说服孙权,坚定抗击曹操的信心,孙刘合力破曹,赤壁之战大捷,从此奠定了三国鼎立的格局。

(2)与西蜀相邻的云南少数民族建立巩固的联盟,不劳兵戈,蜀汉后方稳定。

(3)奠定了治蜀的规模,史称他治蜀,做到"立法施度,整理戎旅,工械技巧,物究其极,科教严明,赏罚必信。无恶不惩,无善不显。至于吏不容奸,人怀自厉,道不拾遗,强不侵弱,风化肃然也"。

史书又说,"诸葛亮之为相国也,抚百姓,示仪轨,约官职,从权制,开诚心,布公道。尽忠益时者,虽仇必赏;犯法怠慢者,虽亲必罚;服罪输情者,虽重必释;游辞巧饰者,虽轻必戮。善无微而不赏,恶无纤而不贬。庶事精练,物理其本。循名责实,虚伪不齿,终于邦域之内,咸畏而爱之。刑政虽峻而无怨者,以其用心平而劝戒明也。可谓识治之良才,管、萧之亚匹矣。然连年动众,未能成功,盖应变将略,非其所长欤!"

"亮死至今,数十年,蜀人歌思,如周人之思召公也"。"亮之在街亭也,前军大破,亮屯去数里,不救。官兵相接,又徐行,此其勇也"。蜀汉人力财力仅及曹魏十分之一,然连年出兵,与敌接战,胜负相当。诸葛亮善于调动人力,提高技术,发明连弩,一弩十矢齐发。远途运输,蜀道艰难,发明木牛流马,运者体力减轻,运力增加,推演兵法,作"八阵图",咸得其要,他继承了前人阵法,并有所创造。杜诗有"功盖三分国,名成八阵图"。

诸葛亮为官清廉,他上后主遗表,说:"成都有桑八百株,薄田十五顷,子孙衣食自有余饶。至于臣在外任,无别调度,随身衣食,悉仰于官,不别治生,以长尺寸。若臣死之日,不使内有余帛,外有赢财,以负陛下。"及卒,如其所言。

诸葛亮的人格魅力,在当时及身后都获得一致好评。

民间传说及小说中描述的诸葛亮的事迹有"空城计",是根据历史演绎而成。事实是街亭蜀军大败,诸葛亮驻军附近,却按兵不动,没有救援。因为败军溃散,势如潮涌,如果不能投入足够的援军,反倒会被败兵冲溃。他按兵不动,不暴露,缓缓退军,得以全师而退。这也是诸葛亮用兵的谋略。后来的"空城计"就是根据这件事演绎的,更带戏剧性。传说中诸葛亮联吴破曹,赤壁火攻,本来是周瑜的事迹,后来记在诸葛亮的账上。"草船借箭""借东风"也是后人的演绎。

《三国演义》的作者对诸葛亮特别偏爱。在叙述刘备荆州被曹军追赶,当阳大败时,事实上战败的军兵中有刘备,也有诸葛亮,刘备妻离子散,十分狼狈。诸葛亮也风尘仆仆,难以保持衣冠楚楚的从容不迫的形象。《三国演义》的作者把诸葛亮安排往夏口刘琦处借兵,没有和刘备、张飞、赵云等同行。这是小说作家的艺术处理手法,与历史事实不必完全一致。

诸葛亮本属东汉以来的琅邪士族,避中原之乱,寄住荆州,依刘表。东汉末年,经学衰微,玄学思想开始流行。荆州学派以新的精神解释经学、易学、老庄,逐渐受到学术界的关注,世称荆州学派。治哲学史者早已指出王弼玄学与荆州学派渊源甚深,诸葛亮也深受玄学的熏染。他在《诫子书》中说：

> 夫君子之行，静以修身，俭以养德。非淡泊无以明志，非
> 宁静无以致远。夫学须静也，才须学也。非学无以广才，非志
> 无以成学。淫慢则不能励精，险躁则不能治性。年与时驰，
> 意与日去，遂成枯落，多不接世。悲守穷庐，将复何及。

这段诫子的话，如果不指明作者，在《世说新语》的《言语篇》或其他篇中，几乎看不出与东晋名士们有什么不同。"静以修身""淡泊明志""宁静致远"，羼在王弼《老子注》中，也使人难以区分。"励精""治性"完全是魏晋玄学的用语。

诸葛亮不但有深厚的玄学根底，也有相当深厚的文学修养，文辞清逸，高华简古，其文学造诣，亦足以传世。

他经三峡由荆州入川，对长江的风光有极佳的描述，他在《黄陵庙记》中描述江山之胜，有"……趋蜀履黄牛。因睹江山之胜，乱石排空，惊涛拍岸……"如果把这段描述，放在郦道元的《水经注》中，毫不逊色。诸葛亮对长江惊涛骇浪的描写启发了后来苏东坡的名作《赤壁怀古》的"乱石穿空，惊涛拍岸，卷起千堆雪"。文学本来是在传承中创新的。新旧相承，不可分割。名句不在字多。汉武帝的《秋风辞》，刘邦的《大风歌》，也只有几句话，却流传千古。无名氏只有一句未完成的诗"满城风雨近重阳"，仅仅七个字，竟传遍海内。"满城风雨"一词也随之成为人人习用的成语。

刘备请诸葛亮出山时，诸葛亮已绘制了三分天下的蓝图，以后十几年，他和刘备一直按照这个总规划制定军国大政方针。这仅仅是蜀汉的建国规划，东吴也有他们的规划。吴蜀两国的规划有矛盾。

因为荆州地处长江上游,辖区相当于今日湖南、湖北两省,首府荆州又是长江上游重镇。东吴地处长江下游,辖区相当于今天的江西、江苏、皖南、福建、广州地区。上游在蜀汉手中,据高屋建瓴之势,东吴没有安全感。诸葛亮的建国方略,其可操作性不能保证完全贯彻。后来,果然关羽处置失当,与东吴失和,失去荆州。

诸葛亮原先设计向曹魏进攻,派出主力部队由荆襄出兵担任正面作战的主战场,直接威胁许昌、洛阳,曹魏的心脏地带。另一支配合部队由汉中出兵,配合正面作战。两路大军互相策应,蜀汉处于主动态势。失去荆州就失去攻魏的主战场,西路兵离曹魏中心甚远,而且道路险阻,运输困难,大兵团不易施展,不足以对曹魏构成威胁。诸葛亮多次出兵,无功而返,乃形势使然,不能完全归咎于作战的原因,在战略上西蜀不占优势。

刘备入川,靠武力夺取刘璋地盘,所任用的官员大都是荆州旧部,原来四川的官吏未被重用。诸葛亮治蜀,一方面全力伐魏,一方面防内部反策。当地人士中隐藏着一股不合作暗流。诸葛亮死后,蜀人内部离心离德,后来邓艾孤军深入,直逼成都,几乎没有遇到大的阻力,成都就被轻易占领。

诸葛亮给刘禅奏表说,入蜀川二十多年来,带来的荆州壮士赵云等中上级军官亡故七十余人,下级军官亡故一千余人。这些人都是"都十年之内所纠合四方之精锐,非一州之所有"。他说:"若复数年,则损三分之二也,当何以图敌?"说明蜀军逐年老化,人才凋谢的严重性。

在二十多年的时间里,如果能及时培养当地青年,提拔重用,人才总会有的。可惜诸葛亮对蜀人防范多于信任,没有培养新一代人才,人才断档也是西蜀失败的重要原因。西蜀人才本来不及曹魏众多,现有人才更当爱护。马谡战败,如果使他戴罪图功,也是个可用之才。王船山《读通鉴论》中曾指出,马谡不当斩,比照战国秦穆公对待败将办法,认为诸葛亮处置不当。西蜀大将中,马超本为秦陇大族,是出色的战将。归蜀后,没有发挥他的长处,把他闲置起来。如果放他回到秦陇故乡,给他以名义,他有地缘优势,统率马家军,号召乡里宗族起兵攻魏,不失为一支攻魏劲旅。这也是诸葛亮用人失算的地方。

诸葛亮细心、勤勉,生怕别人不似他那样尽心负责,事必躬亲。管得太琐细,必然挤占考虑大事的精力。司马懿的才能虽稍逊于诸葛亮,但他看到了诸葛亮的这个弱点,与诸葛亮打时间消耗战,诸葛亮在消耗战中,竟劳瘁以死。

诸葛亮对刘备忠心不二,可谓披肝沥胆,但刘备对诸葛亮并不完全相信。据《三国志》记载,刘备白帝城临终托孤时对诸葛亮说:"君才十倍曹丕,必能安国,终定大事。若嗣子可辅辅之,如其不才,君可自取。"刘备对自己的儿子了解的最多,如果真心相信诸葛亮,生前让位给诸葛亮岂不更好,为什么要等到发现其"不才"时让诸葛亮"自取"? 刘备认为《六韬》《商君书》能益人心智,并以申韩之书教子。刘备世称枭雄,重权术,诸葛亮与这样的君主相处,未必心情舒畅。刘备得蜀后,对待诸葛亮不似从前那样言听计从。为关羽报仇,不惜与东吴开战,违背了"联吴抗曹"的君臣共识,一意孤行,致遭败北。诸葛亮因哥哥诸葛瑾在东吴供职,属于交战的对方,为了避嫌,不便坚决劝阻与东吴交战。可见君臣之间并不完全相信。刘备出兵,抛开诸葛亮,单独指挥大军,这也是过去少有的情况。

中国地域广大,各民族发展不平衡。东汉以后,中华民族的历史使命是使全国各族人民中尚未进入封建社会的民族,共同走封建化的道路。晋朝短命,不能认为是由于晋惠帝智力低下,而是由于当时临近的北方少数民族要求走封建化的道路。北方五胡十六国相继出现,就是实例。这样做,本是不可避免的过程,却不得不付出了惨重的代价。广大少数民族由掠夺性的游牧生活,相继进入有秩序的封建社会的农业生产。由于这种客观形势,决定了无法建成西汉时期多民族大一统的国家。多民族经过三四百年的战争,流血,交流融合,为后来隋唐的重新统一创造了条件。汉朝已建立多民族统一大国,但当时更多北方少数民族之间,汉族与少数民族之间处在彼此隔离状态。东汉后期到西晋,众多少数民族已迁入内地,多民族杂居、共处,文化、生活、语言、风俗习惯相互磨合,互相通婚,融为一体。中华民族的精神状态、体质,得到很大的改善。

东汉选拔官员采取地方推举制度,要地方官员定期向中央推荐官员。"选举"一词起源于汉代,与现代的选举意义不同。古代的选举,不是民选官,而是官选官,地方官推选出他们认为的优秀人才,保举到中央朝廷做官。选举制成了世世代代官员们互相推荐的制度,被推荐的做了官,又反过来,推荐当年推荐过自己的人的子弟到中央做官。做官的家族之间成为互相倚扶,盘根错节的关系网。几百年下来,出现门阀士族,这些家族的子弟垄断做官权、读书受教育权。有了政治优势,又有文化优势,这个群体发展壮大,成了魏晋南北朝决定政治的社会群体。

看清了这个大的社会趋势,就不难理解三国分立,长期不能统一的根本原因。曹魏政权不属于门阀士族,曹操祖父曹腾为太监,出身寒微,为门阀士族所轻视,不肯为他效力。曹操适逢乱世,他为培植自己的势力,必须另谋途径。曹操下求贤诏,他的求贤,并非求贤德,而是向天下公开招聘"能人"。他说,不论出身,不问品行,哪怕有盗嫂受金的坏名声,只要有治国、用兵的才干,一律重用。曹操果然凭借了一批才能卓越的文官武将,削平北方群雄,给自己的儿子打下天下,建立了魏国。它是三国中势力最强的大国,吴蜀两国联合起来,才抑制住魏国的扩张。曹氏政权没有得到东汉以来根基深厚的门阀士族的支持,相反,遭到他们的抵制。门阀士族出身的个别人士在曹氏政权中不受重视(为曹氏立过大功的荀或被逼死,即是一例)。司马氏属于东汉以来的门阀士族集团,出于政治利益,当时门阀士族阶层人士,在司马氏与曹氏斗争中必然站在司马氏一边。因此司马氏毫不费力地取代了曹魏。

门阀士族的社会地位、政治特权,主要凭借家族出身,而不靠皇帝的提拔、重用。门阀士族组建的政权的基本成员,爱家族更甚于爱国家,号召以孝治天下。试看南北朝时期,政权更迭十分频繁,而门阀士族高官照做。因此,维持中国封建社会的两大精神支柱的忠孝两大原则,魏晋时期孝比忠更受到重视。改朝换代,国君易姓,他们漠不关心,但严家讳,重丧祭,谱牒之学盛极一时,就在于维护门阀士族集团的利益。

中国历史上的农民永远属于弱势群体,他们只能祈求圣王的保护。国家混乱,国君无力庇护时,他们只有投靠门阀士族门下,以人身依附以求存活。

对诸葛亮这个人物,当时的评价和后来的评价有些变化。诸葛亮的形象,在当时及南北朝时,尚不突出,唐宋以后越来越高大。这种情况古今中外都有过。众所周知的孔子,当时周游列国,推行他的治国主张,未被重视,死后才成为"道冠古今"的圣人,后来被奉为儒教的创始人;汉代的大哲学家王充,在三国以后,才引起重视;西方的大哲学家斯宾诺莎也是死后才被重视的;陶渊明在唐以前,仅为众多诗人中的一员,宋以后才受到更多人的重视;韩愈在唐代已是文坛领袖,宋以后,被抬高到从未有的高度。诸葛亮的历史命运也类似。三国以后,历晋、南北朝、隋唐盛世,他被认为是前代名臣之一。到唐中叶以后,天下乱离,君权不振,士族当权,诸葛亮才受到更多人的崇拜,成为完美人格的体现者。经过明朝《三国演义》的传播,诸葛亮的形象深入民间,他不但是成功的军事家,而且成为中华民族智慧的化身。他治蜀政绩自不必说,连他军事指挥的弱项也被掩盖,说成了强项。

诸葛亮要统一天下,恢复汉家制度的理想与当时历史前进的方向背离,逆势而行,只能得到悲剧性的结局。因为当时的历史任务,需要尽快使少数民族由奴隶制进入封建社会。只有他们都进入封建社会,才能建成大一统的封建国家。诸葛亮治蜀有功,已如上述,如果在有些重大措施上减少失误,处理得当,蜀汉不一定首先灭亡,可能多维持一段时间。

一个人,即使是杰出的天才,也要受到社会的制约,只能在他所处的大环境中发挥他的作用。个人的努力可以影响历史前进的进度,但不能改变前进的方向,英雄人物的影响是有限度的。诸葛亮有才干,道德品行受人尊敬。西蜀全国人口在三国中最少,国土面积最小,在他管理下,井井有条,社会稳定,百姓生活有起码的保障,他的公正廉洁的作风,鞠躬尽瘁的精神,传为千古美谈。其人可敬,其志可嘉,其情可悯,是一位悲剧性的英雄人物。"出师未捷身先死,长使英雄泪满襟"。后人怀念他,失败的英雄更能引起人们的同情、怀念。

中国历史的发展,是中华民族多民族全体人民共同创造的。它走的中华历史必由之路,也就是说,中华民族经历了原始公社、奴隶制、封建制,资本主义有萌芽,没有得到发展就走上社会主义的道路。

历史唯物主义的原理已经证明这是天下之通则，不可趋避，也不能跳过应走的台阶。即使一时跳过了，欲速则不达，还得回头来重走。关心中国近一百多年历史的人，都有深刻的感受。

我们今天重新审视历史人物，并不是为诸葛亮作鉴定，而是通过诸葛亮这个具体人物，加深认识中国历史，从中学习观察社会的方法，提高认识的能力。

杰出人物与伟大时代

——玄奘的译经事业①

　　玄奘是中国历史上杰出的翻译家、旅行家、中印文化交流友好使者,中国佛教重要宗派创始人。他的成就的每一个方面,都足以载入史册,永远为后人怀念。集合众多的成就于一身的杰出人物,历史上很不多见,玄奘是我国,也是世界上,为数不多的天才之一。

　　现在只就玄奘译经事业一个侧面谈一谈杰出人物与伟大时代的关系。

　　佛教典籍译为汉文的,最早有《四十二章经》。这属于译经的草创时期,翻译的佛经内容还不够严格,说它是翻译也可以,说它是编译也可以,说它是论述也可以。总之,是一部最早用汉文介绍早期佛教思想的书,是毫无疑义的。后来,佛经的翻译有以西域本为根据的胡本,有以印度梵本为根据的梵本。随后,专业的翻译家不断涌现,呈群星灿烂的局面。人所熟知的有鸠摩罗什、菩提留支、义净等人都是很有名气、有成就的。在众多翻译家中,玄奘的贡献是其他翻译家不能比拟的。玄奘译经,从大处着眼,有全局观点,规模宏远,译法谨严,后来的佛经译者无法超过。

　　玄奘翻译佛教典籍不是遇到什么翻什么,他先对汉译佛经进行

---

　　① 据《任继愈学术文化随笔》。原载《玄奘研究》1994 年创刊号。

了普查,有的已有多种汉译本,他认为译得不够准确的,要重新译过。有的经典,为一般佛教徒忽略的,他认真介绍;有的经典卷帙浩繁,别人畏难,不敢动笔,他把它全部译出。总之,他对佛经介绍特别注重系统性。他信奉法相宗,但翻译成汉文的典籍决不限于法相宗一派。他向中国佛教介绍印度古代佛教的演变和分化,介绍了与佛教发生重大争论的"外道"学说,介绍了佛教内部不同教派的知识,介绍了思辨工具因明知识。总之,玄奘向国内介绍的一千三百多卷译文中,有佛教的也有佛教以外的,有印度古代的,也有玄奘留学时期当时流行的。从他译成汉文的一长串书目中,提供了佛教发展变迁的概貌,这在玄奘以前没有人做过。这是玄奘不同于以前的翻译家的地方,也是玄奘的学与识超过前人的地方。至于他译笔的谨严,译例的完备,前人谈论的很多,这里不再多说。

玄奘的成就是空前的,他的成就与他所处的伟大时代是分不开的。

唐朝是秦汉以后中国历史上第二个发展高峰。唐太宗及二代高宗、武后统治时期,是唐朝的极盛时期,当时国力昌盛,百姓富足,国内民族关系比较融洽,国际经济文化交流的渠道比较通畅。这些条件汇集起来,构成昌盛、繁荣的大唐王朝。唐朝在当时国际上也处在列国前列。

凡是从事过翻译工作的人,都深知翻译的艰难。今天的物质条件、科学设备条件都大大超过唐朝玄奘时期,但今天翻译、出版一部译著还相当艰难。从今天的情况可以推想出古代情况。有主观翻译能力,如果没有客观翻译条件,翻译也无法进行。即使勉强翻译出来,其成果也难以与读者见面,发挥社会效应。

玄奘译经工作是在国家力量支持下,才得以高速度、高质量、按计划完成的。玄奘规范化了译经的标准,规定每天译经数量,当日未成的,次日补足。他以过人的毅力、坚定虔诚的宗教信仰,把一生中最后岁月献给翻译事业。

史书记载,玄奘精通梵汉两种语文,不必靠助手传语(前代著名翻译家,如鸠摩罗什,离开助手即无法工作),是玄奘翻译在程序上较前人简便、优胜的地方。即使有这种长处,如果把译成汉文的著作记录下来,编成卷帙,与读者见面,并不容易,中间还要经过十道手续,才算最后定稿。每一道程序都由有关专家学者把关,如"润文""正定""证义"……众多助手都有明确职责。参加玄奘译经组织(译场)聘用的助手,都是选择当时第一流学者,由玄奘提名,由国家从各地调来的。这批学者,有的主持一个寺院,有的有其他讲习任务,如果没有政府命令,凭玄奘个人分别邀请,显然不可能,要困难得多。

译经要有一个安静、宽敞的工作环境,国家为玄奘译场安排了建筑宏丽、环境清幽的最大寺院。为了防止闲杂人等干扰,政府为译场派驻专人守卫。译经要有充足的经费开支、辅助人员,政府提供很多得力的抄写人员(当时印刷还未普及),译经人员的生活待遇从优,自不待言。唐太宗父子为译经工作物力供应及时,还指派政府高级官员负责后勤事务,使译者集中精力从事翻译工作,不为杂务分心。

玄奘的翻译成就,超越前人,由于他具有超越前人的学识和毅力(前人论述比较详备),别人无法与他相比。同时还要看到,国家为玄奘提供的优厚条件,别人也无法与他相比。翻译事业要取得成功,要有两个条件,第一个条件是译者的学识、毅力,这是主要的;第二个条件是外力的支持,包括财力、物力、人力。这两个条件同时具备的机会不多,可以说是千载难逢。熟悉中国佛教翻译史的人都知道,历代都有有才华、有学识的僧人,有志于发展佛教翻译的人,由于得不到政府的支持,抱憾终生。这种情况玄奘以前、以后,以及与玄奘同时期,都存在过,他们都不及玄奘幸运。晋朝名僧道安说过:"不依国主,则法事难立。"道安的个人经验不失为传播宗教的普遍经验,可以放之四海而皆准。古今中外,宗教得到正常发展,都是在国家支持下得以实现的。

　　玄奘译经事业的成功,还得力于唐朝的宗教保护政策。唐朝统治者重视南北朝以来的佛教社会影响,对待宗教采取保护、引导、扶持政策。唐太宗、武则天都是中国古代杰出的政治家,他们从唐王朝的长远利益考虑,给佛教以政策支持。照唐太宗个人倾向,更偏爱道教,武则天个人倾向,更偏爱佛教,而唐朝的政策是三教并重,儒、佛、道同样受到保护。他们制定政策没有受个人爱恶的影响。

　　还要指出,实现政策与国力的盛衰有关。唐朝宪宗迎佛骨,遭到韩愈的批评,懿宗迎佛骨也引起人民不满。实际上,武则天也在法门寺迎过佛骨,规模之大,花费之多不在宪宗、懿宗之下,且有过之。洛阳奉先寺开凿石窟大佛像,前后十几年,所费不赀。只是当时国家财力丰厚,没有更多的人反对。玄奘生逢唐代开国盛世,才能完成他的译业。如果玄奘是在唐末而不在唐初,他携回的经卷不必说翻译、传布,恐怕连保存也困难。古人说"知人论世"。英雄人物的产生和他的时代是不能分开的。离开了时代,离开了一定的社会环境,把英雄说成神,是不符合历史实际的。

1994 年

女皇的苦闷[①]

　　武则天算得上一位杰出的政治家。这里不提她是女政治家,因为,抛开性别不论,把秦汉以后的帝王排一排队,她也应当排在中间靠前一些的位置上。她在唐朝的地位应在唐玄宗之上。封建正统派史学家不喜欢女人当政,也还得承认她的"明察善断,故当时英贤亦竞为之用"。相形之下,她的丈夫李治(高宗)却相当昏庸,多亏了这位内当家的协助,才使得唐太宗开创的基业得以继续开展。高宗与武后共治时期,当时社会上称他们夫妇为"二圣",不无道理。

　　除了她与李治共掌天下的时期外,武则天独自掌权时间共二十三年。这期间,她统治着三千万人口的大帝国,高踞在权力的顶峰,富有天下,贵极人寰,但她也有权力达不到的领域,给她带来了极大的苦闷困惑,一直到逝世。

　　秦汉以后,中国即形成大一统的封建王朝,为了适应这个封建大国的需要,经历了若干世代的努力,建成了一套越来越完整的"三纲"体系,它构成封建社会的核心。从天地万物,社会结构,政治秩序,家庭生活,人际关系,无不被纳入"三纲"体系。从董仲舒开始构造了天人感应,阴阳五行学说,创立"天尊地卑","阳贵阴贱",天为阳,地为阴;君为阳,臣为阴;君为臣纲,父为子纲,夫为妻纲,男主外,女主内,

　　① 据《任继愈学术文化随笔》。原载《群言》1988 年第 4 期。曾收入《任继愈学术论著自选集》。

这一系列的规范成了理所当然、不容怀疑的真理。

社会风气、社会舆论,形成了一堵无形的墙,像武则天这样有才略的皇帝,也难冲破它的包围。

据李商隐《宜都内人》记载:

> 武后篡既久,颇放纵,耽内习,不敬宗庙,四方日有叛逆,防豫不暇。时宜都内人以唾壶进,思有以谏者。后坐帷下,倚檀机与语,问四方事。宜都内人曰:"大家知古女卑于男邪?"
>
> 后曰:"知。"
>
> 内人曰:"古有女娲,亦不正是天子,佐伏羲理九州耳。后世娘姥有越出房阁断天下事者,皆不得其正,多是辅昏主,不然抱小儿。独大家革天姓,改去钗钏,袭服冠冕,符瑞日至,大臣不敢动,真天子也。然今内之弄臣狎人,朝夕进御者,久未摒去。妾疑此未当天意。"
>
> 后曰:"何?"
>
> 内人曰:"女,阴也,男,阳也。阳尊而阴卑,虽大家以阴事主天,然宜体取刚亢明烈,以销群阳。阳销,然后阴得志也。今狎弄日至,处大家夫官尊位,其势阴求阳也。阳胜而阴亦微,不可久也。大家始今日能屏去男妾,独立天下,则阳之刚亢明烈,可有矣。如是过万万世,男子益削,女子益专,妾之愿在此。"

这位宜都内人的劝诫议论有多少真实性且不论,她在逻辑上确实陷于矛盾。武则天作为女人,就应属"阴"类;作为皇帝,她身居阳位应属"阳"类。她宠幸的狎人弄臣们分明是男人应属"阳"类,宜都内人把他们归于"阴"类。

面对这些矛盾,一时说不清楚,够武则天头痛的。武则天用她坚强的个性总算顶住了。比如武则天最早想当皇帝,有人劝阻她,认为从服装到行礼的仪式都有困难。妇女行礼,须敛衽、低眉、俯首,行女儿拜还是行男儿拜,曾引起争论。武则天用极大的勇气,抛弃钗钏,执大圭,袭袍服,祭天地宗庙时,自己为主献,儿子为亚献,完全采用男性天子的仪注。

最使她困惑为难的是皇位继承权的归属问题。武则天是李家的主妇,先当皇后,后当皇太后,亲生的儿子不姓武只能姓李。武则天当了皇帝,为武后先祖立七庙,硬把武氏的祖先追封为皇帝,她用行政命令办到了。企图把以男性为中心改成女性为中心的封建宗法制,社会不认可,就办不成。下一代皇帝姓武还是姓李,武则天对此无能为力。

大臣们(如狄仁杰)向她提出武氏子孙只能奉祀武氏的祖先,不可能给出嫁的姑奶奶立庙奉祀。这就是说,武则天如果一意孤行,背离了社会传统,她死后,她的灵魂将无立锥之地。深受封建传统文化教养,又有浓厚宗教迷信思想的武则天自然不甘心死了以后断了香火——不血食。

武则天在位期间,更换宰相人数最多,任用酷吏残杀亲生儿子,残害大批宗室、贵族,大臣数百家,杀戮宣布的罪名都是"谋反",可见她虽在高位心里并不踏实。中国历代皇帝改元次数最多的也是武则天,从光宅元年(684)废太子为庐陵王起,她掌权期间二十多年间改元十七次①,从年号命名不难看出这位老年妇女心虚胆怯的一个侧

---

① 武则天用过的年号有:光宅(684)、垂拱(685)、永昌(689,十月为载初元年正月)、天授(690)、如意(692)、长寿(692)、延载(694)、天册万岁(695,正月为证圣元年)、万岁通天(696,腊月改万岁登封)、神功(697)、圣历(698)、久视(700)、大足(701)、长安(704)。

面。她祈求天下不出乱子(如长寿、如意),求神佛保佑。

武则天雄才大略,有权势,但在男子为中心的封建社会却无法解除妇女的孤立处境。本领再大,也拗不过社会的大趋势。她有权决定天下百姓生死富贵,却无力实现其传位的意图①;贵为天子,富有四海,而无法克服其内心自卑和精神空虚。19世纪英国女王维多利亚也享有高寿,她统治时间也很长,在位期间也遇到不少麻烦事,但未曾遇到女人当国王不合法的指摘。这一点,她比武则天幸运得多。

说到底,英雄人物的本领再大也没有时代潮流的势力大。能善于顺应时代潮流,干一番力所能及的事业,就算英雄了。

---

① "太后春秋高,虑身后太子与诸武不相容,壬寅(702)命太子、相王、太平公主与武攸暨等为誓文,告天地于明堂,铭之铁券,藏于史馆"。(《资治通鉴》圣历二年)

刘知几的进步的历史观①

刘知几②,生于公元 661 年(唐高宗龙朔元年),死于公元 721 年(唐玄宗开元九年),唐代的著名史学家,在唐朝任史官近三十年。他以一生的精力写成《史通》。这部书是我国第一部成系统的史论,是研究刘知几思想的重要材料。

(一)对传统思想怀疑与批判

刘知几是唐朝地主阶级中进步的知识分子,他和当时贵族大地主集团有一定的矛盾。他在唐中央政府任职期间,一直遭受贵族大地主集团的排挤、压抑,甚至对刘知几的史学工作,也受到干涉。现实的政治斗争,丰富了他的学术内容,增强了他的批判精神。他对剥削阶级的明争暗斗、互相倾轧的黑暗内幕感受较深,对统治阶级内部矛盾有一定的认识。现实政治斗争的经验使他对待历史的理解深刻了,使他具有不同于死抠书本的书呆子的读书方法,他的史论,也就不同于一般封建知识分子的空洞议论。关于历史本身的著作、研究方法的议论不属于本文讨论的范围,这里不去说它,只就他对传统思想的怀疑与批判,有许多有价值的见解,值得提出,引起注意。

按照几千年相传的传说,以及典籍记载,尧舜是被认为无可怀疑

① 原载《文史哲》1964 年第 1 期。
② 《旧唐书》卷一六二;《新唐书》卷一三二。

的圣人。有人说"尧舜之人,比屋可封"(见陆贾的《新语》)。刘知几根据他所理解的政治斗争和一定的史料,对尧舜这样的偶像提出了怀疑。他说尧自动把天下让给舜,这种传说是美化了尧舜,掩蔽了事实。"据《山海经》谓放勋之子为帝丹朱,而列君于帝者,得非舜虽废尧,仍立尧子,俄又夺其帝者乎?"(《史通·疑古》)刘知几联系到后来的历史事实,他说:"观近古有奸雄奋发,自号勤王,或废父而立其子,或黜兄而奉其弟,始则示相推戴,终亦成其篡夺。求诸历代,往往而有,必以古方今,千载一揆。斯则尧之授舜,其事难明。谓之让国,徒虚语耳。"(同上)这是说,他不相信正统派写的历史,他认为正统派一贯相传的尧舜以天下相让,其实不过是篡夺。

历史界的传统看法认为舜以天下传给禹。刘知几对此也提出了怀疑。据《虞书·舜典》,舜死于苍梧之野。刘知几说,苍梧在楚境的汨罗,在汉称为零桂。那个地方接近五岭,地气瘴厉,家里略有些产业的人也不会由中原跑到那里去,怎能设想万乘之君,可能到那里去巡游?舜以垂暮之年,远涉不毛之地,而且二妃没有伴随,哀怨幽恨以死。舜的下场哪里像个自动逊位皇帝?刘知几根据他自己的历史知识推断,"历观自古人君废逐,若夏桀放于南巢,赵嘉迁于房陵,周王流彘,楚帝徙郴,语其艰棘,未有如斯之甚者也"。因此,他断定,舜老死苍梧,恐是禹把舜放逐出去的。

尧、舜、禹正统史学家说他们是三个好的帝王,被捧为封建帝王的最高典范。刘知几根据史学,揆以情理,对此提出疑问。这种不盲从、不迷信,敢于怀疑的精神,开拓了治史者的思路,使那些埋首故纸堆中,只顾记诵,不动脑筋的读书人不得不为之震惊。更重要的是他指摘了三代圣王的篡夺行为,也是揭露历史上的所有帝王的假仁假义的虚伪面貌。这是我国封建史学中最富有民主性的菁华思想的部分。

正统派的史学家一向把亡国的桀、纣当作暴君的典型。刘知几对此也提出了不同的意见。他说,"'五经'立言,千载犹仰,而求其前后,理甚相乖"。他举例说,"称周之盛也,则曰三分有二,商纣为独夫。语殷之败也,又云纣有臣亿万人,其亡流血漂杵。"刘知几指出,这些话虽然出自经典,但前后显然矛盾。纣虽然有过失,"欲加之罪,能无辞乎?"(《史通·疑古》)

《论语》也是在汉以后,封建学者不敢轻议的一部经典,王充还敢提出一些怀疑,其余的封建学者只能附会、注释,不敢怀疑。刘知几对于孔子和赞周文王的话也敢于怀疑。《论语》说:"大矣,周之德也!三分天下有其二,犹服事殷。"①刘知几说,周的统治者如果仍旧是殷的臣属,他的三分天下有其二,土地只能兼并来的,这就是僭越。周统治者"戡黎灭崇",就是自专征伐,"亦犹近者魏司马文王(司马昭)害权臣,黜少帝,坐加九锡,行驾六马。及其殁也,而荀勖犹谓之人臣以终!益姬之事殷,当比马之臣魏。必称周德之大者,不亦虚为其说乎?"这不啻直接指摘孔子的夸大、不实。把圣德之至的文王比做准备时机、进行篡夺政权的司马昭。不带有几分叛逆精神,这些话是不敢说的。

此外,对于孔子的《春秋》②的写作态度、内容的真实性都有所指斥。《春秋》有时把坏事说成好事,有"虚美"的缺点。

(二)对历史记载中五行灾异神鬼迷信的驳斥

刘知几根据历史材料对各种有关迷信的记载,通过事实分析给

---

① 见《论语·泰伯》,文句略有出入。

② 刘知几相信《春秋》是孔子自著。对《春秋》一书的体例的评论和不满也就是对孔子的评论和不满。

予有力的驳斥。刘知几的反迷信思想对于当时科学思想的发展有直接促进作用,对于唯物主义哲学思想也有积极推动作用。由于他的地主阶级的阶级偏见,使他对于古代的历史记载中的荒诞不经之谈,还不敢断言其必为虚妄;也由于受到当时科学发展水平的限制,他对于许多怪异现象还无法找到科学解释。因而刘知几的天神论思想还有某些不彻底的地方。

(1)对阴阳五行灾异说的批判

自从邹衍开始,用五德终始讲历史发展,董仲舒又推波助澜,完成了庞大的神学目的论思想体系。又经历了两汉之际的谶纬迷信的传播,以致形成了深入社会人心的风气。经过王充等人的批判,对神学目的论有所澄清,但封建统治者为了夸大他们取得统治地位的神学根据,也不断编造迷信传说,并把它写进历史记载,以欺骗人民。

刘知几认为历史所记载的大事的成败,主要在于人事而不系于天道、龟卜。他举例说,武王伐纣时,占卜吉凶,"龟焦蓍折",如按照迷信,认为神明不允许出征,武王还是出了兵,结果一举擒纣。南朝宋武帝出兵攻打卢循时,军中大旗杆折断,幡沉水中。迷信者认为是不吉之兆,但刘裕毅然进兵,大败卢循。相传鹏鸟入舍,会给主人带来不幸,汉代贾谊在长沙时,有鹏鸟入舍,次年文帝召他入京,他不但没有得祸,反而得到升迁。古之国史,"闻异则书",历史上有许多日食、山崩、陨霜、雨雹、冬天冰、螟伤苗之类的记载。这并没有什么神秘[①]。

有许多阴阳家,为了把事实神秘化,他们故意把天变与历史事实本不相共的事件联系在一起,"不凭章句,直取胸怀,或以前为后,以

---

① 大意见《史通·书志五行》。

虚为实。移的就箭,曲取相谐。掩耳盗钟,自云无觉"(《史记·书志五行》)。他们自以为这样乱说一通就可以骗人,其实他们这些迷信家之间的说法就矛盾百出,难以自圆其说。刘知几指出:"且每叙一灾,推一怪,董(仲舒)、京(房)之说前后相反;(刘)向、(刘)歆之解,父子不同。"比如春秋桓公三年"日有食之",董仲舒、刘向以为是预示后来"鲁宋杀君易许田",刘歆以为是预示后来晋曲沃庄伯杀晋侯,京房又以为是预示后来楚庄称王,兼地千里。又庄公七年"夜中星陨如雨",刘向以为夜中指的是中国,刘歆以为白昼象中国,夜中指外国。刘知几说,这都是完全由主观推测、毫无根据的。刘知几对董仲舒首倡阴阳五行之说给以严厉的批判。他说:"下帷三年,诚则勤矣。差之千里,何其阔哉!"(《史通·五行杂驳》)刘知几还指出历史上有许多记载是"前事已往,后来追证,课彼虚说,成此游词"(《史通·书志五行》)的。

刘知几对于那些乌烟瘴气的用迷信的历史解说家给以有力的反击。但是他还有些迷信思想残余,他还认为除了那些随意乱说的迷信之外,还有所谓可信的神秘主义的预言,他说"至如梓慎之占星象①,赵达之明风角②,单飏识魏祚于黄龙③,董养征晋乱于苍鸟④。斯皆肇彰先觉,取验将来,言必有中,语无虚发。苟志之竹帛,其谁曰不然?"(同上)这是刘知几过分相信史书的记载,以假当真的思想局限。

(2)对祥瑞符命迷信思想的批判

刘知几对祥瑞符命的认识,也和他对阴阳灾异的认识一样,基本

---

① 《左传》昭公十七年,梓慎预言宋、卫、陈、晋将有火灾,后果有火灾。
② 《三国志·吴志》,赵达善于推算吉凶,"无不中效"。
③ 《后汉书·方术传下》,单预言五十年后在谯这个地方有王者兴,后来魏代汉。
④ 《晋书·隐逸传》,永嘉中洛阳城东北步广里地陷,有二鹅出。苍者飞去,白者不能飞。董养预言中国要发生大乱。

上认为是虚妄的。但他还没有根本否认它。在《史通·书事》篇中说："夫祥瑞者,所以发挥盛德,幽赞明王。至如凤皇来仪,嘉禾入献,秦得若雉,鲁获如麕,求诸《尚书》《春秋》,上下数千载,其可得言者,盖不过一二而已。"这说明刘知几认为所谓祥瑞事件只是历史上千年不遇的极个别的现象。这些祥瑞的出现是"发挥盛德,幽赞明王"的,可是后来的情况就远远不是这样了:"爰及近古则不然,凡祥瑞之出,非关理乱,盖主上所惑,臣下相欺。故德弥少而瑞弥多,政逾劣而祥逾盛!"这是说,后世的祥瑞是臣下投合人主的喜好,故意编造出来的,君主的道德越少,国家的政治越坏,祥瑞就编造得越多。汉代桓、灵两帝的政治最混乱,他们的祥瑞比汉代太平盛世文、景时代还多。曹魏和司马氏的政治就不好,五胡十六国的刘渊、刘曜、石勒这些残暴的统治者比曹氏和司马氏更坏些,而刘氏王朝的祥瑞比曹氏、司马氏两朝还要加倍。"而史官征其谬说,录彼邪言,真伪莫分,是非无别!"(《史通·书事》)刘知几能指出祥瑞之说,泛滥于"主上所惑,臣下相欺",不能不谓之有识,但是他还相信祥瑞有"真伪",这是他对迷信思想让步、妥协处。

刘知几还指出,即使有祥瑞、符命,而真正对国家的兴衰治乱起决定作用的还是人的主观努力。他批评司马迁的史论过多的讲天命,而没有重视人的主观作用是错的。司马迁在《魏世家》发表议论说:

> 太史公曰:说者皆曰魏以不用信陵君故,国削弱至于亡。余以为不然。天方令秦平海内,其业未成,魏虽得阿衡之徒,何益乎?

刘知几针对司马迁这段过于相信天命的思想进行了驳斥。他说：

> 夫论成败者，固当以人事为主。必推命而言，则其理悖矣。盖晋之获也，由夷吾之愎谏①；秦之灭也，由胡亥之无道……然则败晋于韩，狐突已志其兆②；"亡秦者胡"，始皇久铭其说……假使彼……君，才若桓文，德同汤武，其若之何？苟推此理而言，则亡国之君，他皆仿此，安得于魏无识哉？（《史通·杂说上》）

刘知几这里更明确地指出即使有所谓关于国家兴亡的预言，如果有了德才兼优的君主，国家不幸的命运并不是不可以改变的，将亡的国家还是可得到挽救。亡国不决定于符命和预言，创业建国，也不是符命和预言就可以决定的，决定创业建国的还是人的努力。刘知几列举了陈氏将有齐国，周王将得天下，虽有符瑞，如果他们创业的君主"德不半古，才不逮人"，他们也不能登上帝王、君主的宝座。

刘知几还指出，把一切诿之于天命，既不能真正说明历史的发展，也不足以给人们以有益的经验教训。他说："夫推命而论兴灭，委运而忘褒贬，以之垂诫，不其惑乎？"（同上）他还指出，这样相信天命的说法，不但司马迁有这种错误，像后来鱼豢的《魏略议》、虞世南的《帝王论》，当他们论到辽东公孙氏的失败的原因、江南陈氏亡国的原因时，都是讲天命。他们与司马迁犯了同样错误。

在马克思主义以前，人类对于历史的规律，基本上是无知的，但

---

① 晋惠公夷吾拒绝忠言，以致失国。事见《左传》僖公十五年。
② 《左传》僖公十年，狐突曾梦见死去的太子申生，申生告诉狐突说上帝将令秦国惩罚晋国，过了五年，秦俘晋君。

是先进的哲学家对历史发展的规律的探索所付出的努力,却是无可厚非的。他们努力在探索决定历史的是人还是神,是人的努力还是天命,历史发展的动力是来自社会外部还是来自社公内部。在刘知几以前,管子、韩非、司马迁、王充等人都力图从天命、鬼神的支配下解放出来,并做出了一定的成绩。刘知几在前人努力的基础上做出了相应的贡献,他的《史通》的主要锋芒指向阴阳灾异、祥瑞符命的迷信思想。他的学术活动时代正是武则天当权的时代。武则天为了登上皇帝的宝座,不惜编造神学预言,收买符命,惑乱人心。刘知几的指斥符命,批判迷信的现实战斗意义就显得更为光辉。

就他反对迷信、天命而强调人的主观努力而言,他是有成绩的。但是他所谓人的主观努力,不是人民群众,而是才智聪明的圣人,一般人民提不到话下。他还是一个历史唯心主义者。至于历史发展的规律性,他还没有认识。他的反对神学的历史论著给后来的柳宗元、刘禹锡的历史观准备了理论前提。

论韩愈的历史地位

——陈著《韩愈年谱及诗文系年》序①

　　古今历史人物,其功业足以不朽者,大致可分两种类型。一种是代表旧时代的结束者,一种是代表新阶段的开拓者。像诸葛亮、文天祥、近代的章太炎、西方的黑格尔属于前者;像屈原、司马迁,近代的孙中山、鲁迅,西方的马克思属于后者。他们的业绩都足以传世不朽。韩愈也是我国历史上不朽的人物之一,他的功绩在于开拓新阶段。

　　安史乱后,人心厌乱,客观上要求有一个强有力的中央政府,要求消灭地方割据势力。唐以后的历史发展证明,中国社会正是沿着这一条道路前进的。韩愈所提倡的排佛、古文运动、创立道统说,与社会发展、文学发展和哲学发展的总趋势符合。我们不能说后来的文学家、政治家、哲学家读了韩愈的书,才这样去做的,这里只是指出,韩愈的许多主张,符合历史潮流。韩愈的历史地位,宋以后被抬高。韩愈的著作,在宋以后越来越引起学术界的兴趣。韩愈还是那个韩愈,何以宋以后声价大增? 这不能从韩愈本身找原因,只能从社会历史中找原因。韩愈是宋代哲学、文学界的先驱,他赢得宋人对他崇拜,是理所当然的。

---

　　① 原载《任继愈学术论著自选集》,北京师范学院出版社,1991 年版。曾收入陈克明《韩愈年谱及诗文系年》,巴蜀书社,1999 年版。

一、排佛

韩愈排佛是他的一贯主张。他的《谏迎佛骨表》，由于措词激烈，不避忌讳，给他招来一场灾难。韩愈排佛的理由都是前人已讲过的，没有比南北朝人更多的新见解。陈寅恪先生认为韩愈反对佛教，重点在于反对道教，道教在唐朝为患更甚于佛教。韩愈虽未公开指斥道教，实际上也抨击了道教。这是陈先生的新解释。如果我们作更进一步的探索，我们还会发现韩愈排佛教、道教，还包含反对藩镇割据以加强中央集权的意义在内。

考察韩愈排佛，不应局限于排佛的文章的字句，更要注意排佛这一行动在当时社会环境下所起的作用。《礼运·大同》是在汉代提出来的学说。清末康有为变法，重新提出"大同"理想，撰写了《大同书》。康有为的《大同书》与《礼运·大同》思想大不一样。再比如"实事求是"这是我国古代成语，中国马克思主义者拿来为唯物主义认识论作注解，很恰当。"实事求是"对今天的中国共产党并不是一个新口号，因为已在党内讲了几十年。粉碎"四人帮"以后，党中央重新提出"实事求是"的口号，号召人们从两个"凡是"的桎梏中解放出来，打破他们的教条主义、造神主义。旧口号有了新内容，以今例古，其理不殊。

安史乱后，唐朝藩镇割据，中央政令不能在割据地区贯彻，韩愈提出排佛，目的在于维护中国封建传统文化。他从维护封建传统的立场，指斥佛教是"夷狄"之教。因为它败坏了中国传统文化（即封建文化）的纲常名教，破坏君臣、父子、夫妇的伦常，逃避了臣民的纳税服役的义务。照韩愈这个理论来衡量,当时败坏纲常名教、背离君臣大义、不为朝廷国家尽纳税服役义务的,除了佛教、道教以外,还有割据国土的藩镇军阀。他们破坏封建纲常名教,没有履行臣对君的义务。藩镇割据地方政权实行的也是"夷狄之道"。

韩愈的政治主张与他的排佛一样明确,他坚决主张削平藩镇,维护中央集权。裴度平淮西取得胜利,韩愈为之欢呼、歌颂。为了说服地方割据势力,韩愈不惜冒生命危险,与地方军阀开展面对面的辩论。可惜唐朝这个小中兴的局面没有维持多久,唐宪宗因服道士药中毒而死,唐王朝权力落在历代宦官手中,再也没有振作起来。

中国历史表明,巩固中央集权,消除割据势力,已成为唐末历宋、元、明、清的一贯发展趋势。韩愈中央集权的政治主张,在当时由于主客观条件不具备,没有做到,经过多年的努力,宋朝做到了。宋以后未曾出现过地方割据政权。与宋朝并存的有夏、辽、金诸王朝,都是独立的主权国家,不是分裂中央政权、闹独立的地方政权,与唐末藩镇割据政权的性质不同。宋以后,再未出现过地方割据政权,对今天来说,这也是相沿千年之久的中华民族的一份宝贵遗产。

二、古文运动

文学,是社会活动的一面镜子,它对社会生活有反映、描述、评论、宣传多种功能,文学与社会生活相终始,社会不停地前进、发展、创新。社会在前进,文学也在前进。文学如同长江大河,上游水系不断增加进来,增益、丰富、充实着旧水系,而不是加入了新水系旧水系即停止流动。我国最早的文学创作《诗经》多采四言形式,后来五言、七言兴起,丰富了表达方式,而四言诗并未废除。律诗起于古诗以后,当时号为近体诗。近体诗盛行,古体诗并未废除。辞赋起于战国,盛行于两汉,但辞赋经历了两千年之久,直到明清并未消亡。文化变革不同于政权更替。新政权建立之日即旧政权灭亡之时,文化则不能割断,新文化都是在旧文化的基础上产生的。

文学是文化的一个分支。韩愈提倡古文运动,扩大了古文的运用范围,使古文进入文坛,受到社会重视。古文上台,并不意味着骈文下台。唐、宋古文盛行,骈文一直是官方通用文体,凡政府公告、国家任免官吏、官僚政绩考评,甚至一般社交函札,仍用骈体。韩愈的功绩并不是打倒骈文,而在于运用文学本身的魅力,扩大了文学表现领域。

韩愈把散文这个文学工具,运用得出神入化,得心应手,用于墓志碑铭,文辞简稚;用于写事状物,能尽传神之妙;用于发抒胸臆,能无所不达;用于日常生活小品、杂文,能生动活泼,嬉笑怒骂,涉手成趣。他的《进学解》亦庄亦谐,《杂说》以小喻大,《毛颖传》寓苍凉于滑稽,当时有人不理解他,说他太不严肃。其实这是对韩愈的误解。韩愈的散文刚健清新而自然,"唯陈言之务去",却不留斧凿痕,举重若轻。苏轼也是文学巨匠,而苏轼不免有文人夸大虚浮之气,这一点朱熹早已指出过。

除了散文以外,韩愈的诗也独辟蹊径。韩愈"以文为诗",古今论者或以为功,或以为过。是功是过,这里不作评论。"以文为诗",应当认为这是韩愈的特点。他打破了诗只限于抒情的旧传统,拓展诗的表现范围,这是事实。学术界一般认为唐诗宏阔,朱诗深沉。从认识史的角度来看,由宏阔到深沉,是一个发展,表明诗在前进。这一变革,不是一朝一夕之功,也不是一手一足之劳,而是靠众多作家,共同努力,顺着文学发展趋势推动促成的。众多推动者中,韩愈是重要的一员。

天地之大,品类之繁,世态变幻而恢诡,在韩愈眼下,没有不可以入文的,也没有不可以入诗的。语言这个文学工具,简直被韩愈用活了,竟做到无往而不适,无事而不宜。杜甫为诗.超逸绝伦,无愧于诗圣,但杜甫的散文的确不算高明,有时显得很不通顺。说到驾驭语言的功力,韩愈堪称超逸绝伦。

有人说韩愈诗风偏于险怪,认为这是韩愈自以为无法超过李白、杜甫,才力图以险怪取胜。这种评论是不解韩愈,也低估了韩愈的文品。

文学的价值,在于能够通过形象思维,揭示社会现象的本质,要求作家不但有语言技巧,更要看作家对现实生活的感受及理解的深度。照这个标准来衡量韩愈的文学造诣,试把韩愈排在古代伟大作家的行列里比一比,韩愈比先秦诸子、屈原、司马迁、李白、杜甫稍逊。韩愈的文学造诣仍应属上品。

评价历史人物,既要看他在本学科领域中所起的作用,又要看他本人的学术造诣,历史作用和作家本人的造诣,有时一致,有时不一致,不完全是一回事。韩愈的历史地位,有他开创新局面、推动学术发展的功劳,也有他创作的功劳。前者的功绩更大一些,因为他为后世开了风气。

三、建立道统说

韩愈在《原道》中提出了尧、舜、禹、汤、文、武、周公、孔、孟,古代圣人历代相传的道统理论。道统说的提出是针对佛教而提出的。佛教道统说的建立、推广、流行,起于隋唐,盛行于安史之乱以后。隋唐佛教建立了各大宗派,各派有自己所依据的根本经典(比如华严宗依《华严经》;天台宗依《法华经》),对所依据的根本经典各宗派有自己的解释,师徒世代相传,出现了解经的章句之学(如《法华文句》等)。这种风气颇似汉代经学、经师相传授的章句之学,我称之为"佛教经学"。"佛教经学"与佛教道统说、佛教宗派的建立,是同一事实在不同方面的表现。佛教各宗派都标榜自己得到释迦的真传。找小到文字根据的,则自称是得到"教外别传""佛祖心传",总之,都自称是佛教正宗。除教义上争正统,还在传法世系上来证明。自己的宗派有渊源,是正统佛教。

安史乱后,佛教寺院经济遭到不同程度的破坏,僧众避乱,流动较大,经典散佚,有的毁于战火。各宗派为了保持自己宗派的纯洁性,更有强调传法世系的必要。如神会和尚在滑台召开的"南宗定是非论",就是一次声势很大的法统之争,也就是佛教宗派中的"道统"之争。

韩愈的道统论,为后来儒教正式建立后的道统论奠定了基础。陈寅恪先生《论韩愈》中指出,韩愈的道统论受佛教的启发,乃不刊之论。陈先生根据的理由是韩愈少年颖悟,随兄在岭南,在禅宗流行地区,必受禅宗影响。韩愈少年颖悟,对社会思潮有感应,自不待言。我们还应看到隋唐时期佛教势力最大、影响深远的地区,并不在岭南. 而在中原。早在南北朝时期,禅宗已盛行于嵩洛。安史乱后,中原地区佛教宗派之间的道统之争较偏远地区更加激烈。滑台之会,就发生在中原。当年惠能求法,在岭南无师可投,才奔赴湖北。韩愈生长于中原,当时佛教思潮弥漫于朝野上下,其影响不限于岭南一隅;长安、洛阳佛教宗派林立,不止禅宗一家。上有帝王、贵族提倡,下有百姓群众景从,佛道儒三家鼎立,各立门户,互争高低,构成隋唐思想界的总形势。

儒家在政治上占优势,其哲学思想、思辨分析,不及佛教深刻;业报轮回、三世因果之说,积数百年的宣传,已深入人心。儒家为了在三教中争取领导地位,力图论证儒教源远流长,得圣人真传,又由于受到佛教建立法统的启发,于是建立自己的道统论。

再进一步探本溯源,问一问佛教法统论又是从哪里来的?我看佛教各宗谱牒相传,以嫡系自诩,并非出自佛教自身,而是受了魏晋以来门阀士族谱系之学影响,世间法影响到出世间法的结果。纵览天竺佛书及有关释迦及部派传记,他们一向缺乏时间观念,也没有一代一代严格记录的习惯。而中国魏晋南北朝时期,门阀士族的家族出身,关系到这个士族成员社会声望及政治升降。谱牒之学,在南朝成为显学。政府任命官员,必以族谱渊源为根据。伪造族谱者,置以重典。宗教号称出世,出世的宗教一刻也离不开世间。佛教的传法世系,所谓法统说,正是当时门阀士族世间法在出世间法的反映。

韩愈把世间封建宗法家族谱系学,移植为学术承传的学术谱系学——道统论。道统论形成后,再与封建宗法的政治承传关系相结合,于是儒家政治上的正统与儒家学术上的道统结合起来。韩愈在这一方面给儒家立了大功。

三教鼎立时期,社会上流传着"儒以治世,佛以治心"之类的儒佛分工论。意思是说,儒教有治世的功能,佛教有感化人心的功能,说到心性修养之学,还得仰仗佛教。儒家为了夺取思想阵地,在治世这个功能之外,还要发挥"治心"的功能。道统说的实际意义,在于为儒家张目,宣布儒家不止有治世之术,儒家还兼有心性修养功夫,它有深远的思想渊源,它继承了尧、舜、禹、汤、文、武、周公、孔、孟学术嫡传正宗。道统说的建立,意味着把天下一切学术(道)都纳入儒家门下。道统说发端于唐代韩愈,完成于宋代朱熹。朱熹接着韩愈指示的方向走到底。

解放后,对韩愈的研究开展得不多,对韩愈的评价也欠公允,粉碎"四人帮"以后.纠正了学术界极"左"倾向,贯彻了实事求是的学风,学术界出现了新气象,沉寂的学术界活跃起来。研究韩愈的专著不下十种。陈克明同志《韩愈诗文系年》是值得向广大读者推荐的一部专著。它为研究者提供了可信的背景资料,对今后研究者无疑提供了方便。

陈克明同志在中国社会科学院哲学研究所从事中国哲学史研究垂三十年。对古典文献整理工作有较深的素养,他通义理之学又好辞章之学。凭他的知识积累和勤奋的治学精神,写成了《韩愈诗文系年》,对今后研究者提供了方便。《系年》的优点,一是详备,二是谨严。凡前人及时贤的成果可采取者,尽量吸收,以期详备;诗文创作的时间一时难以确定的,存而不断,以待后人。这两个优点,整理其他古籍也同样值得推广。

若干年来,学术界有一种风气,认为资料整理不算创造性的研究,写论文才算创造性的研究。有人把夸夸其谈当作了创造性。不务实,不从第一手材料入手,那样的"创造性"经不起风雨,不值得提倡。

研究韩愈,现在刚刚开始,在文献资料整理取得大面积丰收之后,才可能产生高质量的创造性的研究成果。鄙薄资料工作,妄图一举写出创造性的著作,那是空想,盼望继《韩愈诗文系年》之后,对一些重要作家,写出大量有分量的著作,为后人提供资料,铺平道路,我国今后的学术大繁荣就有了指望。

朱熹与宗教[①]

朱熹(1130—1200)是中国哲学发展史上一个重要的里程碑,是继孔子、董仲舒之后,完成儒教体系的最重要的人物。研究朱熹的思想,既是一个学术问题,也与当前中国人的现实生活有关。在中国学术界一般的看法,认为朱熹的思想体系属于哲学,本文认为朱熹的思想体系属于宗教,他的哲学思想是为他的宗教体系服务的。

一、中国特殊的社会历史条件决定中国宗教的特殊表现形式

宗教、哲学不同于自然科学,它具有鲜明的民族特点。中华民族的文化与其他民族的文化相比,有其共同性[②],又有其特殊性。中国的社会与西方比较,有以下几个特点:

中国封建社会维持的时间长久而稳定;封建宗法制度发展得比

[①] 据《任继愈学术论著自选集》。原载《中国社会科学》1982 年第 5 期,曾收入《儒教问题争论集》《皓首学术随笔》等。

[②] 社会发展史表明,人类社会一般必须经历五种社会发展阶段:即原始社会、奴隶制社会、封建制社会、资本主义社会、共产主义社会。也有不同意这五种生产方式的,但社会发展由低级向高级,由不发达向发达的方向发展,则是多数历史学家所承认的。

较完备;封建的中央专制集权;农民起义次数多,规模大;资本主义没有得到发展。中国有文字记载的历史近四千年,其中有两千多年是在封建社会中度过的。中国古代思想引起全世界注意的部分,也以它的封建文化最为显著。如果想把中国封建文化研究得比较清楚,要调动政治、经济、文化等各方面的学者共同努力才行。本文只是从哲学与宗教一个侧面来接触这个问题。

上面说过,宗法制度是中国封建社会历史的特点之一。宗法制度产生于氏族公社后期。一般在生产落后、劳动不发达、产品数量极为匮乏的条件下,社会制度更大的程度上受血族关系的支配。世界上许多民族随着社会经济生产的发展,冲破了血族关系的束缚,建立了以地区划分的国家组织。在中国却不是这样。国家组织形成后,氏族社会遗留下来的血族关系的旧形式不但没有被摒弃,反而作为一种有效的社会组织形式,对国家、社会的活动继续起着调节作用,甚至是支配作用,成为调整社会关系的杠杆。由于阶级矛盾、贫富悬殊造成的冲突,通过宗族关系而得到缓和,宗法制度在阶级社会里,仍然以自然的血缘纽带把社会成员牢固地联系在一起,共同的风俗习惯、心理状态、行为规范,在社会上仍然具有普遍意义。儒家在维护宗法制度方面,不断地利用旧形式,填充新内容。

问题还得从西周说起。

周民族战胜了殷民族,取得了全国统治地位,少数统治者征服多数被征服者,他们有效地利用了血缘关系的宗法制度,按血缘关系,分封了本族及其亲属贵族,把他们分驻在齐、鲁、燕、晋等东方重要地区,建立了国家。这个制度延续了七八百年,秦统一后,分封制才解体。分封制度停止了,但血缘关系的宗法制度却在新的形势下得以保持。秦汉统一后,把氏族社会遗留下来的原始宗教仪式,给予系统的解释,讲出一番道理,这就是汉初的《礼记》。原始宗教没有专职的宗教职业者,氏族的首领就是祭祀的主持者。族内祈祷丰年、禳除疾病、消灭自然灾害等活动,全族成员都要参加。生产活动、社会活动同时也是宗教活动。内部的祭祀、对外的部落之间的战争也是在宗教仪式引导下进行的。古代记载的许多礼仪,是当时社会民俗的记录。如冠、婚、丧、祭、军、宾、燕、飨的活动,都可以在原始宗教中找到它的来历①。西周的文化,经过长期传播,逐渐形成了超出周民族范围的华夏文化。周王室东迁后,王室失去领导地位,鲁国由于周公的原因,保存了完整的礼乐文物、典章制度②。儒家创始人孔子、孟子出于邹鲁,绝非偶然。孔子与六经的整理,并以六经作为教材,传授门徒,则是学者们公认的事实。六经中,礼乐部分即包括了原始宗教的记录和解释。六经中体现了宗法制为核心的天人观、社会观、宗教观等芜杂的内容。儒家经典中的"敬天法祖""尊尊亲亲""敬德保民"的教训,都带着原始宗教的遗迹,后来儒家对所传的六经不断给以新解释,注入新内容,使它成为指导生活的准则。儒家经典始终具有浓重的宗教传统。

秦汉统一,奠定了中国两千多年大一统的政治格局。中国人长期以来,认为统一是正常的,分裂是不正常的。但是封建社会的经济是自然经济,农民的生产品除上交国家外,都为了自己一家一户的消费。经济上是自给自足的封闭的体系,是分散经营的个体。经济上的分散,要维持统一的局面,没有统一的思想工具是不可能的。秦汉统一后,探索思想统一的经验,历时七十年,终于定儒家于一尊,董仲

---

① 今天的少数民族地区的调查可以与古代礼书记载相印证。

② 《左传》昭公二年,晋国韩宣子到鲁国访问,看到鲁国保存的丰富文物典籍,惊叹道:"周礼尽在鲁矣。"

舒的神学目的论取得了支配的地位。东汉《白虎通》把经学神学化、系统化。过去学者讲两汉经学多注意其师承家法传授,而不大注意其神学意义,是不全面的。

　　魏晋南北朝时期,统一的国家长期分裂,儒教的势力有所削弱,但封建宗法制并没有削弱,门阀士族势力强大,严孝悌之教,重宗谱之学。当时民族矛盾,战争频繁,给宗教的发展提供了土壤,佛道二教得以盛行。隋唐统一,儒、释、道并称三教。国家大典,召三教代表人物讲论于宫廷殿上。儒家被公认为宗教,自此时始。

二、中国哲学与中国的宗教

　　从人类认识史的角度来考察中国儒、释、道三教的鼎立与融合的过程,也可看出人类认识不断前进、不断深化的过程。

　　中华民族的认识史即中国哲学发展史。先秦时期,人们关心的是天道问题,讨论关于世界构成问题。这相当于人类认识的幼年时期,董仲舒的神学目的论也未超出这一认识阶段的水平。处于宇宙论(cosmology)的阶段,还没有达到本体论(ontology)的阶段。经历了几次社会大变乱,政治上的大变革,人们对天道观的兴趣逐渐被更复杂的社会矛盾所吸引,兴趣由对世界是什么构成,进而追问社会现象中人们自身的问题,人的本性是怎么构成的。人性论在春秋战国时期已被提出,那仅仅是开始。从孔子的"性相近也,习相远也"到孟子的性善说,荀子的性恶说,董仲舒的"性三品"说,扬雄的"善恶混"说,虽说在认识上不断前进,但在理论上还不深入。像人性善恶的根源,人性与社会关系,人性与生理机能、个人的行为与人性有什么关系,人性有没有变化,规律是什么等问题,都还来不及探索。

佛教传入中国后,大量经典译为汉文,人们看到了所描绘的世界比中国六经所涉及的要广大得多。佛书中对人的感情、意志、心理活动描述,也比中国古圣贤相传的人性论丰富、细致、复杂得多。三世因果之说,更是中土人士前所未闻,听到后,莫不爽然若失①。人类知识也在不断发展。日趋复杂的生活现实强迫人们回答一些带有根本性的问题。社会为什么有灾难,人们为什么有富贵贫贱,世界是什么样子,应当以什么生活态度对待这个世界?人活着为什么等等。任何一门具体的科学都不能回答这些问题,只有哲学和宗教有兴趣来回答。回答得正确与否,是另一回事,但古今中外哲学家和宗教家都自认为有了正确的答案,只是两者所走的道路不同,哲学采取思辨的方法,宗教走的是信仰的道路;哲学从理性方面做出解释,宗教从感情方面给以满足。就理论上讲,哲学与宗教各有自己的领域,但这种清楚的领域划分,只有当人们从中世纪的长期冬眠中觉醒以后才能认识到,才能获得哲学的完全的意义。中世纪的哲学还没有从宗教中独立出来,只是宗教的附庸。人类认识水平是科学水平的反映。科学水平低下(与近代相比),哲学无力给以合理的解释,不得不借助于宗教。哲学与宗教的界限今天也还有人没有完全划清,何况在古代?

"五四"以后的中国哲学家们,接触近代欧洲文化和哲学。他们敏锐地感到中西哲学的性格是那样差异!我的老师熊十力先生一再强调,欧洲哲学只能给人以思辨的知识、逻辑的方法,却不能教人从躬行履践中获得安身立命的精神受用。真正了解中国传统文化的学

---

① 此说见(晋)袁宏《后汉记》。

者们都感到这种差别。差别是客观存在着。现在要指出的是,西方人并不是不要安身立命的地方,每一个有文化的民族,如果没有一个安身立命的精神寄托处,将是不可想象的。西方人把安身立命的境界寄托于宗教,把认识世界的任务交给了哲学。西方经历了产业革命,科学和生产力得到现代化,使哲学、科学有条件从宗教中分离出来。中国没有经历像西方那样的产业革命,长期停留在封建社会,哲学没有条件从宗教中分离出来,宗教仍然统治着哲学,两者划不清界限,这就造成了中国封建时代的哲学与宗教浑然一体的状况。西方中世纪的哲学也是大讲安身立命的,他们也要囊括宇宙,统贯天人以成圣成贤为目标。正如西方中世纪安瑟伦(Anselmus,约1033—1109)所主张的那样,把信仰看作理解的基础,理解则可为信仰提供论据。其时,相当于中国宋仁宗到徽宗时期,约与周敦颐、二程、张载、邵雍同时。西方的托马斯·阿奎那(Thomas Aquinas,约1225—1274)所处年代相当于南宋理宗到度宗时期,约后于朱熹。西方的经院哲学也讲他们的"天理人欲"之辨,"身心性命"之学,真是东圣西圣若合符节。也有人喜欢把程朱陆王与近代康德、黑格尔相比,"五四"以来,相沿成风。不同的社会发展阶段(封建社会与资本主义社会)拿来相比,是不慎重的,不能从中得出什么可信的结果。也有人认为中国理学与印度佛教哲学相近,是由于都是东方人的思想。实际上,中印古代思想相近,是由于中国和印度的古代社会发展阶段相仿,印度和中国都没有正式进入近代资本主义社会就沦为殖民地和半殖民地。中印古代文化相近、相似,只是由于这两大民族的文化都带有"古代"特征。

这样讲,是不是抹煞了中国民族文化的特点,完全以社会发展阶段来区别文化的差异呢?完全不是。中国古代文化除了带有中世纪的普遍特征外,还有它自己的特征,即封建的宗法制度。中国的儒教是为封建宗法制度服务的,是封建宗法制的产物,正像印度古代哲学为印度的种姓制服务成为它的特点一样。正是由于中国封建宗法制度的强大、顽固、历史长久,所以它对中国的传统文化有着极为重大的影响,其威力之深远,远非西方人所能想象。中国本土的思想固然要受它的支配,就连来自外国的佛教,不向封建宗法制让步,也难以通行。从东晋到唐初,这二百余年间,发生过"沙门不敬王者""沙门不应拜俗"的争辩,均以沙门失败而告终。僧众要求治外法权,也遭到失败。佛经原著与中国宗法伦理制冲突,则删略不译或改译,或增字以迎合封建宗法制度的需要①。对佛教徒来说,"圣言量"是最高准则,倘故意违犯,将堕地狱,受恶报。中国佛教徒宁肯冒堕地狱、受恶报的后果,也不敢触犯封建伦理、"三纲五常"的尊严。

中国的宗教与哲学不得不为封建宗法、纲常名教服务,这种事例到处可见。如佛的禅林清规,重修《百丈清规》首先祝君王,然后才祝佛祖,这都表明中国的宗教世俗化程度之深。不止表现在仪式上,宗教理论上也是与当时的封建宗法制度配合的。宗教的核心是宣扬出世,从生活习惯到世界观都要与现实社会的俗人有所区别。但是中国影响最大的佛教宗派禅宗就主张西方极乐世界不在彼岸而在此岸;不在现实世界之外,而在现实世界之中。所谓解脱不是到另外地方,过另一种生活才能解脱,解脱即世界观的转换功夫。所谓出家、解脱,并不意味着离开这个世界去寻找另一个西天。只要接受了佛教的世界观,日常生活中的尘世就是西天②。宗教世俗化是中唐以后

---

① 陈寅恪:《寒柳堂集·莲花色尼出家因缘跋》第719页;[日]中村元:《儒教思想对佛典汉译带来的影响》,《世界宗教研究》1982年第2期。

② "菩提只向心觅,何劳向外求玄? 听说依此修行,西方只在眼前"(《坛经》)。

佛、道二教共同趋势,到了唐末五代,民生凋敝,战乱频繁,寺院经济遭到破坏,只剩下禅宗这个宗派不但没有衰落,反而遍地蔓延。道教的全真教也是走的世俗化的道路。从唐代的三教分立,到唐末五代的三教合一,已经水到渠成。理学的出现,即儒教的完成。理学排斥二氏(释道两教),并取得成功,完成了前人排佛老数百年未竟之业,这只是一种假象。实际上并没有排尽掉二氏,而是吸收了二氏的一些重要内容,挂起儒教的招牌。宗教不同于政治势力,可以用什么力量去打倒,宗教是意识形态,特别在中世纪有强大的生命力,从历史上抹掉它,是不可能的。中国历史上的几次大的"毁法"①运动,都未成功,毁法之后,信佛群众反而更加炽烈,即是明证。

理学产生于中国封建社会后期。《宋元学案》的学者以孙复、石介、胡瑗为理学创始人,这一说法没有被正统的理学家所承认。理学家自己认为周敦颐、二程才是理学的创始人,后一学说占了上风。北宋五子②所处的时代,正是王安石变法几经反复的时代,这是北宋的一件大事,直到北宋灭亡,这一政治斗争才算终止。变法失败并不能只归咎于人事不臧,它是封建社会后期不可避免的困境。变法没有出路,不变法也没有出路。与此相适应,则是哲学上的北宋理学的建立。哲学上也遇到了危机,不改变就没有出路,危机来自佛教和道教的威胁。不论孙复、石介,胡瑗,还是周、程、张、邵,他们个人的思想体系不尽相同,都以批判二氏相号召。也可以说,这是儒家哲学面临的思想危机,和变法的形势一样迫切,非解决不可。它们努力获得了结果,建立了儒教,到南宋朱熹,正式完成了这一历史使命。

---

① 北魏太武帝、北周武帝、唐武宗、后周世宗都曾用行政手段灭佛,史称"三武一宗"。

② 北宋五子:周敦颐(1016—1073)、程颢(1032—1085)、程颐(1033—1107)、张载(1020—1077)、邵雍(1011—1077)。

三、朱熹理论体系剖析

朱熹继承周敦颐的《太极图说》的"无极而太极"的思想并有所发挥,建立"理一分殊"的学说,论证事物的多样性与统一性的关系,比较完整地阐发他的唯心主义本体论。继承程氏"性即理"的命题,突出了"理"的客观性及普遍性,并吸收了张载的太虚即气的学说,改造了张载的哲学体系使"气"从属于"理",理为气的主宰。这就使朱熹把宇宙论的框架建造得比过去任何一个哲学家都完整。在人性论方面,朱熹吸取了前人关于人性的成果而又有新的发挥。他说:"人之有生,性与气合而已。即其已合而析言之,则性主于理而无形,气主于形而有质。"①这是说天命之性通过气质之性才形成具体的人。区分天命之性和气质之性,是要在理论上解决中国哲学史上长期存在的性善性恶的争论。朱熹认为孟子主张性善,是指天命之性,但孟子不知道人还有气质之性,因而不能很好地解释人性既善,恶从何来的问题,所以说他对人性的解释不够完备。荀子主张人性恶,扬雄主张善恶混,韩愈主张性三品,都是指气质之性而言,他们不懂得极本穷源的天命之性是善的,所以他们对人性的解释也不透彻。朱熹认为只有严格区分天命之性和气质之性,才能做出圆满的解释。所以他对张载、二程的人性论给以极高的评价:"故张程之论立,则诸子之说泯矣。"②讲天命之性是人的本性,即可以为性善说找出本体论的依据。照朱熹的体系,万事万物都是太极的体现,太极体现在人,叫

---

① 《晦庵先生朱文公文集·答蔡季通》。
② 同上。

作性。太极是最完美无缺的本体,一切事物都分享了太极的光辉。太极完美无缺,它体现到人性,也应当是完美无缺的。既然本性是善的,即使气质上有缺陷,经过努力是可以把差距缩小的。

朱熹的人性论的重点在于论证封建道德规范(如仁、义、忠、孝等)是天命之性,人人都有这些道德品质,只是由于气质的偏蔽,使得有些人没有很好地把这个天命之性(道德)充分实现出来。经过朱熹的论证,孟子的性善说得到了本体论的证明,才确立起来,它给人以努力的方向,又给目前还不尽符合封建道德标准的人以信心。所以朱熹说划分天命之性与气质之性"有功于圣门"。朱熹还认为天命之性的内容包含着"仁、义、礼、智"。仁、义、礼、智不只是人的本性,甚至也是宇宙的本性(天地之德)。"在天曰元亨利贞,在人曰仁、义、礼、智"①。既从理论上论证人人接受封建道德的必要性(吸收荀子性恶说对人民改造的思想),又从理论上指出改造成为圣贤的可能性(发挥孟子性善说的思想)。

在心、性、情的关系方面,朱熹也有新的发展,他说"性者心之理,情者性之动,心者性情之主"②。用比喻来说,"心如水,性犹水之静,情则水之流"③。性中有仁、义、礼、智,发为情,则为恻隐、羞恶、是非、辞让。"仁、义、礼、智根于心",是从性上见得心。恻隐之心,仁之端也,这是从情上见得心。性只是理,故无不善;发而为情,则有善有不善。本体的心是"道心",为情所累的心,是"人心"。与"道心""人心"相适应的是"天理"与"人欲"。朱熹说"只是人之一心,合道理底是天理,徇情欲底是人欲"④。朱熹比二程不同处,二程认为道心即

① 《晦庵先生朱文公文集·仁说》。
② 《朱子语类》卷五。
③ 同上。
④ 同上,卷七八。

天理,人心即人欲。朱熹认为道德即天理,人心不尽同于人欲,人心有为善为恶两种可能,人欲则一定是恶的。战胜人欲恢复了天理,便是"仁"。

人的最终目的,是求仁。"克己复礼为仁,言能克去己私,复乎天理,则此心之体无不在,而心之用无不行也"①。"仁"为"心之德,爱之理"②。又说,"盖仁之为道,乃天地生物之心,即物而在……诚能体而存之,则众善之源,百行之本,莫不在是,此孔门之教,所以必使学者汲汲于求仁也"③。

以上是说朱熹把人的普遍原则贯彻到天(自然)的普遍原则,同时,朱熹又把自然的普遍原则推广到人的普遍原则。朱熹在《大学章句·补格物传》说:

> 所谓致知在格物者,言欲致吾之知,在即物而穷其理也。盖人心之灵莫不有知,而天下之物莫不有理。惟于其理有未穷,故其知有不尽也。是以大学始教,必使学者即凡天下之物而益穷之,以求至乎其极。至于用力之久,而一旦豁然贯通焉,则众物之表里精粗无不到,而吾心之全体大用无不明矣。

格物就是"即物而穷其理",教人们从认识具体事物入手。穷理的对象既包括穷究一草一木的理,也包括哲学上最根本的原理。朱熹虽说穷究天下万物之理,而着力于教人穷究封建道德原则,"且穷实理,

---

① 《晦庵先生朱文公文集·仁说》。
② 同上。
③ 同上。

含有切己功夫。若只说穷天下万物之理,不务切己,即是《遗书》所谓游骑无所归矣"①。可见他的格物说虽然包含求知于外物的因素,但重点不在于认识自然界,并发现其规律,而是一种封建道德修养方法。他要的不是一件一件的事物的理,而是要达到"众物之表里精粗无不到,吾心之全体大用无不明"的境界。这种思想境界是一种顿悟的境界,是全知全能的精神境界。"知至,谓天下事物之理,知无不到之谓……要须四至八到,无所不知,乃谓至耳。因指灯曰:亦如灯烛在此,而光照一室之内,未尝有一些不到也。""格物是零细说,致知是全体说"②。又说"心包万理,万理具于一心。不能存得心,不能穷得理;不能穷得理,不能尽得心"③。

从自然界到人,朱熹把它打通了。天人同理,天人一贯,天人相通。他比秦汉的天人合一的神学目的论前进了。董仲舒讲天人合一,讲天有意志,有喜怒,能赏罚,人若违天,必遭谴责。朱熹沿着这条路线前进,却在道理上讲得更加圆通。朱熹的"天""理"不是那末露骨的人格化,而更多的地方表现为理性化、人性化、合理化。朱熹说:

　　太极只是个极好至善底道理。人人有一太极,物物有一太极。周子所谓太极,是天地人物万善至好底表德。④

自然界的事物,按其存在而言,只有"如何",而不存在善恶的价值。人们不说山河大地如何善,如何有德性。天地人物"万善至好",这个

① 《朱子语类》卷一八。
② 同上,卷一五。
③ 同上,卷九。
④ 同上,卷九四。

天地人物已被赋予道德属性。所以朱熹又说：

> 天地以生物为心者也，而人物之生又各得夫天地之心
> 以为心者也，故语心之德，虽其总摄贯通无所不备，然一言
> 以蔽之，曰仁而已矣。①

天地和人一样，都以生物为心，这个"生物之心"贯彻、显现于万事万
物，显现于一草一木，也显现、贯彻到社会、政治各个方面。朱子喜欢
用"月印万川"的比喻来说明这个道理，同一个太极（众理之全）体现
到各个事物，各个事物都分享到"太极"的光辉。如果一定要形容这
个太极性质，那末它就是"仁"。朱熹说"天地之心，其德有四，曰元
亨利贞，而元无不统"，"人之为心，其德亦有四，曰仁义礼智，而仁无
不包"。又说"仁之为道，乃天地生物之心，即物而在……诚能体而存
之，则众善之源，百行之本莫不在是。此孔门之教所以必使学者汲汲
于求仁也"②。这个"心"，"在天地则块然生物之心，在人则爱人利物
之心，包四德而贯四端者也"③。

朱熹又批评了程门学者传授二程的"仁"说走了样，出现两种偏
差：一种偏差认为物我一体是仁之体，以杨时为代表；一种偏差认为
"心有知觉为仁"，以谢良佐为代表。朱熹本来认为天人一贯，天地和
人都要贯彻、体现以"生物为心"的仁。以"物我一体"为仁，又有什
么不对。朱熹担心其蔽"或至于认物为己"，使人误认为"仁"不须努
力去求，本来现成，人含糊、昏缓而无警切之功。如以"知觉言仁，其

---

① 《晦庵先生朱文公文集·仁说》。
② 同上。
③ 同上。

蔽或至于认欲为理",这种偏差危害性更大。这是明目张胆的禅家思想。朱熹多次批评禅宗以知觉为性,他们说"在目为视,在耳为闻,在手执捉,在足远奔"。朱熹认为这种脱离封建伦理价值的言行活动,不是性,人和禽兽的差别恰恰在于人有价值观,视、听、言、动要合于道德规范,才是"仁";没有道德内容的视、听、言、动是禽兽,不是人。

虽然朱熹的哲学体系,从天地万物说起,从格物致知入手,说到底,落脚点却回到人伦日用之常规,归结到封建道德修养,归结为求仁。格物以致知,只是为穷理以尽性。知命,即知天。朱熹的眼中,天地万物充满了一片生机,充满了和谐,宇宙万物原来是仁的显现,只是人们缺少修养,不去体察,看不到罢了。元亨利贞,是天地的四德①,而元无不包。仁义礼智是人性的四德,而仁无不统。心的本质即天的本质(心之即天德)。朱熹随时随地有意贯通天和人的关系。这是宋儒共同的、基本的世界观。周敦颐不除窗前茂草,曰"和自家生意一般",二程说"观鸡雏可以观仁""仁者与物同体"。张载"民吾同胞,物吾与也","为天地立心,为生民立命"。朱熹教人保持"中心恻怛之怀"。

一种在社会上发生广泛影响的学说,都不是无病呻吟,皆有感而发。北宋立国之初,局面就比较迫促,内忧外患一直不断。王安石变法,牵动北宋的政局,反反复复,直到北宋的灭亡。这是当时政治危机的反映。北宋经济凋敝,民不聊生,变法也不是,不变法也不是,统治者进退两难。北宋五子与王安石政治上的变法同时出现。北宋五子在学说上却是成功的,从周、程、张、邵到南宋朱熹,逐渐把这个宗教思想体系完善化。南宋小朝廷的日子比北宋更不好过,经济更困

---

① 朱子和宋儒说事物的德,即本质、属性:仁者之德,犹言润者水之德,燥者火之德(《二程全书》卷一五)。

难,民气更萧索,"中兴"不过是幻想,恢复只是空话。无论北宋或南宋,社会现实不是那么令人鼓舞的,但是当时的宋儒的言论却看不出这种苦难和不安。他宣扬的是天机活泼,生意盎然,宋儒所从事的精神修养也是从容中道、睟面、盎背、徐行缓步的圣贤气象。这恰恰说明宗教的世界观是现实世界的歪曲的反映。唐末五代,民不聊生,甚至人相食,而禅宗大盛,到处教人立地成佛,不看经,不坐禅,却能保证人成佛作祖。

两年前,我在《论儒教的形成》①一文曾说过,宗教都宣扬有两个世界,一个是超世间的精神世界,即天国、西方净土、彼岸世界;另一个是现实世界。有的宗教把彼岸世界说得活灵活现,十分具体,几乎是现实世界一切幸福的无限夸张。也有的宗教把彼岸世界说成是一种主观精神境界。我国隋唐以后的佛教道教都有这种倾向。出家并不意味着教人离开这个世界,到另一个西天去寻求安顿,在日常生活之中,只要接受了宗教世界观,当前的尘世也就是西天极乐世界②,每一个参悟佛教教义、接受宗教世界观的众生即是佛。佛不在尘世之外,而在尘世之中。

宋明理学也正是这样,它给人指出一个精神境界,所谓"极高明而道中庸",不用改造世界,只要改造自己的世界观,即可成为圣人。而佛教的这种不脱离世间而能出世的理论,本身又破坏了佛教的理论的完整性。人们不免要问,既然"运水搬柴,无非妙道",那何必硬要出家呢? 事父事君不也是妙道吗? 而中国封建社会遇到的最大的社会危机,恰恰是在于"三纲"的秩序从政治措施到思想意识,如何加强和巩固的问题。这个大问题,佛道两教虽然也都愿尽力帮忙,但提

① 原载《中国社会科学》1980 年第 1 期。
② 见《坛经》。

倡"出家"，总不免隔了一层。从运水搬柴可以见性成佛，到事父事君可以成圣成贤，中间只隔着一层纸，只要戳破这层纸，道路就打通了。儒、佛、道也就融合起来了。从历史上看，不止儒教有三教合一的行动，佛道二教也都讲三教合一。这是文化发展的总趋势，不是哪一个人可以决定的。理学成为儒教，敬天、法祖的老传统，被添入了新内容。

四、朱熹与新中国

朱熹自称远绍诛泗正统，近接伊洛渊源，他是孔子以后影响最大的哲学家。当然，朱熹影响大，这是历史条件造成的，不完全是朱熹个人的能力。"五四"时代，提出"打倒孔家店"的口号，实际上孔子是代人受过。"五四"时代要打倒旧的习惯势力，与其说是针对孔子，不如说是针对朱熹。因为"五四"时代人们声讨的孔家店的罪状，几乎都是朱熹和儒教的，和孔夫子没有什么直接关系。

中国社会几乎没有经历资本主义阶段，就由半封建半殖民地而一步跨进社会主义了。由于缺少西方约四百年的反对中世纪教会神权的统治势力的斗争的传统，给我们的社会主义建设带来了不少麻烦。"五四"时期提出两大口号，"科学"与"民主"。三年前纪念"五四"六十周年，人们还提到"五四"的两大任务，还要继续完成。欧洲反封建反了几百年，我们才几十年。中国的封建文化、思想，与封建制度结合得很紧密的宗教（儒教）十分顽强，过去我们对此估计不足。衡量一下，近百年中国走过的道路，再上溯到朱熹以后九百年来走过的道路，对我们每一个中国人，研究中国哲学史的人，不能无所感受。

哲学、宗教,看起来,高高在上,讲的问题,提出的范畴,好像远离人间,实际上它是现实世界的一面镜子。

儒教是中国封建社会后期产生的适应当时情况的宗教,是具有中国特点的宗教。这一点,清代颜元也指出过,二程"非佛之近理",乃程颐之理"近佛"①,又说"其辟佛老,皆所自犯不觉,如半日静坐,观喜怒哀乐未发气象是也"②。颜元讲的仅仅是程朱儒教的一部分。朱熹认为天地之大德曰生,天地有生物之心。人也有从天得来的爱物之心——仁。没有"仁"的人,不成为人,没有"仁"的天地不成为天地。朱熹为学,不仅在于纯知识的探求,他确实用实践来体验古代圣人的教导。以朱熹对《论语》"观过斯知仁矣"理解为例:

> 观过之说……似非专指一人而言,乃是通论人之所以有过,皆是随其所偏,或厚或薄,或忍或不忍,一有所过,无非人欲之私。若能于此看得两下偏处……便见天理流行……故曰"观其过斯知仁矣"。言因人之过而观其所偏,则亦可以知仁,非以为必如此而后可以知仁也。

朱熹不但对原文作了如上的解释,而且还切身体会圣人的教导,他接着说:

> 若谓观己过,窃尝试之,尤觉末稳。若必俟有过而后观,则过恶已形,观之无及,久自悔咎,乃是反为心害而非所以养心;若曰不俟有过而预观平日所偏,则此心廓然本无一

---

① (清)颜元《存学编》。
② 同上。

事,却不直下栽培涵养,乃预求偏处而注心观之,圣人平日
教人养心求仁之术,似不如此之支离也。①

可见朱熹的为学,不是口头讲论,确实从体验中得来,它不是纯思辨
之学,而是指导行为的学问,它是宗教而不是哲学。宗教不是教人会
说,而是教人去做的。与汉代董仲舒的学说以及《白虎通》的儒教神
学相比,汉代的"天"是人格化的神,它反映两千年前人类认识的水
平。朱熹的"天",不是活灵活现的人格神,而是封建宗法化的理性之
神,它不具有人形,而具有人性,有"盎然生物之心"。儒教崇拜的对
象是"天、地、君、亲、师",好像是多元的,其实这五者即封建宗法社会
的异化物。其中君代表封建政权,亲代表族权,是中国封建宗法制度
的核心。天是君权的神学依据,地是天的陪衬,师是代天地君亲立言
的神职人员,握有对封建制度最高的解释权。正如佛教奉佛、法、僧
为三宝,离开了僧②,佛和法就无从传播。

儒教不同于其他的宗教,甚至打出反对宗教的旗帜。儒教以气
质之性为恶的起源,即宗教的"原罪"说;儒教宣传禁欲主义,教人轻
视物质生活,教人屈服于"天理";不去改善外部世界,而教人涵养省
察内心的一念之差。朱熹的学说出于一时的不被谅解,曾遭到禁锢,
但不久即解禁,历元、明、清得到国家的提倡,朱熹的著作成为知识分
子应付考试的教科书,朱熹的观点,也灌输给广大知识分子。

生产力和经济发展要求冲破封建主义的束缚,为资本主义开辟
道路。从明朝万历(1573—1620)时期,及清朝乾隆(1736—1795)时
期,工商业在个别地区有相当发展,如果不受干扰,可以和当时世界

①　《晦庵先生朱文公文集》卷六七。
②　儒教的"师",相当于佛教的"僧"。

步调相一致,走向资本主义。可是中国的封建势力十分顽固、强大,新生力量几次萌发,几次被抑制。历史家们常说鸦片战争以后,中国的科学、技术才被迫落后,事实上从明中叶以后,中国的科学、技术已开始失去领先的地位。中国发明火药,但明朝要购买西方的大炮;航海事业,中国本来是先进的,明以后落后了,航海周游世界的不是中国人。天文历法,中国是世界上先进国之一,明以后,历法推算也不及西方准确了。中国科学技术落后,有多种原因,而宋代儒教思想对人民的禁锢的作用,决不能低估。

朱熹的格物说,决产生不了科学家,它只能为封建宗法制度服务;朱熹的仁说,训练不出改革家,更不会有革命家。他的格物穷理,身心性命之学,是为了保卫封建伦理秩序。

照通常情况,社会主义前身是资本主义。新中国没有经历发达的资本主义社会,而是在半殖民地半封建旧址上建立的。在人民民主的政权下,很容易地改革了封建的土地私有制,但对封建宗法主义的影响估计不足,没有来得及详细区别哪些是封建文化的优秀传统,哪些是封建主义文化的糟粕。每一民族的文化,精华部分是人民群众长期积累、创造的文化财富,它代表民族文化的优良传统;糟粕部分是少数特权剥削者假借全民的名义,以谋私利,它是民族文化的赘疣。举世瞩目的中国十年"文化大革命",许多罪恶的行动,就是用封建主义冒充马克思主义的。

中国封建主义的核心是封建宗法制度"三纲"说。"三纲"说与社会主义民主是不相容的。儒教的中心思想即"三纲"说。君权、族权、神权的压迫下,农民没有民主,群众如果不从族权下解放出来,只听张姓、王姓一族一家的支配,就谈不上民主。青年男女婚姻自主、婚姻自由的权利,还不断受到家长及社会旧势力的干扰,现在的新婚姻法就是用法律形式保护青年男女民主权利的。家长制,一言堂,也是封建宗法制的残余。这些问题,在西方社会已不成问题,在新中国却还有影响,妨碍社会的前进。

西方世界有自己的困难,比如家庭关系的不巩固,老年人没有归宿,有人对东方的家族制说了许多优点。社会主义的尊老爱幼、平等互助的新的家庭关系,子女有赡养父母的义务,与封建宗法制的家长的绝对统治是有区别的。封建制的孝道与社会主义下的尊敬父母的孝是不同的,因为封建宗法制下,子女是父母的附属物,子女为父母而活着。同样,我们也要看到,一种学说在不同的社会环境中,会发生不同的作用。朱熹、王守仁学派传到日本,起了进步作用。在西方,中国的文化也在不同的时期,不同的民族、国家起了不同的影响。因为,一个民族的存在、发展,要靠它自己的传统文化作为支柱,外来的文化只起着借鉴和辅助的作用。朱熹的思想,无论它的积极部分或消极部分,对外国文化都不能起决定性的作用。朱熹的思想在中国经历了近千年的官方提倡,强制灌输,"三纲说""天地君亲师"的崇拜,已深入人心,积重难返。作为一个新中国的学者的切身感受和站在这个文化圈以外的学者的印象是不同的。

我们谈论的是哲学问题,我这里涉及的似乎不属于纯哲学问题。这正是朱熹的思想。朱熹教人要从格物、致知入手,进而正心、诚意、修身、齐家,以至于治国平天下。建设社会主义的国家,也正属于"治国平天下"的范围。照朱熹的方案是不行的。朱熹的学说讲了近千年,并没有解决人民的温饱,并没有使中国人民真正站起来。朱熹的思想体系中有可取的地方,但朱熹建立的儒教体系是不可取的。

朱熹的宗教感情①

　　说朱熹是一位影响深远的哲学家,学术界对此没有不同意见,说朱熹是宗教家,还有争议。

　　人们习惯公认基督教、佛教、道教、伊斯兰教是宗教,凡是不像上述的宗教的信仰和组织,不被认为是宗教。现在我们按照实事求是的原则,暂且抛开习惯的尺度,看看宗教之所以为宗教,有哪些必备的内容。

　　宗教与哲学都属于上层建筑的最高层,神的存在不是论证出来的,古代有名的关于"上帝存在的证明",都没有完成它的"证明"的任务。因为上帝的存在,来自信仰,而不是来自论证。信仰,不允许怀疑,不能问个"为什么"。越是最根本的问题,越不允许怀疑。哲学的根基是理性,是系统论证,哲学鼓励人们去问个"为什么"。

　　隋唐时期三教并立,各立门户。北宋建国,儒教吸收佛、道的某些内容,用来充实自己,以"三纲五常"为核心信仰内容,融合佛教、道教的心性修养、禁欲主义,建立新体系。儒教奠基于北宋的二程,完成于南宋朱熹。儒教以"三纲"为信仰核心。"三纲"是永恒存在、万世不变的准则。根本不允许怀疑,更不允许讨论。"三纲"的秩序,是人类社会的秩序,也是宇宙的秩序。

---

　　①　据《任继愈学术文化随笔》。原载《群言》1993 年第 8 期。曾收入《儒教问题争论集》。

朱熹树立了儒教的"圣经"——"四书"①，捧出了儒教的教主——孔子，组织了儒教的教团及传承世系——儒教集团，建立道统说。朱熹以毕生精力注解四书并取得儒家经典的解释权，借助政府力量予以推广，定为国家教材，为全国知识分子所必读。为儒教的合法传播打下基础。

孔子不幸被捧为儒教教主，和老子被捧为道教教主是一样的遭遇。孔丘的"丘"不能读"qiū"，只能读作"某"，以表示避讳②。隋唐时期，孔、老、释迦并称"三圣"，三人中只有释迦这位教主，当之无愧，孔、老二位遭到无妄之灾。

朱熹奉孔子为教主，把孔子捧为神。朱熹对孔子的信仰出自真心实意，他相信孔子在天有灵，随时监察、倾听着后世儒生的言行。朱熹二十四岁开始做官（同安主簿），为文以告先圣，从此以后，数十年间的每遇重大事件，如任命新的官职，建成讲学书院，修建藏书楼上梁开工，朱熹主要著作刊布发行，辞官卸职，甚至处罚不好好学习的弟子，都要为文告先圣（孔子）。

供奉先圣及先贤的仪式也仿照佛道二教的方式，设神像，月旦望率诸生拜谒，"设香火之奉"。朱熹看到当时"敬畏崇饰而神事老子释氏之祠"，很不以为然，他曾利用当地方官的机会，没收了五所佛教寺院的庙产，划充儒家学田③。

朱熹文集中，把孔子当作神，大小事必有"告先圣文"，其次是祭

---

① 宗教经典，文字不能太长，要使人便于传诵。儒家的"五经"，文字多，不易记，不易懂。如"五经"中的《尚书》，就难读，难记，《诗经》内容杂，《春秋》简略。世界上几个大的宗教的经典，《古兰经》《新约》《旧约》，文字都不多，便于记诵。佛教经典数量大，但流行于信徒中，普遍传诵的经典也是一些小型经，如《般若心经》只有几百字。

② 元代丘长春是元初有名的道教领袖人物，白云观有个丘祖殿，后人为避孔丘的讳，把丘长春改写为邱长春，"丘祖殿"改写成"邱祖殿"。

③ 《建宁府崇安县学田记》。

告各地先贤祠堂文,这类文章数量也很多。

其次是祭社稷、祈雨、谢雨、止雨、祈祷山川神祇的文章。

还有祭告家庙、焚黄、敬祀祖先的文章。此外还有祭土地、祝岁,占卜,求神明指示吉凶、定行止的文章。

朱熹忠于孔子,不只是一般学术上的信奉,而是有着宗教徒对教主的虔敬。这种思想感情是人类历史进步到中世纪阶段普遍出现的。西方奥古斯丁①、安瑟伦②与朱熹时代前后相去不远,他们所关注的问题是如何拯救心灵,使之净化,存天理去人欲,免遭外诱,以致沉沦。可谓东圣西圣若合符节。

学术界"五四"以来多议谈中西文化之异同,此类文章多只着眼于地区间的差异,以今日的欧美与中国传统文化相对比,而忽略了他们所谓中国传统文化是未完全从中世纪神教迷雾中解脱出来的古老文化。把中世纪的中国传统文化与现代的欧洲文化对比,是不妥当的。

---

① Aurelius Augustins,354—430 年,欧洲中世纪神学家,主张"理解为了信仰,信仰为了理解","上帝是真理,是万物终极之真理",是"至上的善"。著有《忏悔录》等。

② Anselnus,约 1033—1109 年,欧洲中世纪神学家。提出上帝存在之"本体论证明"。主张"一般"作为独立存在的第一性实体,个别事物是第二性的。

长期被埋没了的民主思想家——邓牧①

    邓牧生于南宋理宗七年（1247），死于元大德十年（1306）。他出身于封建地主家庭，三十岁时，宋亡国，他抱着亡国遗民的隐痛度过了他的后半生三十年的日子。在四十八岁时，他结识了宋亡后坚贞不屈的爱国诗人谢翱，可惜相识一年，谢即死去。他还与另一位爱国诗人周密友好。从他的交游中可以想见他的社会活动和精神生活。

    具有爱国思想的知识分子，不与劳动人民相结合，纵有远大的抱负，也必致一事无成。邓牧结果走了退隐的一条路。他在五十三岁（1299 年）时隐于余杭大涤山的洞霄宫，七年后，即去世。

    宋朝的灭亡，蒙古奴隶主贵族的统治，对于当时广大人民及爱国知识分子是一个绝大的刺激。当时农民起义军的壮烈的反抗，终于被残暴的敌人和卖国汉奸的武力镇压下去。邓牧在文集《伯牙琴》的第一篇《尧赋》中充分表现了他对异族侵略的愤慨：

    呜呼！茫茫九原，龙蛇居之，衣冠礼乐之封，交鸟迹与兽蹄。洪水之患岂至此？

    在蒙古奴隶主贵族压迫下，邓牧并没有失去宣扬真理复兴民族

---

    ①   原载《光明日报》1954 年 9 月 5 日。

的信心。他把希望寄托到将来。他在《伯牙琴·自序》中说：

> 伯牙虽善琴者，钟子期死，终身不复鼓，知琴难也。今
> 世无知音，余独鼓而不已，亦愚哉！然伯牙破琴绝弦，以子
> 期死耳。余未尝遇子期，恶知其死不死也，故后存此。

南宋从第一个皇帝（宋高宗赵构）起，即对金贵族称臣纳贡，对人民剥削镇压。这个奴才政府一直维持到被敌人取消时为止。南宋的统治者除了用政权机构镇压人民以外，还使用理学作为统治人民的思想武器。无耻的统治者，一方面对人民讲什么道统、华夷之辨、君臣大义，另一方面，实行搜括人民的脂膏以供奉人民的敌人——先是对辽金，后来对元统治者。统治者为了巩固自己的利益，不惜把人民抛向被双重奴役的深渊。

邓牧亲眼看见中华人民遭到种族压迫和歧视，也亲眼看见南宋君臣如何残酷剥削和荒淫无耻而招来的灾难。因此，他怀疑君主制度和君主的作用：

> 天生民而立之君，非为君也。奈何以四海之广，足一夫
> 之用邪？（《伯牙琴·君道》）

他在《君道》中说，古代理想的国君，吃粗糙的饭，"饮食未侈也"；穿朴素的衣服，"衣服之备也"；住简单的房子，"宫室之美者"；随时接近人民，"其分未严也"。秦以后的那些皇帝都想"竭天下之财以自奉"，"凡所以固位而养尊者，无所不至"。他以讽刺的笔锋，刻画出皇帝的自私的丑态：

　　惴惴然若匹夫怀一金，惧人之夺其后。

像这样的皇帝怎能不祸国殃民呢？

　　邓牧指出所有秦以后的皇帝根本不是为人民办事的，而是为了自私享乐的。所以弑君篡位，在邓牧看来，是极平常的事，没有什么不应该。他用嘲笑的语调说：

　　彼所谓君者，非有四目两喙，鳞头而羽臂也。状貌咸与人同，则夫人固可为也。

又说：

　　今夺人之所好，聚人之所争，慢藏诲盗，冶容诲淫，欲长治久安得乎？
　　欲为秦，莫若勿怪盗贼之争天下。

他并打破传统的"正统"观念：

　　天下何常之有？败则盗贼，成则帝王。若刘汉中（汉高帝刘邦）、李晋阳（唐高祖李渊）者，乱世则治主，治世则乱民也。

只有使人不把皇帝的职位当作剥削和享乐的工具，才可以消灭争夺的根源。

　　在《吏道》一篇中，邓牧曾提出，在必要时，废除一切官吏，让人民自治的主张。

他根据皇帝的自私的特点,加以分析,并指出皇帝为了达到他剥削和统治的目的,才设置官吏,根本不是为了人民的利益:

> 以害民者牧民,而惧其乱,周防不得不至,禁制不得不
> 详。然后大小之吏布于天下。于是"天下愈不可为矣"
> (按:《明夷待访录·原臣》的基本观点出于此)。

邓牧指出官吏的作用不在于与皇帝"共理天下",自私自利的皇帝为了"竭天下之财以自奉",又怕人"夺其位",才用官吏来帮忙。皇帝为了达到以天下为私的目的,必须设官分职以防止人民造反。又怕官吏夺他的天下,于是设置更多的官吏,使他们互相监视,互相牵制。其结果只能"率虎狼(官吏)以牧羊豕(被剥夺生活权利的百姓)",天下怎能不乱呢?

任何人都应当自食其力,邓牧说,不应当过寄生的生活。官吏都是寄生在人民身上的,官吏越多,人民的负担越重:

> 今一吏,大者食邑数万,小者虽无禄养,则亦并缘为食,
> 以代其耕,数十农夫力有不能奉者。

何况这些大批害民的官吏,"夺其(民)食,不得不怒。竭其(民)力,不得不怨"。

邓牧指责那些不食其力只想夺取别人现成的财物的人,就是盗贼。而大小官吏都是合法的盗贼,所以他们对人民的危害也更大。这些盗贼"吏无避忌,白昼肆行,使天下敢怨而不敢言,敢怒而

不敢诛"。

最后,邓牧主张:

> 废有司,去县令,听天下自为治乱安危,不犹愈乎?

邓牧的文集,在邓牧自己的序文中记载只收有六十余篇,已经不全,现存的只有文二十九篇,诗十三首。这些文章有的由于文章的优美,为自命风雅的地主阶级文人所欣赏,有的由于附在道教的丛书中,侥幸得以保存下来。元、明、清以来,一直被沉埋着。清朝修《四库全书》,御用的官方学者已认识到邓牧的民主思想有"危害性",因此,于邓牧的二十几篇文章中特别指出《君道》与《吏道》两篇,企图用他们的反动的观点把它加以"消毒"。他们说:"君道一篇,竟类许行并耕之说,吏道一篇,亦类老子剖斗折衡之旨","盖有激而发,不觉其词之过也。"(《四库全书·伯牙琴提要》)。

像邓牧这样的进步的思想家,在中国哲学发展的历史上,是很多的。但是千百年来,许多具有科学性、民主性的学说,在封建统治阶级的压制下,在正统学说的排斥下,在御用学者的曲解下,以及在帝国主义豢养的买办学者的割裂下,不是被沉埋,就是被阉割,以致面目全非。如何去发掘它,阐明它,端正它,还原它,这是新中国每一个哲学史工作者的责任。

本文仅对于邓牧的民主思想作一极简单的介绍,至于全面而深入地分析研究,还须另外详论。

李贽思想的进步性①

李贽以激进姿态、激烈言辞抨击当时社会混乱、政治腐败、道德虚伪的风气,以他犀利的笔锋、挥洒自如的文风向社会大声疾呼。李贽吸取王守仁学派的教育方法,从心理、情感上启发学者的自觉性。他利用当时流行于社会的小说《水浒》、戏曲《西厢记》的影响,用批注的方式宣传自己的观点,从而形成社会的轰动效应。李贽抨击的范围,直指朝廷达官贵人、名流学者,揭露当时一批假道学的虚伪性,批评他们行为与口号相脱节:平日讲的不去做,平时做的又和他们讲的全不相干。

李贽的学术活动,正当嘉靖、隆庆、万历时期。明朝统治集团的衰败、腐朽现象已十分严重。隆庆时期经过张居正的整饬、振作,有了一些起色。张居正死后,立刻又回到了老样子。统治阶层荒淫、贪婪、迷信神仙,政府实权由一群太监掌握。嘉靖、万历当皇帝,几十年不见朝臣。国家民穷财匮,而官僚宗室的禄米比明初开国时增加到几十倍。

当时学术界,充斥着靠背诵宋儒朱熹《四书集注》作八股文的知识分子,这些人为应付考试做官,只会抄录、模仿,没有治国安民的真本领。有识之士对此早已不满。社会上到处弥漫着虚伪、欺诈、媚

---

① 据《任继愈学术文化随笔》。原载《首都师范大学学报(社会科学版)》1994 年第 5 期。

俗、颟顸、苟安、说假话的污浊风气。

李贽对当时腐败的政治和学术界的虚伪、浮华风气进行了猛烈的抨击。他这种激烈反抗正统思想的态度,在某些方面与魏晋时期嵇康、阮籍反对当时封建礼教的动机和心态相似。李贽并非根本抛弃礼教,而是反对当时说教者的虚伪性。那些御用学者们天天口诵圣人之言,侈谈仁义,实际上追求的却是一己的私利。这些道学家们平时只知"打躬作揖","同于泥塑"(指朱子教人习静坐和闭目反思的训练),而当国家"一旦有警,则面面相觑,绝无人色",以至"临时无人可用"。

湖北黄安大官僚耿定向以卫道者自居,李贽去函,揭露他欺世盗名:

> 试观公之行事,殊无甚异于人者……读书而求科第,居官而求尊显,博求风水以求福荫子孙。种种日用,皆为自己身家计虑,无一厘为人谋者。及乎开口谈学,便讲尔为自己,我为他人;尔为自私,我欲利他……以此而观,所讲者未必公之所行,所行者又公之所不讲,其与言顾行,行顾言何异乎?①

李贽在《忠义水浒传序》中说:

> 若以小贤役人,而以大贤役于人,其肯甘心服役而不耻乎?是犹以小力缚人,而使大力者缚于人,其肯束手就缚而

---

① 《焚书》卷一《答耿司寇》。

不辞乎？其势必至驱天下大力、大贤而尽纳之水浒矣。则谓水浒之众，皆大力、大贤，有忠有义之人可也。①

这是说，按照合理的社会秩序，应当让贤者有德者在高位，不贤无德者在下位，天下可以相安，社会得以安定。由于政治黑暗，是非颠倒，才把一些忠义之士逼上梁山。

当时有海盗林道乾，率众出没海上，劫夺财物，官兵不能制。李贽认为，像林道乾这类有才干的人士不受重用，才铤而走险。如果使林道乾这样的人才"当郡守二千石之任，则虽海上再出一林道乾，亦决不敢肆"。"唯举世颠倒，故使豪杰抱不平之恨，英雄怀闷措之戚，直驱之使为盗也"②。

明朝建国到崇祯亡国，共二百七十六年，李贽的政治、学术活动时期，正当明王朝中叶，比起开国时期的盛世，显然走下坡路，但离明朝亡国还有一百多年。开国时期的思想家，如宋濂、刘基、方孝孺、姚广孝等人，对新建的统一王朝充满了信心，如提倡关心人民疾苦，减少农民赋役，惩治贪官污吏等，主张不是停留在口头上、文字上，而能见诸行动。明中叶以后，一方面，政治腐败，宦官弄权，但也有一批忠贞之士支撑其间，有王守仁、张居正等人整顿人心，振刷吏治，有戚继光等安边武将，有况钟、海瑞等临民廉吏，使得濒临亡国的明朝政权才没有很快败落。李贽看到了当时的社会危机，但仍对明王朝寄予希望，尚未完全绝望，对封建专制制度没有发生怀疑。

等到明朝彻底灭亡后，黄宗羲撰《明夷待访录》，才从根本上怀疑集权的君主制度，指出："为天下之大害者，君而已矣。"(《原君》) 又

---

① 《焚书》卷三《童心说》。
② 《焚书》卷四《因记往事》。

说:"天下之治乱,不在一姓之兴亡,而在万民之忧乐。"(《原臣》)黄宗羲反对君主制的思想是李贽当时看不到,也不敢触及的。

总之,李贽哲学还属于王守仁学派的体系,是王学在新条件下萌发的具有革新精神的正统主张。如李贽的《藏书》评论历史人物,把黄巢列入《盗贼传》,把张角、张鲁列入《妖贼传》。在《昆仑奴》文中说:"自古忠臣孝子,义夫节妇,同一侠耳。"评论戏曲《拜月亭》时说:"详试读之,当使人有兄兄、妹妹、义夫节妇之思焉……事出无奈,犹必对天盟誓,愿始终不相背负,可谓贞正之极矣。"(《焚书》卷四)

把李贽的批判言论估价过了头,提高到反封建的高度,是不符合李贽的思想实际的。李贽以孤臣孽子之心,深刻揭露明代社会弊端,揭露是深刻的,提出解决问题的方案则是无力的。李贽的遭遇既是他个人的悲剧,也是当时有进步要求的知识分子的悲剧性遭遇。

李贽的悲剧结局①

　　李贽曾以狂狷激烈的言行,引起社会的关注,人们认为他不合时宜,性情古怪孤僻。做地方官及学校教官,为上级所不喜。退而著书、讲学,也遭到道学者们的围攻,终于以 76 岁的高龄被迫害,死于狱中。

　　中国思想史上出现了这样一位怪杰,值得引起治学者的深思。

　　研究中国哲学史,不能忽略其地区性。秦汉以后,中国是个统一的大国。这个统一的大国,给广大人民带来了实际利益。同时,为使这个大国保持巩固,除了政治上要高度集中以外,还要思想上的集中统一。为了强化集中,必须限制那些不利于集中统一的现象。

　　秦汉以前,中国学术界普遍关心的问题是如何建立一个集中统一的多民族国家。由于地域辽阔,民族众多,各地区风俗各异。为了推进这个多民族统一大国巩固完善,中国人民花费很长时间,不断使这个制度完善。经过若干朝代的努力,达到了中央高度集权的目的。凡事物的利弊,往往相伴出现,高度统一做到了,随之带来了原先没有的弊端。

　　李贽生活在明朝嘉靖、万历时期。庸劣昏聩的两个皇帝长期掌握着全国最高权力。明朝开国时期,朱元璋英武过人,而且来自民

　　①　原载《首都师范大学学报(社会科学版)》2000 年第 4 期。

间,他废除宰相制,皇帝直接行使政府职权(指挥六部),提高了行政效率,暂时舒缓了民间疾困,没有出现什么问题。传了几代以后,接连出现几位庸劣皇帝,大小政事都要由皇帝亲手裁决,高度集中的权力很自然地落在皇帝亲信的宦官手中。宦官包围着皇帝,形成明朝致命的祸害,宦官的祸害伴随着明朝的终结。

政治的腐败,影响到社会风气的败坏。

明朝以科举取士,造就了大批说假话的官僚。因为科举考试的答案早有规定,应试者"代圣贤立言"。不能发表与标准答案不同的意见,诱迫士子说假话。这批应试士子自幼被训练成揣摩试官的意见、随波逐流的文风、唯上是从的性格。名为学习孔孟之学,实际上背叛孔孟的宗旨。

李贽是科举考试中的过来人,深悉其中的积弊,只是如实揭示出当时一些假道学的真面目,自然地遭到多数庸众的围攻。

以个人的力量与社会力量抗争,其悲剧性的结局不言而喻。

李贽这个人的出现,与他的时代及地区文化环境的关系也应引起我们的注意。

泉州在宋代是中国对外贸易的重要港口,李贽自幼生长在这里。泉州是李贽新思想的温床。福建又是中国理学大师朱熹一生讲学活动的重要基地,也是传统文化很发达的地区(当时文化发达的地区还有浙江、江西、湖南。福建文化最发达)。福建刻书业的兴旺可以侧面说明闽学的兴盛。李贽生长在闽学盛行、中外文化交汇的泉州,有可能从另一个视角来看待传统文化。因而感到"读传注不省,不能契朱夫子深心"①。

---

① 《焚书》卷三《杂述》。

中国地域辽阔,各地区经济发展极不平衡,明朝中叶以后沿海及长江下游经济比较发达,出现了手工业工场,如苏州纺织工人的集体反抗官吏盘剥即是一例。福建泉州得风气之先,在海外与内陆交会处,外来最新非传统文化(特别是早期市民的公平交易观及重商观念)与中国最系统的传统文化的接触,必然会引导有识之士认真思考。一些切近生活的实际问题,如凭本领生活(种田),将本求利(经商),与士大夫比起来,并不见得低人一等。个人合理的要求应当被认可。"夫私者,人之心也。人必有私,而后其心乃见。若无私,则无心矣。如服田者,私其秋之获,而后治田必力"①,"穿衣吃饭即是人伦物理。除却穿衣吃饭,无伦物矣"②。

如果李贽当初不是定居在湖北的麻城,最后不是定居在北京通州,而是辞官后告老还乡,回到泉州,或在深得人民拥戴的云南姚安度其晚年,即使他仍然抨击腐败,讲学收徒,所受的迫害也会相对减轻一些,也许得以终其天年。

李贽虽然以出家人的姿态,却抱着一颗火热的童心,无所顾忌地指摘社会积弊,活动在保守势力很强的内陆湖北和北京,又是孤军作战,用匕首直刺敌人的要害,其悲剧性的结局势难避免。

由于中国儒教势力过大,中央集权的政治结构过于严密、完整,新的社会因素资本主义势力,难得发展,虽有几次萌发的机遇(一次在明中叶,一次在清初),都未能成长起来,一直到鸦片战争(1840年),中国社会自然经济堡垒依然难以打破。

李贽的狂狷性格早已为人们所熟知,狂狷性格、不羁言行的背后,确有它的社会基础,李贽从内心还是希望这个大明王朝祛除积

---

① 《藏书》卷三二。
② 《焚书》卷一《答邓石阳》。

病,恢复真正的纲常名教,疾恨欺世盗名、言不由衷的伪道学。只是当时新生的社会力量尚未成熟,尚不能作为一个独立的阶级出现在历史舞台上。直到第一次欧洲大战期间,中国才有了真正的新生的社会力量。经济变革在先,文化思潮随之继起,李贽的真价值得以揭示出来。应该对他做出公允、可信,为多数人认可的评价。

伟大的唯物主义者王夫之[①]

　　王夫之(1619—1692),字而农,号姜斋,湖南衡阳人,晚年隐居衡阳石船山,学者称他为船山先生。

　　王夫之是我国封建社会一位伟大的唯物主义哲学家,在中国封建社会历史上,王夫之建立的唯物主义体系达到了封建主义哲学的高峰。他不仅发扬光大了中国固有的朴素唯物主义传统,而且对历史上各种唯心主义流派也能做到批判继承,即通过扬弃吸收其中的合理内容。宋明理学家称朱熹的哲学为"致广大,尽精微,综罗百代",其实,这个赞语,用于王夫之更恰当。

　　王夫之思想可贵之处,是他勇于和善于创新,他自称"六经责我开生面",多方面地发展了中国古代学术思想。他所建立的朴素唯物主义体系是中国思想史上的杰出贡献。纵观世界哲学史上的一切朴素唯物主义流派,都没有达到王夫之所能达到的水平,更不用说超过了。王夫之称他建立学说不顾"得罪于先儒",也表明他不受传统的束缚而勇于创新的精神。但是王夫之把创新和继承辩证地结合起来了,他是在继承以往优秀传统的基础上突破传统而达到创新的。他提出:"推故而别致其新","学愈博则思愈远","非学不知,非博不辨"。王夫之敏而好学,勤奋刻苦,孜孜不倦,将自己造就为极为博学

---

① 原载《求索》1982年增刊"王船山思想研究专辑"。

的学者。他一生坎坷,在极端艰难困苦的条件下,写出大量的不朽的著作,可以想见他治学的毅力。历史上像他这样博学的人,只有朱熹可以和他相比,而他所建立的哲学体系及见识的深度和视野广阔远远超过了朱熹。王夫之大量著作在他生前并未得以传播,而是在他死后阅两个世纪才刊印流传于世。这时中国封建社会已经解体,民主革命方兴未艾,新兴的资产阶级思想家大多仰慕王夫之的唯物主义思想,从这里也可以看到他所建立的博大精深的唯物主义体系具有不朽的历史功绩。

王夫之的唯物主义思想极富战斗批判精神,他在清算总结程、朱、陆、王的宋明理学的斗争中完成了自己唯物主义元气本体论的体系。他提出的一些重要的哲学范畴,大都和程、朱、陆、王理学针锋相对。如他在理气问题上明确提出"气外更无虚托孤立之理";在道器问题上,他提出"无其器则无其道",反对"悬道于器外";在体用问题上,他主张"体用胥有而相需以实",反对"妄立一体而消用"。这些结论性的看法,充分证明他在哲学基本问题上彻底清算了理学唯心主义,以他的唯物主义的元气本体论驳倒了唯心主义的本体论。为了深入批判和揭露理学的唯心主义理论基础,王夫之还向哲学史纵深发展,对老庄哲学、魏晋玄学、佛教哲学等上下几千年来各种唯心主义思潮进行了总结性的清算,这就使他建立的体系前无古人。王夫之哲学之突破历史传统的创新意义,还在于他概括了明末自然科学的成就,提出"实有",即"诚"的观念,从物质实体上去探讨自然界的存在,因而使他的思想高出于以往的朴素唯物主义,某种程度上带上实证科学的色彩。他提出初步的物质不灭的思想,较之西方近代唯物主义物质不灭学说为早,正是由于王夫之的唯物主义思想有不少接近近代哲学的命题,近代资产阶级思想家对他仰慕崇敬就不足为怪了。

王夫之唯物主义思想别开生面之处,还表现于他的体系中包含有丰富的辩证法。可以说他在某种意义上达到了朴素唯物论和朴素辩证法相结合,而将中国古代的辩证法思想发展到一个高峰。他将对立统一的矛盾观作为批判形而上学的思想武器。通过批判周敦颐和朱熹的太极说,提出"太极阴阳固有之蕴","乾坤并建以为大始",明确认为宇宙既没有一个无矛盾的开始,也没有一个无矛盾的终结。他发展了张载的"一物两体"的思想,提出"合二以一,既分一为二之所固有"。指出世界上没有不包含矛盾的事物,反对朱熹的"破作两片",强调矛盾对立面的两个侧面彼此不可离析,所谓"孤阳不生,孤阴不成"。既然宇宙间无处不包含矛盾,无物不包含矛盾,而由矛盾推动运动发展,这就打破了唯心主义本体论长期占统治地位的形而上学的"主静"主张。在动、静问题上承认运动是绝对的,静止是相对的,宇宙乃是一个生生无穷,变易不息的运动洪流。并且由此得出变化日新的发展观,无论是自然界或人类社会都处在不停地变化日新当中:"世益降,物益备。"总是后来居上。这种变化发展观便成为他变法革新主张的理论根据。王夫之痛恨明末的腐败统治,他指出:"守其故物,而不能日新,虽其未消,亦槁而死。"这不止是对明末政治的针砭,也是一切改革的总原则。

王夫之在认识论方面亦多有创见,他用反映论批判程、朱、陆、王理学,从而丰富了自己的唯物主义认识论体系。王夫之对思维和存在的关系有精彩的见解。他批判地改造了佛教的"能""所"之说,提出"因所以发能"和"能必副其所",辩证地论证了主观("能")客观("所")的关系。思维是存在的反映,存在是第一性的,思维是第二性的。首先必须有被反映的对象,然后才能引起反映,而认识必须与客观对象相符合,才是正确的。唯心主义认识论的通病即在于取消客观世界的独立存在,而将认识归结为纯粹主观头脑的产物,即所谓"消所以入能,而谓能为所"。在这一批判的基础上,王夫之进一步从知、行问题上批判了朱熹的"知先行后"和王守仁的"知行合一"学说,指出前者是"先知以废行",后者是"销行以归知"。这一批判击中了理学和心学的要害。在民族危机的关头,王夫之重视行在认识中的作用,强调实行,反对空谈,从自己切身的斗争实践中体会到"行可兼知,而知不可兼行",痛斥"离行以为知",强调知必须由行来检验,明确主张"知也者,固以行为功",这是以往任何知、行学说所未能达到的。

王夫之在历史观方面也有超过前人的见解。他提出历史发展进化的观念,并将历史的发展进化归结为不以人的意志为转移的客观趋势。他提出"理势合一"论,主张在"势之必然处见理",试图探讨历史人物动机背后的真正的历史动力。他发挥柳宗元的"封建非圣人意也,势也"的思想,观察到历史虽是由历史人物在活动,但历史的必然趋势并不由历史人物的意志所决定。他以秦始皇废封建改郡县为例,指出是"天假其私以行其大公"。这里所说的"天"即"势","势"不受人的意志支配,但它可以支配或促成人的动机。他看到一些封建王朝是被农民起义推翻的,虽然农民起义没有成功,而封建王朝也随之灭亡了,认为这也是天假手于农民起义而使王朝覆灭,他说:"陈涉吴广败死而胡亥亡","杨玄感败死而后杨广亡,徐寿辉、韩山童败死而后蒙古亡"。这也是"天将亡秦、隋、蒙古而适承其动机也"。王夫之所说的"势",具有朴素的直观性。他看到"势"一旦形成之后,便形成一股看不见的不可抗拒的力量,人力无法扭转。如他认为"郡县之制,垂二千年而弗能改矣"。他还试图从历史运动的内部矛盾说明"势"的必然性,这即是他的"势所必激"的思想。"势所必激"是指社会矛盾发展到一定限度便会激起大的变动,例如明末土地兼并的激烈,贫富两极分化的加剧,使广大农民被掠夺一空,无法再生活下去,于是农民起义便势所难免了,所谓一夫揭竿而天下响应,统治者想要弭阻也不可能了。王夫之生活在唯心史观占绝对统治的封建社会中,他能够猜测到历史人物的动机背后还别有不以人的动机为转移的必然趋势。当然这种见解还属于唯心史观,没有找到历史科学的规律。但必须指出,这种努力在人类认识史上迈出了可贵的一步,在封建时代的历史学中,达到了当时可能达到的最高造诣。王夫之的封建主义立场使他反对农民起义,但由于他把农民起义也看成势所难免,为着从根本上消除促成农民起义的"势",因而要求统治者减轻对人民的经济剥削,反对土地兼并,主张人们的正当的物质利益不应受到损害。因此,他在政治上反对唯心主义理学家提倡的"存天理,灭人欲",反对把天理、人欲摆在绝对对立地位的僧侣禁欲主义,主张天理即在人欲中。"随处见人欲,即随处见天理"。这种思想对后来进步的思想家反对"以理杀人"和冲破封建的"网罗",也发生了直接的影响。

王夫之生活在明末封建社会大动荡的年代,与他同时的进步思想家黄宗羲曾经形容那是一个"天崩地解"的时代。王夫之也认识到像明王朝那种专制、腐败已不可挽救,但他受儒教的夷夏之辨的影响极深,有严重的大汉族主义的种族偏见,他认为朝代可以更替,但是政权应保存在汉人手中,王夫之的这种观点,今天看来是不对的。但我们必须指出,历史人物的主观意图和历史实践的客观效果往往是不一致的。在儒教思想和封建传统长期熏陶下的王夫之,不能不带有时代和阶级的烙印,他以"刘越石之孤愤"来激励自己。明王朝的覆灭,在他同时代的知识分子看来,成为"天崩地解"的头等变故。当时的政权更替、民族矛盾、阶级斗争极其尖锐地、无情地、不容回避地摆在面前。面临这一天大的变故,具有深刻见解的哲学家力图探寻造成这一变故的根源。深刻的矛盾促使他们的辩证法思想深化,严酷的现实,迫使他们现实主义地对待现实。这样,像王夫之等人有可能突破天下承平时期(即封建统治秩序得以正常维持时期)的思想框框,而从根本上对封建制度、君主专制,以及平时不曾被怀疑到的传统道德规范及一切旧传统的价值,做出新的估价。

我们说王夫之是伟大的唯物主义哲学家,并不意味着他的哲学主张和哲学体系中没有错误和薄弱环节。我们是历史唯物主义者,必须历史地看待过去的哲学家和哲学流派。历史唯物主义科学认为人类社会历史的发展共经历了原始社会、奴隶社会、封建社会、资本主义社会和社会主义社会五种生产方式。社会主义社会是共产主义的准备阶段。中国奴隶制不及古希腊罗马发展得完备和典型,资本主义社会没有近代欧洲各国发展得完备和典型,只有封建社会在中国历史最长,发展得比较完备和典型。中国社会历史的特点决定了中国哲学史的精神面貌。在中国奴隶社会的哲学不及欧洲发达;近代资本主义社会的哲学,更要推欧洲独步。因为中国的资本主义没有得到成长的机会,全世界就进入帝国主义时期;资产阶级哲学还没有来得及形成体系,社会发生了巨大的变革,很快跨入了社会主义阶段。只有中国封建社会的哲学,无论从体系上、实践上都走在当时世界的最前列,中国哲学史也以这个时代最完备,达到了世界封建社会哲学的高峰。王夫之集中国封建主义哲学的大成,所以他在哲学史上的历史地位,不言而喻,当然是卓越的。

我们也要指出,奴隶社会、封建社会的唯物主义,只能是朴素唯物主义;只有资本主义社会,有了大工业,大生产,有了现代科学,才可能产生机械唯物主义;到了工人阶级成为一个觉醒的阶级的时代,才有辩证唯物主义哲学出现。王夫之的唯物主义伟大、超逸绝伦,只是指他在朴素唯物主义这一方面的成就说的。他比起机械唯物主义来,毕竟落后了一个历史阶段,和辩证唯物主义更不可相提并论了。这一重要区别,不可忽略。

中国哲学史是中华民族的认识史,王夫之在中国哲学史上地位之所以重要,就在于他曾站在中国封建社会时代人类认识的最前列,正确地提出并解答了当时的哲学问题,达到了当时人们所能达到的最正确的认识水平。就这一点来说,他是伟大的,他的历史地位也是不朽的。

论钱大昕^①

    清代国学大师首推段（玉裁）、戴（震）、钱（大昕）、王（念孙），他们分别被公认为文字学、哲学、史学、校勘学各个学科的领袖。钱大昕博学多艺，除金石、目录、舆地、谱牒诸学外，在史学领域贡献最多。钱氏与同时代的王鸣盛、赵翼并称史学三大家，三家造诣各有千秋。钱氏考史，尤精于校勘文字，训释名物，匡正讹误，史书中长期积存的疑难问题，一经钱氏指出，涣然冰释，遂成定谳。钱氏著作今日治史者仍列为必备参考文献。江苏古籍出版社出版《嘉定钱大昕全集》，广搜博采，为迄今最佳版本。

---

    ① 本文为作者对《嘉定钱大昕全集》的评论，原载《中国典籍与文化》1999 年第 2 期，题目为《近代学术之源泉——当代学者谈〈嘉定钱大昕全集〉》。本标题为《任继愈文集》编者所加。

马建忠的思想①

一、生平

马建忠(1844—1900)字眉叔,江苏丹徒人,年幼时正赶上太平天国革命,他的故乡是太平天国的占领区,他很失悔由于太平天国的起义,使他失去了考科举的机会。他幼年在上海读书,学会了拉丁文、希腊文、英文、法文,运用语言的能力"与汉文无异"。后来又学习外国历史地理、天算、物理、化学、生物、地质等科学,对西方资产阶级的政治与科学是比较了解的。

清朝光绪元年(1875)以郎中资格,被李鸿章派往法国留学。清光绪三年在巴黎考试院参加文科及理科的学位考试,及格,他又参加过律师、政治、外交各科的考试,也都及格。

他在法国留学时兼任当时中国驻法公使郭嵩焘的翻译,回国后即参加了洋务派集团,曾于清光绪七年赴印度与英国驻印总督协商增鸦

---

① 原载《中国近代思想史论文集》,人民出版社,1953年版。

片入口税及招商专卖鸦片事。清光绪八年李鸿章奏派他至朝鲜,介绍朝鲜国王与英、美、德三国订立商约,同年六月日本插手,朝鲜内乱,朝鲜此后逐渐脱离中国,堕入日本帝国主义圈套。李鸿章的一些卖国计划,是马建忠执行的。当时的顽固派以他精通洋务,骂他为汉奸,当时的一些爱国分子也认为他与李鸿章一气,对他不满。他的一生,"称之者一,谤之者百",有人说他是"隽才",有人主张把他"立正典刑"。

他与洋务派发生过政治关系,执行过洋务派的主张,但他的意见与洋务派又不尽相同。他主张发展民营工商业,民富而后国强。他认为西方各国政治,有其本,有其末。洋务派主张买机器、买船炮、练洋操,这些都是"末"。"讲富者以护商会为本,求强者以得民心为要"。因为"护商会而赋税可加,则盖藏自足;得民心则忠爱倍切,而敌忾可期"①。

洋务派自诩的"富强之道",本是为了发展官僚资本,他以为这不是根本。因此他在光绪八年,以后即在政治上不得意,"志未得遂","为世诟忌,摈斥家居"。他于逝世前三年出版《适可斋记言记行》,于逝世前一年出版了《马氏文通》。前一书记载他的思想和行动,后一书是用西洋语法的规矩剖析中国古文语法的著作。

马建忠与薛福成都是洋务派中分化出来的改良主义者。

马建忠的思想反映了初期的民营工商业者的要求,因为这时中国的民族工业还处在萌芽状态,还没有独立的具有规模的民营工业,只有分散的、小规模的民营工业和进出口的商业。规模比较大的新式企业只有官办、官督商办或官商合办几种类型的。中国的资产阶级希望依附在官办企业的势力之下来求得自己的发展。因此,代表

①《适可斋记言记行·记言·上李伯相言出洋工课书》。

这些民营工商业者希望依靠政治力量取得官商合办的权利。而当时的洋务派确也吸收了一部分官僚富绅的资本作为商股。但这些商股受官股极多的限制，不能尽量发展，因而企图从洋务派束缚下解放出来。马建忠、薛福成等人正是反映了这一阶层的愿望。在中日战争以前，洋务派的弱点还未彻底暴露，而当时力量微弱的民营工商业者虽已经对洋务派的措施表示不满，但还没有完全绝望。这些早期的改良主义者，不反对洋务派，只是对洋务派的主张提出若干修正。稍后像何启、胡礼垣或陈炽、郑观应等人，他们由于自己的切身利益与洋务派的矛盾，更由于他们的经济力量逐渐发展壮大，同时洋务派的弱点也更加暴露出来，所以后期的改良主义已对洋务派完全不存任何希望，他们提出了以保存封建制度为前提的"民主"的要求。后期的改良主义从何启到康、梁，他们已不再依附洋务派，而是寄希望于当时的清朝皇室。他们乞求最高统治者清朝皇室帮助他们压倒洋务派来谋取资产阶级的利益。

二、思想

第一，反对西方资本主义国家侵略的爱国思想

马建忠对于西方第一个向中国武装侵略的英国的认识是深刻的，他曾指出英国侵略行为是一贯的、阴险的。他从历史上列举英国伪善掩饰下的侵略行为。他说，"英人二百年来专假互助以吞噬人之土地"，英国曾"助"五印度，结果灭了五印度；曾"助"加拿大，结果戕害了加拿大；曾"助"土耳其，结果削弱了土耳其。英国是"豺狼其心"，"而犹自称秉理之民，守义之邦。噫！是直如欧人谓英王君相唯

利是图,妄谈公德。其心则长蛇也,其口则羔羊也"①。

马建忠对于西方资本主义国家表示深切的痛恨,他充满了爱国的热情,他说:"今日之中国其见欺于外人也甚矣。道光季年以来,彼与我所立约款税则,则以向欺东方诸国者转而欺我。于是其公使傲睨于京师,以陵我政府;其领事强梁于口岸,以抗我官长;其大小商贾盘踞于租界,以剥我工商;其诸色教士散布于腹地,以惑我子民。夫彼之所以悍然不顾,敢于为此者,欺我不知其情伪,不知其虚实也。"②

西方资本主义国家口头上讲什么公法,而实际上是骗人的:

> 泰西之讲公法者,发议盈廷,非说理之不明,实所利之各异……于是办交涉者,不过借口于公法以曲徇其私。③

马建忠看出了当时西方资本主义国家具有侵略的本质,不讲信义,欺我朝廷、官长、子民,怀着悲愤控诉的心情来提醒国人。当时的洋务派,像曾国藩之流无耻地称赞洋人占领过北京,对中国"可灭而不灭",洋人掌握了中国的关税"可吞而不吞",并以此为"大仁""大信"。洋务派是卖国的,当时的改良派是爱国的。

改良派有反抗侵略的思想,这是进步的一面,但他们没有认识到中国反抗侵略应当走什么道路。他们错误地认为当时洋务派对外交涉失败只是由于不了解外国的情况。"士大夫中能有一二人深知外洋之情实而早为之变计者,当不至有今日也"④。

---

① 《适可斋记言记行·记言·勘旅顺记》,1881 年。
② 《适可斋记言记行·记言·拟设翻译书院议》,1894 年。
③ 《巴黎复友人书》,1878 年。
④ 《拟设翻译书院议》,1894 年。

中国士大夫不了解敌情而吃亏,这是事实的一面。如果进一步探究原因,就应当看到敌人敢于肆行侵略,主要是由于人民的力量没有发动起来。人民没有发动,所以被反动的官僚、反动的政府可以肆无忌惮地帮助"洋人"镇压人民。人民没有权,没有充分发动,即使真有"一二人深知外洋之情实",也还是不能击退外来侵略的。在鸦片战争中林则徐的失败已足以说明这一点。马建忠只看到上层士大夫个人的爱国作用,以为洋人"敢于为此者,欺我不知其情伪,不知其虚实也",显然这个结论是不对的。

第二,富民说

洋务派提出"富国""强兵"的欺骗人民的口号。马建忠从西方资本主义制度中学会了分析"强国"与"富民"的关系,指出"治国以富强为本,求强以致富为先"。他更进一步指出,致富首先要使民富。鸦片输入以前中国收入远不如鸦片战争以后,何以那时中国不贫呢?因为那时还没有大量的国际贸易。那时"以中国之人运中国之货以通中国之财"。那时国家的财富,"循环周复而财不外散"。到了鸦片输入以后,中国入口货增多每年入超三千万,三十年来,财货外流,一去不返,所以民贫,民贫了国家就弱。

有了国际贸易,才使中国贫困。对于这一问题,当时有种种不同看法。顽固派(保守的封建地主阶级)怀恋着闭关时代太平盛世,他们反对国际贸易;洋务派不问人民死活,只顾开放贸易,以饱私囊。马建忠认为这两种认识都不对,他指出国际贸易不能抗拒,这是天下共同的趋势,只要善于掌握通商,对中国有利而无害。这是马建忠比当时洋务派及顽固派都高明的地方。他说:"通商而出口货溢于进口者利,通商而出口货等于进口者亦利,通商而进口货溢于出口者不利。彼英美各国皆通商,而进出口货不能两盈,故开矿以取天地自然之利,以补进出口货之亏;至地利不足偿,乃不惮远涉重洋,叩关约款以取偿于我华民。然则天下之大计可知矣,欲中国之富,莫若使出口货多,进口货少。出口货多,则已散之财可复聚;进口货少,则未散之财不复散。其或散而未易聚也,莫若采取矿山自有之财。采取矿山自有之财,则工役之散不出中国,宝藏之聚无待外求。"(《富民说》)

　　洋务派也欢迎中外通商,但是洋务派不敢触动"洋人"的利益,他们是寄生在洋人的利益之下来图私利,对于本国出产的货物,采取压迫的政策,对洋货则采取"保护"的政策。这是马建忠所代表的民营工商业者所极力反对的。因此,乘英人要求免除厘卡时,马建忠向李鸿章建议同时向英人提出增加洋货进口税。洋商"数十年吸中国之膏血,官商贫富无不仰屋而嗟"。他深为华商所受压迫不平:"言利之臣……以为多设一卡,即多一利源,不知税愈繁而民愈困,民愈困而国愈贫矣。盖财之于国,犹血之在身;血不流行则身病,财不流行则国病。""乃洋商入内地,执半税之运照,连樯满载,卡闸悉予放行,而华商候关卡之稽查,倒箧翻箱,负累不堪言状……律以西国勒抑外商庇护己商之理,又不啻倒行逆施矣。兹乘其欲免厘金,许我加税之机,仿照各国通商章程,择其可加者加之,以与厘捐相抵,然后将厘卡尽行裁撤,省国家之经费,裕我库储;便商贾之往来,苏其隐困。皆幸赖有此修约之转机也。"

　　　　外来制成之货中国亦出者,如洋布之类,应加重征,至值百抽十五之数,庶几中国产棉,仿用机器织布,赀本虽重,亦可夺西人之利。

　　　　闻之西人,谓中国税则增至值百抽十三,差可与厘金相抵,而西人欲停厘捐,有愿值百抽八者……今……一律减至值百抽十,外加各色杂捐,似可当厘金之入。即或不当厘金之入,而利权归我,农贾殷富,亦何靳此些须厘金,培养国脉。

夫不许通商,或可藉以启衅;欲行增税,断难因之兴戎。不然,欧洲瑞士、比利时,蕞尔弹丸,介于大国之间,将无税之可加,而国非其国矣,然犹可自立而度支不窘者,弱于势犹强于理。中国据理以争,何畏不情之请?美国税则最重,未闻有以加税与他国决裂者。此理光明正大,质之万国,无可置喙。①

他以为我们应当理直气壮地向英国提出增税,而畏葸媚外的洋务派头子李鸿章不敢这样做。他们不但不敢,而且利用厘卡以自肥,他们何尝会想到"利权归我,农贾殷富"? 更何尝想到"培养国脉"? 他们更不会想到"省国家之经费",苏商贾之"隐困"。这种办法与洋务派的要求相反,当然洋务派不会采纳。

马建忠虽然已认识到西人的公法是块假招牌,他对于当时中国民营工商业者的要求也只能提出"据理力争"。他只说中国增税合理,外国不会因此而对中国用兵。说明马建忠也还是害怕外国兴兵,而是希望不会因此兴兵。这种思想还是软弱的。马建忠没有认识欧洲的比利时不是殖民地,比利时增加进口货物的关税与否,不会影响帝国主义的根本利益。中国增税则直接影响帝国主义的根本利益,没有人民的力量作支援,只凭交涉是不行的。

不过这种要求,是进步的中国资产阶级的要求,是符合广大人民

---

① 以上引文均见《覆李伯相札议中外官交涉仪式洋货入内地免厘票禀》。

利益的。软弱的民族资产阶级与洋务派相同之处,即是怕因保护关税而兴兵;和洋务派不同之处,在于为了民族资产阶级的利益提这一合理的要求。

马建忠除了提出保护关税的贸易政策外,还提出发展国内工业,开发富源,开金矿,修铁路。他主张借洋债以修铁路,开矿山。"以商人纠股,设立公司,然后以洋债贷给公司……如是数年之间,即可转贫民为富民,民富而国自强"。"铁道专由商办,而借债则官为具保。如是则阳为借债之名,阴收借债之效。用洋人之本,谋华人之生。取日增之利,偿岁减之息。"铁道修成,可以"救患",可以"节用",可以"开源"(《铁道论》)。

因为当时中国民间资本相当分散,无力单独承担大规模的工业建设。改良主义的思想家希望"用洋人之本,谋华人之生"。希望"借洋债为具保"。这也正是薛福成、马建忠等人改良主义思想的特点。而洋务派则在于借洋债以自肥、中饱,而不在于发展民营企业。民营企业的发展,反而对官僚资本不利,所以马建忠的建议,只不过是建议而已,当然不会得到采纳。

第三,对西方资本主义民主制度的认识

马建忠对于西方的政治制度比当时的洋务派的知识丰富得多。他曾指出西方各国的富强不在于有机器设备,而在于他们保护工商业者的一套政策、制度。他曾对李鸿章说:

> 近今百年,西人之富,不专在机器之创兴,而其要领专在保护商会……忠此次来欧一载有余,初到之时,以为欧洲各国富强专在制造之精,兵纪之严,及按其律例,考其文事,而知其讲富者以护商会为本,求强者以得民心为要。护商

会而赋税可加,则盖藏自足;得民心则忠爱倍切,而敌忾可期。他如学校建而智士日多,议院立而下情可达。其制造、军旅、水师诸大端,皆其末焉者也。于是以为各国之政尽善尽美矣。及入政治院听讲,又与其士大夫反复质证,而后知"尽信书则不如无书"之论为不谬也。①

他不止看到欧洲各国的富强,而且又看出其民主政治制度的虚伪的另一面:

> 英之有君主,又有上下议院,似乎政皆出此矣,不知君主徒事签押,上下议院徒托空谈,而政柄操之首相与二三枢密大臣,遇有难事,则以议院为借口。美之监国(按:马译总统为监国),由民自举,似乎公而无私矣。乃每逢选举之时,贿赂公行,更一监国,则更一番人物。凡所官者皆其党羽,欲望其治,得乎?法为民主之国,似乎入官者不由世族矣,不知互为朋比,除智能杰出之士,如点耶诸君,苟非族类,而欲得一优差,补一美缺,戛戛乎其难之。②

他指出了欧洲各国的假民主,完全是事实,也是欧洲的民主制度破产的明证。马建忠比当时洋务派、顽固派对西方文化的无知高明得多。资本主义的"民主"制度在欧洲尽管是已经暴露出它的腐朽性,而在封建制度严密笼罩之下的中国,"民主"制度还是必不可少的良药。马建忠,从封建主义的立场批评欧洲的假民主,因而得出结论,错误

---

① 《适可斋记言记行·记言·上李伯相言出洋工课书》。
② 同上。

地认为中国不必要民主,在这一点上,他与洋务派站到一起去了。他所向西方学习的,虽然不限于只学造船、造炮,他还学了国际公法、社会科学、自然科学。但是他没看到"民主"对于中国的积极作用。

马建忠不学习西方的"民主",不只是由于看透了西方的民主制度是假的,是腐败的,才不学。主要的是当时中国资产阶级还在萌芽的初期,极软弱,还在倚赖洋务派,还没有成为反封建的力量,不敢也不能提出政权的要求。他还是初期的改良主义的思想家,比后期的改良主义者更形软弱,所以只能对洋务派的主张做些补充修正。

第四,马建忠思想(早期改良主义)的特点——从洋务派到改良主义的转化

马建忠计划要写一部书——《闻政》。其中分为八项:(1)开财源;(2)厚民生;(3)裕国用;(4)端吏治;(5)广言路;(6)废考试;(7)讲军政;(8)联邦交。这书并未写成,从这一书的计划大纲中已可看出马建忠思想的全貌。

从洋务派分化出来的改良主义的思想,不敢提出"民权"的要求,只能提出微弱的"端吏治""广言路"等修正性建议。这说明当时的民营工商业者只能依附于当时的官僚统治集团,极谨慎而有限度地提出他的改良主义思想。但马建忠把"开财源""厚民生"放在首要的地位,这又说明这一阶级尽管力量微弱,但还是有他的独立的阶级利益的要求,他们为了自己的阶级利益,想利用外资,发展民营工业;为了反对更为保守的顽固派(因为顽固派根本反对对外贸易,反对兴办工业)他们有与洋务派合作的必要。马建忠等人承认洋务派的基本方向,只是嫌洋务派做得不够,因而企图在洋务派的基础上作一些重要的"修正""补充"。

事实上,民营工商业者与洋务派(官僚买办阶级)毕竟是两个不

同的阶级,其利益是有矛盾的。区别在于:洋务派旨在"防民",改良主义意在"富民"。洋务派是帝国主义的代理人,而改良主义还有从帝国主义经济压迫下挣脱出来的企图。洋务派与当时的腐朽的封建制度没有矛盾,而改良主义与当时的封建制度已蕴蓄着矛盾。因此,早期的改良主义虽然是洋务派中孵化出来的,而最后终于站在洋务派的对立的一方面,进而提出了政治上要求改良的主张,从洋务派中分化出来,成为独立的一股力量。

何启、胡礼垣的改良主义思想^①

何启字沃生,广东南海县人,留学英国十余年,受过系统的西方资本主义教育,归国后在香港做律师兼医生。曾任香港议政局员十余年。香港议政局是香港的"议会"的性质,由英国及其他国籍的绅商代表人物六人组成,何启是以中国籍的绅商资格参加的。他又是香港大学的创办人之一。1895年孙中山广州起义,他曾给以协助,1900年北方义和团运动,他曾奉英国驻港总督之命劝李鸿章联合孙中山成立独立政府,但未实现。以后他曾应满清政府的聘请回国创办铁路、银行等企业,因与洋务派意见不合,不到两个月即辞归香港。他的著作多半用英文写出,由胡礼垣译成中文,加以阐释。他年龄略长于胡礼垣,生卒不详。

胡礼垣字荣懋,号翼南,生于1847年,死于1916年。他是广东三水县人,出身于买办商人家庭,自幼住在香港,毕业于香港皇仁书院。他没有考过科举,但对中国经史等书读得不少,他创办《粤报》,译有《英例全书》,曾助英商在南洋北般岛上修建商埠,1894年中日战起,他正在日本,中国使馆人员撤退,因他在商界有威信,当时中国留日商民共推他代理神户领事。战争结束即返香港,他是港澳爱国工商业者中的知识分子。

---

① 原载《中国近代思想史论文集》。

何启、胡礼垣从 1887 年到 1900 年，先后共同发表了一些论文，其中包括 1887 年的《曾论书后》、1894 年的《新政论议》、1898 年的《新政始基》《康说书后》以及康梁维新运动失败后的《新政安行》，1899 年的《新政变通》《劝学篇书后》，1899 年的《前总序》，1900 年的《后总序》，这些论文汇编为《新政真诠》。

何、胡二人都是长期住在香港的中国人，他们受的是买办性的教育。他们的思想反映了中国由海外华商转化来的民族资产阶级的要求。他们在香港一方面看到英国资本主义的繁荣，因而羡慕英国资产阶级的经济制度，他们另一方面也看到海外华商遭受外国政府的压迫。他说："华商受亏，鲜能借中国之官伸理者"，"出洋之民初则见拒于美国，继则并拒于新山，而檀香山等处亦已效尤，地球虽大，华人之怀远志者将置身无所矣。其有执照准入境者，则必重抽身税。堂堂中华，其民竟欲比茸发重唇之族而不可得也！"（《教忠篇辩》）这是华商在外国得不到政府的保护，遭受欺压的悲愤的控诉。华商在国内也同样地受欺压，有重税的压迫，有厘卡的盘剥，"一货六税，天下罕见"。他感慨地说"以官为名，以民为货"，"良民何不幸而为中国之民哉？"（《曾论书后》）

当时在政治上无权无势的民族资产阶级及一部分海外华商在国外受外国资本主义的压迫，在国内受到洋务派的官办工业或官督商办工业的压迫，他们希望中国有一个比较强有力的政府能够保护他们在国内外的经济利益，他们要求为民族资产阶级的前途开辟道路。

早期的改良主义者如薛福成、马建忠等，对洋务派还存在着幻想，希望洋务派纠正其"缺点"。何启、胡礼垣的时代，洋务派的卖国媚外的本质已更加暴露出来，中日战争后，"自强"的幌子已骗不了人民，而当时海外华商及国内的民营工商业的经济力量是已较早期有了增长(虽然还是很微弱的)。中日战后帝国主义对中国的侵略已不限于商品输出,进而作资本输出,当时"官办"及"官商合办"的企业只有少数特权官僚从中得利,至于一般无权无势的普通工商业者,不但从中得不到利益反而受到损害。正如何、胡所说的,"官督商办"的结果,利则归官僚中饱,"害则归商"。洋务派在帝国主义面前是走狗,而在民营工商业者面前是虎狼,他们凭借帝国主义与封建势力来限制民族资本的发展。而当时海外华商及由此转化来的民族资产阶级要求在新式企业中投资(如铁路、矿山),但一听说"官督","商民"就不敢"办"了。他们感到必须从洋务派的压迫下能解放出来,才有出路。

他们认为"商民"若不在政治上取得发言权即不能在经济上得到发展,于是他们畏怯地向当时的统治者提出了"民权"的要求。他们向洋务派抗议,向洋务派的思想支柱——封建思想作一定限度的抗议。他们希望在原有的封建制基础上作一些政治上的改良。他们也谈到这种改良是为了人民,他们心目中的"人民"主要是"商民"。

何启、胡礼垣自称其思想根本精神不外八个字:平理、近情、顺道、公量。他们说,现在有些人都在谈变法,还有人慷慨上书,甚至牺牲、革命(按:此指戊戌维新),这都是不了解形势而以"躁进"的态度来对待这一问题。他们主张遇到双方发生争执,不要只站在一方面看问题,也要替对方设想,比如中国人受"西洋人"的欺凌,固然西洋人不对,中国人也有错误。我们自己有矿不开,自然难怪外人来开,至于改变政治也不要操之过急,不要"一意孤行"。总要"合情合理"。

当时正在萌芽的民族资产阶级的力量是软弱的,因此,他们在强大的敌人面前,对帝国主义,对封建主义感到有反对的必要,但又不敢坚决反对,他们也知道"外人""凌我华人",但不赞成人民起来反抗,认为那是"招祸";他们也知道封建思想束缚了新兴资产阶级的发展,但不主张违反"孔教",由于这个阶级力量的薄弱,他们的政治要求也就表现得极有限度而不彻底。他们和其他的改良主义者一样,不是向统治者夺取政权,而是向统治者祈求开放一部分政权,以满足民族资产阶级的要求,但他们比早期的改良主义者进了一步,提出了"民权"思想。早期的改良主义如薛福成、马建忠等人,连"民权"两字也不敢提。

他们在反帝反封建的思想斗争中看不到反封建的主要力量是农民,甚至害怕农民暴动,他们对太平天国革命及义和团运动采取敌视的态度,因此,改革内政,反对侵略的愿望就落了空。

何启、胡礼垣在主观上只是为了初期民族资产阶级的利益,在客观上,他们既然提出反侵略反洋务派(即官僚买办集团)及反封建主义的思想,哪怕是极微弱的呼声,也应该肯定其进步意义。因为这种思想在一定程度上符合于中国广大人民反帝、反封建革命运动的总要求。

一、对洋务派的抗议——改良主义的经济思想

1887 年曾纪泽用英文发表了一篇《中国先睡后醒论》,吹嘘中国的海军战船已很得力,足可以自强。曾纪泽说:"治国者必先使外侮既绝方可内修国政,犹之治家者必先使壁宇完固方可条理家规"。至于"开机器局,修建铁路、开矿等富国利民"的事均可等待以后再办。

何、胡在《曾论书后》一文中,指出这种看法正是"本末倒置",中

国的危机主要在于官与民对立,而不在于缺少武器。"国之根本在于民,而民之身家托于官,官不保民,而民危矣,官反害民,而民愈危矣。""豺狼之噬人也犹有饱时,而官府之私囊无时可饱也;盗之劫人也犹有法治,而官府之剥民无法可治也。""根本浮动,国何以安?"他们认为这是"中国真忧之所在"。

他们指出国家的安危要看内政是否修明,人民是否幸福,君民是否融洽,更要看人民的利益是否得到保护。人民感到国家的利益与自己的利益一致时,国可以保。他说:"国之所以自立者,非君之能自立也,民立之也。国之所以能兴者,非君之能自兴也,民兴之也。然则为君者其职在于保民,使民为之立国也。"国家首先取得人民对国家的信任,然后才能谈到富强。修铁路必须借外债,就证明人民对国家不信任。人民不是没有钱,可是怕洋务派的剥削,他们不愿投资。洋务派只知从借款中取佣金中饱而主张借外债修铁路、开矿山。使"洋人"掌握了中国的海关税饷作为借款的担保,等于"居家开店","以管钥帐柜给人作按"。"是自不有其家,不要其店也。以海关税饷作按,是自不有其国,不有其民也。""数十年之后,外国无取中国之名,而有得中国之实;外人无治中国之苦,而能收中国之财。是中国之君将欲求为守府之君而有所不得,中国之国将欲求为自主之国而有所不能也"。

洋务派为了"一己之私,而置中国之民于奴,奉外国之人为主","是直卖国而已,是直卖民而已"。借外债的结果,"所作而有利也,其利则专归于外人,是为吾民者不得而利之也;所作而有害也,其害仍取偿于百姓"。

他们在《新政始基》中也一再指出工商业只宜民营,不宜官民合办。因为官有权,民无权,"是非可否皆决于官",而当时的官"于理财之事百计经营","而独于爱民一节置若罔闻"。洋务派勾结帝国主义,结合封建势力,对中国民营工业采取扼杀的手段,对于海外华商希望转化为民族资产阶级的要求采取拒绝的态度,他们洋务派,自知官办工业的产品低劣,所以怕民间的工业的技术超过官办工业,一旦造起反来,官府没方法抵御。洋务派利用"官督商办",来取得私利,"以仇民之计为误国之谋。以假公之名为济私之实"。何启、胡礼垣给洋务派以无情的批评。

何启、胡礼垣再从官民的关系上指出"国之所以立者唯民","而能为官固禄位保宠荣者无非民也。是有恩于官者莫民若也"。因而他指出官不但不应剥削商民,而应听令于民,应当"以民情为国脉","以商旅作邦基",这样,中国的民族工业必可"由剥而复,转废为兴"。"民气厚则国势张,财源来则国体立"。他们以为只有向这一方向发展才是中国自强的道路(所引原文均见《新政始基》)。

以上所举这些思想正是反映了当时"大商巨贾,或曾作客外洋或久在商途阅历而熟知时务者"走向民族工业的要求。他们的目的是为了自利,而他们的自利的要求在客观上与历史发展的方向是一致的。因为当时的民族资产阶级要求从帝国主义的压迫下,从洋务派的压迫下解放出来,对人民是有利的。

以上是他们的经济思想。

二、改良主义的民权思想

当时的民族资产阶级已较初期略有发展,薛福成、马建忠等人所代表的思想已不能满足于这一新兴阶级的要求。他们要求参加政权。他们一方面看到英、美各国资产阶级民主的先例,一方面又深感不取得政治地位,经济利益没有保障。他们提出了"民权"的要求。但是旧的封建势力还很大,张之洞曾以《劝学篇》的谬论,代表顽固封建势力向新兴的有民权思想的改良主义进攻。张之洞以"中学为体,西学为用"的反动口号迷惑了一部分人心,列举了清朝许多"良法善政","深仁厚德","证明"国人应以"保圣教"为第一义。他所谓"圣教"是"三纲"说,是替清朝政权找出不必改革的根据。封建主义最怕民权思想,所以他说"民权之说无一益而有百害"。而最大之害是"民权"可以"召乱"。张之洞在《劝学篇》中曾说:"方今中华诚非强盛,然百姓尚能自安其业者,由朝廷之法维系之也。使民权之说一倡,愚民必喜,乱民必作,纲纪不行,大乱四起。倡此议者岂得独安独活?且必将劫掠市镇,焚毁教堂,吾恐外洋各国必藉保护为名,兵船陆军深入占据,全局拱手而属之他人,是民权之说固敌人所愿闻也。"

清朝的忠实奴才,垂死的封建制度的拥护者,是多么害怕人民的力量!何启、胡礼垣的民权思想已经是极温和的要求,这一点极温和的要求也是顽固派所害怕的。

正在萌芽的中国资产阶级,面临着中国当前危机,他们敢于面对中国的危机提出他们认为合理的要求,这就是一种进步的表现。这一阶级尽管力量薄弱,但在当时不失为一种新生的力量,要使它得到发展首先要求改良政治制度。他们说中国贫弱的根源就是"民无权"。他们说,权是人人本来就有的,不是人造出来的。天既给人以生命,就必然给人以保护生命的权利;天既给人以求生的资料,就必然给人以保护私人财产的权利。国君,凡是能实现民权以推行大经大法的,人民就拥护他。否则,人民就推翻他。拥护国君的未必是善,推翻国君的未必是恶。因为人民自顾生命,自保身家,完全是为了维护自己的权利(以上大意见《正权篇辩》)。根据以上的理由,他们说:"天下之权唯民是主"。

他们看来,民虽有权却不能"自行其权",必须选举君主"代民操其权"。君主若不能代民操其权,人民可以废掉他。中国古代"尧舜三代之隆,与近代泰西富强之本",都是由于实行民权的缘故。他们在这里驳斥了"民权无一益而有百害"的谬论。

他们进一步指出君民的关系:"苟无民,何有国? 苟无国,何有君? 苟无议院,何有朝廷? 是故庶民者,国君之所先也;议院者,朝廷之所重也。"议院的制度可保证民权的实行,"民权之复,首在设议院,立议员"。"议院者,合人人之权以为一国之用者也"(《正权篇辩》)。

封建统治者不允许人民过问政权,妄称人民的衣食为君主的"恩赐",何启、胡礼垣却说君是由民来养活的,君就应该给人民以权:"天下之事必以出钱者为主",若只要人民出钱,而所办的事情反而不许出钱者过问,"是自古至今,普天之下所无之理。"人民出了钱,就有权过问政治。

他们又说所谓民权,不是使君民对立,而是为了使君民的关系调和得更好。中国之弱是由于"君民隔绝",开议院可以使"君民一体,上下同心",他们提倡民权不是为了消灭君主制度,而是要在现存的君主制度下得到一些改良。他们为了不使统治者害怕,声明"民权之国与民主之国略异"。这也正说明了当时萌芽的资产阶级力量薄弱,对封建势力的妥协性。这也正是改良主义的特点。

这种民权思想反映了他们这一阶级为了经济的利益,而提出的政治要求。他们认为"不设议院则民无以兴其业"。议员的资格是"商民贾富之家皆得为议员"。他们很羡慕外国的资产阶级享有民权,才可以致富,得名,得利。"外国凡铸造枪炮各大工厂,制造铁鉴诸大船澳,其主人不特能图大富,而且坐致大名,袭爵封君,利赖勿替。以所作之物能护国卫家也。唯其以民权之理明故也"(《正权篇辩》)。相反的,当时中国的资产阶级却受到完全不同的待遇。倘若在中国也有豪富从事这些工业制造,"不特破家,且干宪典""其人必不免于刑戮矣"(《正权篇辩》)。

洋务派借口自强以济其私,何启、胡礼垣以为真正的自强之道绝不是"西学为用"者所谓造船、练洋操,要紧的是学习西方资产阶级的民主制度,用民主制度来保障资产阶级的利益。为了达到这个目的,他们提出"民政为本、军政为末,内政为始,外攘为终"(《新政论议》)的口号,"民权愈盛,其国愈强"(《劝学篇书后》)。他提出了"变法"的要求:"中国宜变之法何哉?曰君民隔绝,其法宜变……商务无权,其法宜变。"又说:"变隔绝,则应设议员。变商务,则应去官督。""变法者,非徒设各项机器厂之谓也。机厂者皮毛耳,上各事则命脉也。命脉不变,皮毛宜其无所济也。"(《劝学篇书后》)

这就是何启、胡礼垣的政治思想的主要内容。资产阶级的民主制度在当时的欧洲,在先进的工人阶级面前已暴露其反动性,但在东方的中国,有人不满于顽固的封建制度能够提出"民权"的口号,却是进步的。

三、对封建文化的抗议

在何启、胡礼垣的时代,封建主义的思想意识在广大人民间还占着统治地位。在封建社会中主要生产者是农民。商人只管贩运,不事生产。何启、胡礼垣的时代,"商"的意义除了贩运货物以外,还包括"企业","工业制造"等内容。他们提出要使国家富强,要把旧日的"士农工商"的"四民"的次序改为"商农工士"。在封建的生产关系中,地主阶级依靠剥削农民来维持其生活,不必费心思经营,自然不忧衣食,所以他们可以欺骗劳动人民,使他们不必争"利"。地主阶级希望维持其封建剥削关系万世不变,因而制造出"三纲"的道德条文,规定了君对臣、父对子有绝对权威。垂死的封建统治者害怕新事物,他们怕谈"变"。何启、胡礼垣对这些顽固守旧思想提出了抗议。

第一,对"三纲"说的批判

何启、胡礼垣指出"三纲"说与"五伦"说的区别:"三纲之说非孔孟之言也。商纣无道者也。而不能令武王为无道,是君不得为臣纲也……"(《教忠篇辩》)"汉宋之学重三纲,泰西之学重五伦。重三纲者有君无民,重五伦者君民兼顾,此君权民权之别,中外学术所由分也。"(《前总序》)何、胡认为"三纲"是封建社会的上级对下级片面服从的道德标准。"五伦"是封建社会的上级与下级、人与人之间相互的义务标准,他们认为"五伦"是正确的道德标准,君臣父子之间有义务,但是是相互对峙的。这里反映了改良主义思想家反抗封建道德的进步的一方面,同时也反映了他们对封建君臣关系的妥协态度。尽管如此,他们对于当时深入人心的片面服从的封建道德起着一定的摧毁作用。

张之洞无耻地教人忠君,教人"君臣同心",教人爱清朝皇帝。何启、胡礼垣说:"亲亲长长而天下平,非专为子弟言之也……君不君则臣不臣……不能舍其君而专责其民也。""三纲"说实行的结果就是"君可以无罪而杀其臣,长可以无罪而杀其幼",等于提倡"勇威怯,众暴寡,贵陵贱,富欺贫",其结果必使中国走向野蛮的道路。他以封建社会的道德"五伦"来对抗封建社会的道德"三纲",说明他们虽然不赞成片面服从,不甘心完全作君主制度下的奴隶,但他们还不肯背弃君主制度。他们的反抗是极有限度的。

第二,资产阶级的个人主义思想

何、胡一再指出中国古代圣人不讳言利,不讳言富,所以中国古代的政治清明,号称盛世。他们认为求利是人的天性。自己为自己打算叫作"私",这是极正当的,而且是人人都有的要求。洋务派假公以济其私,又不敢公开讲"私",这是虚伪,这是借此掩盖一人之私。"如今日言,则家不妨私其家,乡不妨私其乡,国不妨私其国,人亦不妨私其人。""但能合人人之私以为私,于是各得其私,而天下大治矣。各得其私者,不得复以私名之也。谓之公焉可也。但能不以己之私夺人之私,不以人之私屈己之私,则国家亦无患其不富,并无忧其不强。"(《正权篇辩》)他们看来,人人各得其私,天下就为公了。

何启、胡礼垣所谓"私",在当时是反抗封建集体主义,个人要求解放的进步思想。在封建专制统治下,只有统治者有发言权,他们的私也成为"公"。而无权无势的"小人物"的利益根本被抹杀,谁要过分强调个人利益那就是"大逆不道"。个人的思想与行动也是不自由的,个人只能作为"臣""子""奴""仆"而生存,而没有自由的个人。何启、胡礼垣所代表的无权无势的工商业者的利益也正是在不合理的封建制度下的受限制者的利益,而他们的"私"的利益在当时得不到重视。何启、胡礼垣提出"人人各得其私"的说法,在当时是大胆的,也是进步的。

这里所说的"私",也相当于西方资产阶级的"自由"的意义。他们说"里勃特"日本人译作"自由",自由容易使人误解为不服管束,离经叛道,他们怕触犯了封建统治者的忌讳。这也说明了在反封建思想斗争中他们所表现的怯懦、软弱。在《正权篇辩》中说:"人人皆欲为利益之事,而又必须有利于众人,否则亦须无害于众人。苟如此,则人人之所悦而畀之以自主之权也。一乡之内人人有自主之权,则其俗清;一国之内人人有自主之权,则其国宁;环宇宙之内人人有自主之权,则天下和平。民权之说如此,自主之说如此。"这里曲折地引用了古代的圣人之言作为护符,借以表明他们的思想并不违背圣教。从这里固然说明他们思想的进步性,同时也说明了他们思想的妥协性。

第三,反对宗经的思想

顽固保守势力利用"六经"的条文以抗拒新思想,六经对顽固派,对封建统治阶级是最好的工具,被用来禁锢人民的新思想。何启、胡礼垣当时不反对孔子,借孔子作为掩护来"证明"六经不应拘守,因为孔子也反对宗经。他们反复指出经学不但不能致用,反而成了新思想的障碍。以六经教人,只能耗人精神,使人学了一堆几千年前早已过时的知识,有什么用呢? 他们以为倒不如秦始皇焚书的办法对于泥古不化的人更有用些。

他们说,孔子不但不教人宗经,相反地却教人不要宗经。孔子删改过《诗》《书》等经,足见孔子主张"使经宗我,使经我用"。孔子对《易经》不但未加删改反而大力注释,补充《易经》的道理正是重变化,反对保守。孔子推崇《易经》,其主要原因就在于《易经》"以无常法为常法之常法"。他们认为孔子若生在当今时代而当权时,孔子一定比俄国彼得大帝更加注重造船,也一定注意兴办工业。真正的圣人之徒一定主张变法(《前总序》)。

他们又说,要变法必学习西洋的学问。"唯其愈救时,是以愈求西学。唯其愈深西学,是以愈能救时。"他们反驳那些以为"西学愈深,则其疾视中国亦愈甚"的顽固思想。他们说顽固分子,连张之洞等在内,由于"先有中学之见横梗胸中",所以仿效西法归于失败。他们不能看出张之洞等人的"西学为用",其目的正是为保持中国旧的封建君主专制制度,他们学习西方的"洋务",正是为了防止西方民权思想渗入中国人心。张之洞等人的罪恶还不在于对"西学"的认识错误,而在于有意地为反动的清朝皇帝服务,有意地打击进步的思想。

他们只指出张之洞等"中学为体,西学为用;中学为本,西学为末;中学为经济,西学为富强"的思想是错的。他们又揭发了当时流行的学问,其内容不外"浅陋之讲章,腐败之时文,禅寂之性理,杂博之考据,浮诞之词章",这些学问完全不能解决当时中国的实际问题。"宋代理学如朱子者,强国学之必致于衰,弱国学之必致于灭。非惟不可以救当时,而且足以累后世"。因此,他们主张废科举,兴学校,按照资产阶级的要求来培养人才。

他们反对宗经,敢于指出拘守封建时代的六经有害。主张学习西方的实用科学,这在当时是进步的思想。这些思想都是对保守思想起着一些破坏作用。但他们不反对孔子,也不怀疑封建制度,这又表现了他们的改良主义的妥协性的一方面。

四、对帝国主义的认识

从鸦片战争到中日战争,中国遭受到更深的民族灾难,面临瓜分的危机。帝国主义者纷纷在中国划分势力范围。这种情况是广大人民所不能容忍的,这种情况也直接打击了刚萌芽的民族资产阶级的经济利益。何启、胡礼垣为了本阶级的利益,他们以沉痛的心情叙述出当时中国面临的危机:"方今中国东三省以及山东、云南、广西、广东铁路矿务之利权;旅顺口、大连湾、威海卫、广州湾水道门户之险要,俱已归于外人!""叹时事之日非,伤神州之板荡","冀其殷扰启坚,多难兴邦耳!"(《新政论议》)

他们不仅看到当时中国民族所处的危机,同时也初步看出了帝国主义侵略对中国的不利。当时外国资本向中国侵入,表面上好像帮助中国建设。有些外国人也很"热心"地为中国计划着开发富源,借款给中国,他们警惕地指出:"彼洋人者,岂真欲固我邦家,安我黎庶哉?果其意出于此,则借款之立必无出入折扣,低昂利息,经纪剥削,核算金镑等事。"(《新政安行》)洋人"所放在利,所侵必权;所侵在权,所据必地,所奴必民"。他们在《新政安行》中指出帝国主义侵占中国领土的目的不止因为这些国家本国有人满之患,而是为了掠夺中国人民的利益,所以帝国主义要在中国"开铁路""广轮舶""辟矿产"。

帝国主义既然为了侵略,到中国开矿、修铁路,何、胡以为中国为了防止侵略,必须自己主动地先开办这些工业,"亟亟为之,以绝其望"。他们对帝国主义没有足够的认识。由于在思想上受了帝国主义的教育的毒害,以为帝国主义所讲的公开市场,公开竞争是帝国主义的真话,以为外国与中国通商是"公其物、利其事"。倘若中国有矿而自己不来开采,又不允许外人来开采,这是"不公其物、不利其事",既然"不便于人,人皆得而责之"。中国有矿,外人"不来取者原情之说也,其果来取者执理之说也"。这种论调与帝国主义分子李提摩太、丁韪良等竟完全一样!

何启、胡礼垣对帝国主义认识不正确,这只是问题的一方面。另一方面,主要的原因是他们代表一部分买办商人的利益。这些人在经济上对帝国主义有一定的依赖性。他们怕洋务派的剥削因而不敢对中国投资,他们深知洋务派怕"洋人",他们主张中国的新式企业最好多招洋股,有了洋股,中国人也可以放心入股,就不怕洋务派的欺压了。这正是反映了他们的买办思想。他们长期受英国的教育,依赖英国势力长期住在香港,他们对英帝国主义存着幻想:"瓜分之说,英虽从长计议,未便允许。然若中国纪纲终堕,不能与英深期结纳,协力维持,则鹿失中原,逐之者众。英虽盛强岂能止各国之争?既不能止其争,必将自顾其利,四分五裂,势所必然。"(《劝学篇书后》)他们错误地认为英国未曾参与瓜分中国的阴谋,这显然是荒谬的见解。他们不认识帝国主义之本质,相信帝国主义是"文明"的,并相信国际公法是西洋各国奉行不渝的真理:"西人性理之书最有用者唯有公法。公法之存心也忠而恕,其持论也公而平,其言事也详而辩,其说理也质而真。"(《新政始基》)他们错误地认为中国对外交涉吃亏是由于不懂得国际公法;帝国主义侵略中国是由于中国自己不争气;外国人在中国不遵守中国的法律是由于中国法律定得太严酷,若能参照外国法律,把中国的法律定得宽一些,"洋人"也可以遵守中国的法律。

何启、胡礼垣未尝不感到帝国主义对中国的压迫,他们也提到过海外华商遭受"欺凌",但又因为他们对于帝国主义者有一定的依赖性,所以他们的对帝国主义的认识极为模糊。他们羡慕帝国主义的"文明",震慑于帝国主义的武力。既然看不见人民的力量,自然他们会感到帝国主义的武力不可抗拒。在《康说书后》中充分表明了他们思想中的买办性。

中日战后康有为在保国会的演说中号召国人拒和,对日继续作战,提出保国、保种的口号。康有为从地主阶级的立场警告国人,他说香港的华人最尊贵的只能做外国人手下的"买办",而不能做"大班"，"印度被灭,无所六等以上人者"，"观分波兰事,胁其国主,辱其贵臣,荼毒缙绅,真可为吾之前车哉!""若使四万万人皆发愤,洋人岂敢正视乎?"康有为提出"自强""变法"，"责在士大夫"。这一篇慷慨激昂的演说虽然从地主阶级士大夫的立场发出发愤自强的号召,但也反映了当时广大人民的反侵略的爱国热情,在当时产生了广泛的振奋人心的影响。康有为的这种坚决抵抗的精神,惊动了何启。何启害怕康有为这种"过激"的言论,他授意胡礼垣作《康说书后》,驳难康说。《康说书后》表现了何启、胡礼垣对帝国主义的依赖性、妥协性,又一次表现了何、胡的"平理、近情、顺道、公量"的妥协思想。他们对国内的洋务派及封建制度曾提出过一定程度的反对的主张,还有一定的斗争勇气。而在帝国主义面前成为懦夫。

何启、胡礼垣在《康说书后》中替帝国主义的侵略寻找借口,他们说印度"无六等以上人者",是由于印度人"不好学",能力低,香港华人很有社会地位,作"大班"的人很多,甚至有人在香港政府"身兼七八职者"(按:指何启)。何启、胡礼垣不可能看到中国四万万人会有反帝的力量,只感到中国的封建势力敌不过洋人的武力,所以极怕因反对帝国主义的侵略而招出麻烦来,更怕提到"发愤"的字样。他们指出鸦片战争就是由于"激于义愤""不自量力"才招致失败。他教人"谦虚戒慎",因此,他们原谅历史上降敌求和的秦桧,说他"非不忠于宋"。他反对"不自量力"坚决抗敌的文天祥,他们说,文天祥受了宋朝君主的恩惠,他个人誓死抗元倒也没有什么不应该,但文天祥不该率众抗元。文天祥说:"乐人之乐者,忧人之忧;食人之禄者死人之事。"可是"天祥之乐"并非得自宋君,"天祥之食"也非得自宋君,都是得自人民,"而乃杀数十万民"以报君,"吾知孔孟必无是道也"。"杀身以成仁可也,杀民以成仁不可也。舍身以取义可也,杀民以取

义不可也。"(《康说书后》)

文天祥率民抗敌,体现了广大人民反侵略的要求。文天祥所以成为宋朝的民族英雄,并非只是为了报个人的私恩,数十万人跟他一齐杀敌,一同成仁取义,不是人民受文天祥的"利用"。何启、胡礼垣把商民个人的利益看得比祖国的利益更重,这是不对的。固然,当时何启、胡礼垣的时代异族统治,腐败透顶的清朝政权对于一些无权无势的商民来说,没有什么可爱,不值得为清朝效忠。但是当半殖民地的中国遭到民族危机时,号召人民群起抗敌,完全是正义的。何启、胡礼垣只看见帝国主义的强大,认为反抗帝国主义会使中国之民"将欲居覆屋、在漏舟、作犬羊、为奴隶或亦不可再得"。竟认为发愤抗敌引起的结果比做"奴隶"还坏,这完全是买办思想。他们所关心的只是眼前的最切身的利益,至于广大人民的长远的利益,他们并不关心。中日战后,三国干涉赎回辽东半岛,他们觉得不合算,他们说"何必从日本人手中赎回来,留给将来俄国人再来夺取呢"?他们还相信帝国主义中间有真正的"公道":"平壤既战而后,使各国肯出一言,则必无旅顺威海之失。"中国平日对帝国主义"诚意不孚",所以失败。

五、何启、胡礼垣思想的估价

何启、胡礼垣为了正在由海外华商转化来的民族资产阶级的利益而提出了他们的经济政治的要求,而这些要求也就是当时的民族资产阶级的要求。他们有一定的反帝的情绪,但对帝国主义是害怕的,他们并不积极反帝,他们的买办性决定了他们对帝国主义的妥协态度,他们也是反封建主义的,由于阶级力量的薄弱,他们不可能有彻底的反封建的思想。因为看不见农民的力量,甚至对农民采取轻视的态度,所以他们不是向统治者夺取政权,而是向统治者祈求开放一部分政权,以满足民族资产阶级的要求。

他们鼓吹西方资产阶级的政治制度,揭发封建制度的腐朽情况,暴露了洋务派的反动面目,反对顽固保守的封建思想,提倡向西方学习,这些思想在客观上对戊戌维新运动起了配合的作用,对后来的辛亥革命也起了一定的帮助作用。

鲁迅同中国古代伟大思想家们的关系①

　　中国文化革命的主将、伟大的思想家、伟大的革命家鲁迅离开我们整整二十年了。在这二十年的时间里，我们不但取得了鲁迅所向往的使全国人民能够生存、温饱，而且向着更美满、更广阔、更崇高的人类共同的理想——社会主义和共产主义社会迈进。

　　我们今天所获得的胜利中也有鲁迅的伟大功绩。在过去的艰苦的岁月里，鲁迅曾分担了人民的苦难，领导文化界向反动势力进行斗争。为了纪念我们的伟大的导师，我们有更深入地向鲁迅学习的必要。

　　在"五四"以前，作为旧中国的启蒙思想家，鲁迅是中国的柏林斯基；在"五四"以后，直到鲁迅的逝世，作为在马克思主义领导下的文学家、思想家，鲁迅是中国的高尔基。因为鲁迅所探索的中国革命、进行革命斗争的道路，就是中国人民探索革命，进行革命斗争的道路。"鲁迅的方向，就是中华民族新文化的方向"②。

　　鲁迅永远活在中国人民的心里，就在于他的一生和中国人民反帝反封建的斗争相结合，他和广大人民共患难、同命运。他是在历史悠久、文化遗产极丰富的土壤里哺育成长起来的，也是在旧中国这块灾难深重的土壤里磨炼出来的。

---

　　①　原载《科学通讯》1956 年第 6 期。
　　②　《新民主主义论》，《毛泽东选集》第 2 卷，第 658 页。

任何思想的产生,都不能脱离了培育它生长的土壤。鲁迅曾受过西方进步的资产阶级革命思想的激荡,受到近代科学训练和苏联进步作家的影响,接受了达尔文主义。这些条件对鲁迅来说都是非常重要的,也是大家所熟知的,现在不在这里谈。这些条件都只能作为构成鲁迅的革命思想的外因,不通过内因,只有外因就不会起作用。

什么是决定鲁迅的哲学思想发展的内因呢?

决定鲁迅革命思想发展的道路的是旧中国半封建半殖民地的社会条件,和中国固有的优秀的民族文化传统。关于社会条件这里不准备多说,瞿秋白同志的《鲁迅杂感选集序言》[1]已做过深刻而正确的说明。本文只着重谈谈鲁迅和中国民族文化继承和发展的关系。

鲁迅先前在人民大众的反帝反封建的革命浪潮影响下,后来在党的领导下勇敢地担任了向封建主义、帝国主义战斗的任务。在这一艰巨的思想战线上,为了打垮敌人的反扑,他不得不深入到中国优秀的文化传统中摄取营养,积蓄力量。残酷的革命斗争的实践,逐渐使他学会了怎样打击敌人;优秀的文化遗产,帮助了他从敌人的内部更有效地挖空了敌人所凭据的思想堡垒。如果忽视了中国民族文化传统中的进步思想对鲁迅的思想所起的巨大作用,就会妨害对鲁迅的全面的认识。

哲学史上无数的事实早已证明了:任何新思想的产生一方面有它的阶级基础、一方面有它的思想传统。鲁迅的哲学思想的发展也不例外。我们怎样理解文化、思想的继承性呢?

从哲学史上看来,思想斗争从第一天起,就有进步与保守思想的

① 《瞿秋白文集》,人民文学出版社,1998年版,第977页。

斗争,唯物主义与唯心主义的斗争,这两条路线贯串到底,不但过去、现在是这样,将来的共产主义社会,阶级消灭了,思想斗争也还存在(参看人民日报《无产阶级专政的历史经验》)。毛泽东同志指出:"我们是马克思主义者,我们不能割断历史。"在古代阶级对抗的社会里,两种文化经常斗争的阵线是:一边是为剥削阶级服务的文化和思想体系,它和广大人民的利益处在对立的地位;另一边虽然也是剥削阶级中的人物所创造的文化和思想体系,但是这种文化和思想体系和广大人民的利益息息相关,它是为人民所关心的,是属于人民的。它也是促进进步的新文化、新思想产生的真正源泉。鲁迅的革命思想显然是属于后一种体系,而不属于前一种体系。

富有革命性的、进步的思想体系经常和它当时占统治地位的保守的、甚至反动的思想体系做斗争。革命性的、进步的思想经常被正统派指为"叛逆""异端",因而被压制。就像压在巨石下的斜逸横出的古树。环境尽管对它不利,可是它有顽强的生命力,任何力量也压制不住它的生长,"正统派"的保守思想不能消灭它。鲁迅曾说过:

> 幸而这一类教训(引者按:这一类教训是指的"正统派"的保守思想)虽然害过许多人,却还未能完全扫尽了一切人的天性。没有读过"圣贤书"的人,还能将这天性在名教的斧钺底下,时时流露,时时萌蘖;这便是中国人虽然凋落萎缩,却未灭绝的原因。①

当然,这种在"名教的斧钺"底下萌芽的思想,腐朽了的剥削阶级的老

---

① 《我们现在怎样做父亲》,《鲁迅全集》第 1 卷,第 252 页。

爷们是看不惯的,因为它有几分"二心",对"名教"有危害,只能被指为"异端"。鲁迅的革命性的思想,如果我们要指出它的继承性,那末他所继承的恰恰就是一向被剥削阶级的反动统治者看作怀有"二心"的"异端"的传统。鲁迅之所以遭到"正人君子"和"卫道者"们的"围剿",事情一点也不奇怪。因为这两种传统从来就是敌对的。

有些人仅仅从鲁迅著作中的字句着眼,认为鲁迅既然是一个革命者,就要打破一切传统,不要任何凭借,反对一切过去的东西。我们试翻开鲁迅的著作看,的确有推翻一切的话。比如鲁迅就说过:"我们目下的当务之急,是:一要生存,二要温饱,三要发展。苟有阻碍这前途者,无论是古是今,是人是鬼,是《三坟》《五典》,百宋千元,天球河图,金人玉佛,祖传丸散,秘制膏丹,全都踏倒他。"①鲁迅也曾说过:"少看中国书,其结果不过不能作文而已。"鲁迅以为"去读古书,却比不能作文之害还大"②。

那些民族虚无主义者,鼓吹打倒一切,自称是鲁迅思想的继承者,对民族文化遗产采取一脚踢开的态度,这是极端反动的。我们仔细读过鲁迅的著作,就会知道在文化遗产的继承问题上,鲁迅是最能吸收和发扬民族文化遗产的优秀传统的。鲁迅是爱国主义者,是民族虚无主义的敌人。但是鲁迅所继承的,乃是一向为正统派所鄙视、所压制的"异端"思想。鲁迅说得很清楚:"我们从古以来,就有埋头苦干的人,有拼命硬干的人,有为民请命的人,有舍身求法的人……虽是等于为帝王将相作家谱的所谓'正史',也往往掩不住他们的光耀,这就是中国的脊梁。"③

---

① 《鲁迅全集》第3卷,第36页。
② 《答"兼示"》,《鲁迅全集》第5卷,第287页。
③ 《中国人失掉自信力了吗?》,《鲁迅全集》第6卷,第92页。

　　事实已说得很清楚了,丧失了民族自信心的人,安心出卖祖国文化、在思想上作了帝国主义和封建主义奴才的人,决不能继承中国文化遗产。鲁迅是最爱国的,是最尊重文化遗产,最有资格接受文化遗产的人,他所继承的不是什么帝王将相们所谓正统派的思想,而是真正的"中国的脊梁"。这种思想是中国传统文化的支柱。

　　在中国古代思想中哪些是我们的优良传统?

　　毛泽东同志曾指出过,在几千年的封建文化中有"封建性的糟粕",有"民主性的精华"。精华,就是唯物主义的思想、科学思想或者是为科学开辟道路的思想传统,反权威、反压迫的传统。中国古代文化中糟粕和精华的区别,鲁迅有极深刻的认识。中国古代许多伟大思想家经常在鲁迅的笔下出现,并通过他的批判取舍,把精华部分介绍给读者,也把糟粕部分给以揭露。有些思想家遭到鲁迅的讽刺和嘲笑,有些思想家通过艺术形象得到表扬。但是我们还不能简单地从文句上的批判和表扬来区别鲁迅继承的是哪些思想,反对的是哪些思想,仅仅这样还是不够的。

　　例如在字句上,鲁迅曾对影响最大的思想家孔子在许多地方采取攻击的、否定的态度。如果从字面上作这样的理解,就会完全和鲁迅的真正见解相反。因为鲁迅和反动思想做斗争的时代,封建主义和帝国主义结成联盟,打起"保存国粹"的招牌,为封建道德张目,不但遗老们要祭祀孔子,民国成立后的教育部也要派鲁迅这些职员们向孔子的牌位磕头,北洋军阀拟定的伪宪法草案上居然规定"以孔教为国教"。连洋博士胡适也在"整理国故",这些新文化的敌人几乎拿出全部力气向新文化反攻。他们都在利用孔子作为工具,就连无耻的袁世凯、和流氓土匪头子出身的军阀张宗昌们也"把孔夫子拿出来当砖头用"。鲁迅看得很清楚,这些魔鬼们和他御用的文人越要高举孔夫子这块圣人招牌来反对人民革命,而鲁迅"要打倒他(引者按:他是作为招牌用的孔子)的欲望也就越加旺盛"。鲁迅所攻击的不是两千多年前的孔丘,他所攻击的是反动势力所崇拜的偶像化了的"圣人"。因此,鲁迅的笔下有时故意对孔子来一点"不恭敬",使得那些道学先生们在鲁迅的嘲笑下更加显得狼狈。孔子虽然是中国一个伟大的教育家,但也存在着很多缺点,从科学的态度着眼,为什么不能批判呢? 事实上,"五四"前后新文化革命高潮时期,新思潮以排山倒海的压力摇撼着封建文化的堡垒,而封建文化也据垒顽抗的时候,当时实在不可能对孔子的思想做出全面性的分析。因而反对孔子的理论中有些是偏激了些。尽管有些偏激,但为了向旧文化进攻,在战略上还是正确的。鲁迅和其他新文化的战士们打击那被反动派哄抬为"大成至圣文宣王",向"道冠古今""德配天地"的神像抛几块砖头不但是可以,简直应该这样做。这种神圣化了的孔子不但鲁迅要反对,就是今天要写哲学史也不允许把孔子哄抬到神圣的地位,虽然孔子有许多伟大的贡献。鲁迅对孔子的估价是相当公允的。他说他反对孔子的理由是由于当时许多人"把孔子装饰得十分尊严时,就一定有找他缺点的论文和作品出现。即使是孔夫子,缺点总也有的,在平时谁也不理会,因为圣人也是人,本是可以原谅的"①。

在另外的地方,鲁迅对孔子哲学思想中的积极进取的人生态度是肯定的。他说:"至于孔老相争,孔胜老败,却是我的意见:老,是尚柔的;'儒者,柔也',孔也尚柔,但孔以柔进取,而老却以柔退走。这关键,即在孔子为'知其不可为而为之'的事无大小,均不放松的实行者,老则是'无为而无不为'的一事不做,徒作大言的空谈家……于是

---

① 《在现代中国的孔夫子》,《鲁迅全集》第 6 卷,第 253 页。

加以漫画化,送他出了关,毫无爱惜。"①

　　从以上的论述中,不难看出鲁迅认为孔子是一位"知其不可为而为之的事无大小,均不放松的实行者"。对于孔子这个人,学术界一直有不同的评价,这是一个值得讨论的问题。鲁迅对孔子在封建社会中的偶像地位,主张坚决打倒。仅就孔子与老子相比较,鲁迅对孔子的"以柔进取"比老子的"一事不做",还是给以较多的肯定的(至于孔子是不是如鲁迅所指出的"以柔进取",还可以讨论,这里可以存而不论)。对老子的学说,现在还没有得到一致的结论,他的"无为而无不为"是不是"一事不做",这个问题还在研究中。但是,老子的思想确实有它的消极退守的缺点。这种缺点也确实给中国人民留下了许多不好的影响,鲁迅反对老子的这一方面完全是应当的。

　　墨子是中国人民所熟悉的另一个伟大的思想家。鲁迅在《故事新编》中曾生动地、忠实地用艺术的形象的手法使这位思想家重现在读者的面前。鲁迅集中写出墨子为了宋、楚两国人民的利益,以十日十夜的时间徒步从鲁国赶到楚国,用他的智慧和勇敢,折服了好战的楚王和贪功的公输般。这是在中国人民中间流传了几千年的故事。通过鲁迅笔下的墨子形象,使读者认识到墨子的英雄形象是可敬的。墨子一贯反对不义的侵略战争,但他不向侵略者乞求和平,而是靠自己的力量保卫和平。可见中华民族爱和平、反对战争是有它的优良传统的。而对待好战分子的态度又表现了中华民族的坚强的性格。鲁迅的憎恨历史上侵略者奴役人民的暴行,鲁迅的艰苦朴素的生活,对劳动人民的关怀,在一定程度上接近墨子(事实上,墨子这种思想,并不看作他个人的思想,应当认为他体现了中华民族优良品质的一

---

① 《〈出关〉的"关"》,《鲁迅全集》第6卷,第425页。

部分)。我们只要翻开鲁迅的著作,随处都使人感到他对帝国主义侵略行为的憎恨;他对卖国投降者的痛斥;他对那些"媚态的猫",为敌人驱使的"乏走狗"是怎样的鄙视;使我们感到做一个真正的中华民族儿女又是怎样的值得自豪。爱好和平,保卫和平的决心和信念是中华民族几千年来的优良传统。鲁迅继承了这一传统。

中国古代另一个伟大思想家庄子,对鲁迅的影响也是深刻的。

鲁迅在他的故事新编中嘲笑了庄子的"无可无不可"对于是非、真假都无所谓的、模棱两可的态度。在鲁迅的天才的笔下,似乎使得飘飘然曾化为蝴蝶的庄周,在现实生活面前,不能模棱,无法"无可无不可"的时候,不得不显出"窘急",使他不得不从所谓"超脱"的空想中还原为一个普通的人。像这种"无可无不可","彼亦一是非,此亦一是非"的相对主义,确实是庄子思想中主要落后的一方面。它反映了悲观失望,看不见前途的自我陶醉的消极思想,这种思想是有害的。

是不是鲁迅对于庄子的思想没有吸收呢? 也不是的。庄子的思想中也还有它的进步的一方面。比如庄子对当权派富贵的轻蔑,对盗窃"仁义道德"的辛辣的讽刺;对庸俗市侩的嘲笑;对统治者的消极不合作,不事王侯的傲骨,在中国的广大知识分子中也曾起过好的影响,这种人生态度也确曾使历代剥削阶级的统治者感到不方便。也正因为庄子的思想在一定的程度上有不受拘束、浪漫自由的性格,所以几千年和忠诚为封建统治者服务的孔孟学派的伦理道德观念有些牴牾。庄子本人在旧中国的哲学史上远远不能和孔孟并肩,因为他不大像"圣贤",只好退居于诸子之列。不能算作正统,只好归入"异端"。

因此,我们不能认为鲁迅没有在庄子的思想中吸取进步的东西。

只有善于继承文化遗产的,具有卓越的见解的思想家才懂得从过去的丰富的文化遗产中吸取什么,抛弃什么;只有那些思想的獭汉,才安心当古人的奴隶,抱着死人的骸骨不放手。这一点,可参看郭沫若先生的《庄子与鲁迅》(《今昔蒲剑》,第 275—296 页)一文。文章中肯定了庄子思想的价值,并指出鲁迅在思想上所受的庄子的影响。郭沫若先生文章所涉及的,这里不再重复。

鲁迅自己深知庄子思想中的"无可无不可"的自由主义的观念的危害性,所以在许多文章中劝青年不要读《庄子》。他说:"……就是思想上,也何尝不中些庄周、韩非的毒,时而很随便(作者按:随便是指的庄子思想的毒害),时而很峻急(作者按:这里是指的韩非的思想的危害)。"①

鲁迅还对那些劝青年学生读《庄子》《文选》这两部可以教会人们做文章的说法提出反对的意见:"我们试想一想,假如真有这样的一个青年后学,奉命唯谨,下过一番苦功之后,用《庄子》的文法,《文选》的语汇,来写发挥《论语》《孟子》和《颜氏家训》的道德的文章,'这岂不是太滑稽吗?'"②

根据以上的理由,鲁迅的见解是对的,那些复古的形式主义者使青年在《庄子》和《文选》中揣摩文法,捋扯字汇,无非要把青年们变成"古董",这是应当反对的。鲁迅对他们的驳斥是十分必要的。

中国文学史上第一个伟大诗人——屈原——对鲁迅的影响也是极为深刻的。

屈原的伟大成就和他在中国以及世界文学史上不朽的地位,早有定论,这里不再多说。屈原不但是一位文学家,他还是政治上遭受

---

① 《写在"坟"后面》,《鲁迅全集》第 1 卷,第 364 页。
② 《答"兼示"》,《鲁迅全集》第 5 卷,第 287 页。

迫害,不得谅解,被不合理的社会所戕杀的伟大思想家。他是中国历史上所有爱国忧民,坚持正义,为真理而活着,为真理而死去的光辉的榜样。他也是被"正统派"认为缺乏圣贤气象,具有叛逆性格的人物之一。我们试看,鲁迅对这位伟大的诗人和思想家是怎样地发出由衷的歌颂:"离骚者……其辞述己之始生,以至壮大,迄于将终,虽怀内美,重以修能,正道直行,而罹谗贼,于是放言遐想,称古帝,怀神山,呼龙虬,思佚女,申纾其心,自明无罪,因以讽谏……次述占于灵氛,问于巫咸,无不劝其远游,毋怀故宇,于是驰神纵意,将翱将翔,而眷怀宗国,终又宁死而不忍去也。"①

鲁迅在他早期的《摩罗诗力说》一文中即对屈原做出正确的估价,他认为屈原的伟大,就在于他具有"放言无惮,为前人所不敢言"的坚强独立的性格,和伟大的理想:"惟灵均(引者:灵均即屈原)将逝,脑海波起,通于汨罗,返顾高丘,哀其无女,则抽写哀怨,郁为奇文。茫洋在前,顾忌皆去,怼世俗之浑浊,颂己身之修能,怀疑自遂古之初,直至百物之琐末,放言无惮,为前人所不敢言。"②

鲁迅认为唯一美中不足的就是屈原的作品"多芳菲凄恻之音,而反抗挑战,则终其篇未能见"。我们对屈原的要求,当然不能和近代民族主义觉醒时期的作家相比。但鲁迅对屈原的反抗传统,追求真理的精神是向往的。所以在《汉文学史纲要》中,鲁迅认为宋玉、唐勒、景差之徒只学到了屈原的词藻的华丽,而屈原的"九死未悔"追求真理的精神却丧失了。这一批评是恰当的。屈原对鲁迅的思想的影响,可参看许寿裳先生的《屈原和鲁迅》一文(《亡友鲁迅印象记》,第5—8页)。这里不再重复。

---

① 《汉文学史纲要》,《鲁迅全集》第8卷,第275—276页。
② 《鲁迅全集》第1卷,第200页。

除了上面所列举的先秦时代影响深远的伟大思想家对鲁迅的影响以外,鲁迅对于秦汉以后的一切带有反抗压迫、解放个性的思想家,对于实事求是、痛恨虚妄、夸大的思想家,对于敢于向伪善者进行揭发的思想家都加以肯定和表扬,并吸收他们的长处。这种追求真理,对抗权威的思想斗争在鲁迅幼年时代已经开始,冯雪峰同志曾对于鲁迅这一方面思想发展的线索有过研究和说明:

> 根据鲁迅本人的自述、别人的追记以及我们所已得到的材料,我们现在已经有充足的证据可以证明鲁迅在这十二个年头中读了不少的中国古籍。他不仅有"过目不忘"的记忆力,并且每每有新颖的见解,而对于旧的观点和封建的、宗法社会的传统的伦理观念常有敢于持异的勇气。同时在所谓正统的经、史之外,对于野史和杂集之类具有特别的兴趣。因此搜寻、阅读以及抄录,也特别的勤快,而且,少年鲁迅也曾经勤于寻访绍兴的文物遗迹,抱着诚敬爱慕景仰的心情去对待绍兴府属的先贤们。而对于这些先贤中的具有反抗思想和爱国精神的诗人、文士与学者的著作的搜寻也更为热诚。①

鲁迅给他的好朋友的儿子开过一张书单,其中除了一些工具性的书以外,只有少数几种,就在这少数的几种之中,有汉代伟大唯物主义者、反宗教迷信的先进思想家王充的《论衡》;有记载魏晋时代旷达率真,不拘礼法的人物言行的《世说新语》;有揭露唐代"文人取科

---

① 《冯雪峰论文集》第1卷,人民文学出版社,1981年版,第256—257页。

名之状态"的《唐摭言》；有"论及晋末社会状态"的《抱朴子》外篇；有记录明末清初之"名士习气"的《今世说》①。

像鲁迅所开的这些书固然不是什么隐僻难见的著作，但和卫道者们所标榜的那些束缚人的言行，麻痹人们思想的"五经四子""圣经贤传"有本质的不同。

鲁迅是主张一切事物都在变化发展的，他反对形而上学的停滞不变的历史观。有些人主张鲁迅的发展和进化的观点是来自西方的进化论，这种观点是有根据的。但也不能否认，鲁迅之所以坚信进化论，并能较快的接受进化论，和他对于中国固有历史发展的思想是分不开的。进化论的学说是西方的，在中国古代的哲学遗产中，关于历史要进化，不能返到古代去的观念对于鲁迅来说并不是陌生的。比如先秦的《韩非子》、汉代的王充《论衡》都大同小异地提出社会要改变，历史不能倒退，反对"今不如古"的陈腐守旧思想。鲁迅说过曾受过韩非思想的"毒"，学了他的"峻急"。鲁迅决不是说韩非的思想中充满了毒素。

事实证明，《庄子》和《韩非子》中反复古主义，反对经典中的宗教迷信，反权威，反偶像崇拜的思想，早已被历代的"圣人之徒"目为"非圣无法"。可见鲁迅并没有中了古人的什么毒，倒是吸取了他们思想中的进步因素，从而丰富了自己的营养。

王充《论衡》更是一部反对泥古不化、大胆宣扬无神论的著作。王充提出种种论据，说明人类历史不是退化的，不是"一代不如一代"，这种进步的、符合或接近科学的思想给鲁迅的唯物主义的思想打下了良好的基础。这种思想强有力地构成了鲁迅在接受马克思主

① 参看许寿裳：《和我的友谊》。《亡友鲁迅印象记》，广西师范大学出版社，2010 年版。第 93—94 页。

义以前的主导思想。鲁迅在很长的一段时期内,凭借了进化论作为武器,向封建复古主义、历史循环论、历史倒退论种种谬说展开了斗争,这是事实。如果认为鲁迅的进化观点完全是从西方移植过来的,和中国固有的唯物主义哲学思想的传统没有关系,这是不符合事实的。

在汉以后的伟大唯物主义思想家中,鲁迅还接受过嵇康的思想的影响,对阮籍等人,鲁迅也是赏识的。嵇康这些人,在封建时代敢于向庸俗虚伪的礼教用行动来抗议,敢于和当权派不合作,甚至不惜牺牲了自己的生命,当司马氏父子为了自己的利益在那里扮演"尧舜禅让"的丑剧时,他敢"非汤武而薄周孔"。嵇康这种行为,是当时媚俗的、奴颜婢膝的那些读书人所不敢做的。像嵇康、阮籍这些人,他们出身于剥削阶级,不可避免地带有剥削阶级的弱点,比如迷恋饮酒、享乐,过着疏懒放纵的生活,这是他们的弱点。鲁迅从这些人物的思想和行动中也吸取了他所要的东西。鲁迅称赞他们不板起面孔来教人学"圣人",他们针对圣人法定的"学而时习之,不亦说乎"的古训,居然说:"人是并不好学的,假如一个人可以不做事而又有饭吃,就随便闲游不喜欢读书了,所以现在人之好学,是由于习惯和不得已。"[1]

鲁迅对于嵇康、阮籍这些魏晋名士寄予深切的同情。因为这些提倡个性解放的人物,不但在当时对当权派的虚伪阴谋进行了斗争,而他们的影响,对后来的许多"封建余孽"也起着匕首的作用。鲁迅从1912年就利用在机关工作的余暇,校订了《嵇康集》,到1924年出版。这一工作,说明了鲁迅是怎样地不惮烦劳,对于古代敢于反抗暴

---

[1] 《魏晋风度及文章与药及酒之关系》,《鲁迅全集》第3卷,第390页。

力的思想家表现的敬意。

此外,凡是在中国历史上多少有过反对封建压迫,具有反抗精神的思想家,鲁迅都随时发扬他们的学说。就战略战术上来说,借助古人的进步的思想攻击那些食古不化的顽固思想更容易收到战斗的效果。

封建伦理加给人民的枷锁之一就是"孝"道。在"孝"的压力下不知葬送了多少有为的青年男女的幸福,斫丧了多少天才发展的机会。在"孝"的包庇下,长辈的胡作非为,荒淫无耻也是正确的,因为他是"长辈"。鲁迅首先向二十四孝中的标本开刀,对灭绝人性的"郭巨埋儿",丑态百出的"老莱斑衣",荒诞不经的"王祥卧鱼","孟宗哭竹",进行了愤怒的控诉,无情的讽刺和鞭挞。使得那些假道学们在真理面前不得不陷于张皇失措的境地。鲁迅在这战斗中特别引用了二千年前进步思想家孔融的见解:"父之于子,当有何亲?论其本意,实为情欲发耳。"①

鲁迅借用了孔子的嫡派子孙的话,向那些自称"孔子之徒"们提出反驳。孔融这种见解,也不是从孔融开始就有的,远在东汉时代的王充的著作《自然》篇和《物势》篇中早已说过,父母生子女说不上什么"恩",只是"男女合气"的自然结果。鲁迅就是这样吸取古代哲学中进步思想的优良传统,以他的锋利的匕首割断那些长期束缚人民的"四大绳索"。这种斗争,体现了中国人民的共同愿望。我们经常记得为千千万万的进步人类所传诵的名言:"背着因袭的重担,肩住了黑暗的闸门,放他们到宽阔光明的地方去;此后幸福的度日,合理的做人。"②

---

① 《我们现在怎样做父亲》,第253页。
② 同上,第246页。

鲁迅不愧为人类灵魂的工程师,不愧为伟大革命的旗手,他的伟大理想,慈爱深宏的胸襟永远激动着我们。今天的新中国,每一个人从思想上,政治上,得到了前所未有的自由、平等。我们在纪念鲁迅时,不能不想到,先进的思想家们,为了争取后代的幸福,曾经付出过多少惨重的代价!

自从汉代董仲舒以来,在哲学史上的正统派思想家经常奉行着"天不变道亦不变"的形而上学的戒律。这种千古不变的正统思想经常占统治的地位,盘踞在人心里。统治阶级为了防止任何的变革,也经常以"遵古""仿古"作为首要原则。这样长期盘踞人心的结果,使得封建统治者安心,可以用"不变"的原则来压制任何要求变革的思想。鲁迅从人民的利益,从中国哲学史上另外的一个传统,向这些陈腐的观念展开了斗争。"可惜中国太难改变了,即使搬动一张桌子,改装一个火炉,几乎也要血;而且即使有了血,也未必一定能搬动,能改装。"①

恰恰和这种传统相反,中国古代有许多杰出的素朴的辩证法思想家,像古代的《老子》《庄子》(在一定程度上)、《周易》以及后来许多进步的哲学思想都对辩证法做出过不同程度的贡献。这些思想家们用他们的哲学思想丰富了中国文化遗产。鲁迅继承并发挥了辩证法的思想,他从世界观上坚决反对"天不变道亦不变"的唯心主义的、形而上学的观点。鲁迅认为变化和矛盾是绝对的,静止不变的状态只是相对的。变革的力量一定战胜保守不变的力量:

平和为物,不见于人间。其强谓之平和者,不过战事方

---

① 《娜拉走后怎样》,《鲁迅全集》第 1 卷,第 274 页。

已或未始之时,外状若宁,暗流仍伏,时劫一会,动作始矣。

　　故观之天然,则和风拂林,甘雨润物,似无不以降福祉于人世,然烈火在下,出为地囹,一旦偾兴,万有同坏。其风雨时作,特暂伏之见象,非能永劫安易,如亚当之故家也。

　　——人得是力,(作者按:矛盾斗争的力量)乃以发生,乃以曼衍,乃以上征,乃至于人所能至之极点。①

　　从发展进化的世界观出发,鲁迅对当时旧中国因循守旧的思想提出了严厉的指斥。在《故事新编》的《理水》一篇中,用生动辛辣的描写,把那些昏庸顽固分子的滑稽无知的丑态刻画在纸上。故事中说禹知道了他的父亲治水用培土的方法阻止洪水失败以后,就改用疏导的方法。下面是禹和那些顽固昏庸分子们的对话:

　　(禹):"……我经过考查,知道先前的方法:'湮',确是错误了。以后应该用'导'! 不知道诸位的意见怎么样?"一位白须白发的大员……坚决的抗议道:"湮是老大人的成法。三年无改于父之道,可谓孝矣"——老大人升天还不到三年。②

　　鲁迅在这篇小说所嘲讽的"大员"们,实际上并没有被作者夸大。他们的确是在旧中国成群结队地分布在社会上每一个角落里,他们自己既不要革新,还要死躺在别人企图革新前进的道路上,挡着愿意前进的人的去路。这些小丑们,在鲁迅的打击之下,显得那么苍白、

---

①　《摩罗诗力说》,《鲁迅全集》第 1 卷,第 197—198、199 页。
②　《鲁迅全集》第 2 卷,第 341—342 页。

低能、令人作呕。

　　还是这些封建主义买办主义的走狗们,他们害怕任何变革,就像浑水缸中沉淀的渣滓一样,唯恐有一点震荡。他们害怕新事物,生怕外国的事物给他们带来了灾害。鲁迅对这些国粹主义者(实际上是卖国主义者),给予无情的鞭挞:

　　　　汉唐虽然也有边患,但魄力究竟雄大,人民具有不至于为异族奴隶的自信心,或者竟毫未想到,凡取用外来事物的时候,就如将彼俘来一样,自由驱使,绝不介怀。一到衰弊陵夷之际,神经可就衰弱过敏了,每遇外国东西,便觉得仿佛彼来俘我一样,推拒,惶恐,退缩,逃避,抖成一团。①

　　正如鲁迅所指出的,中国过去的优良传统,是对任何外来文化,只要是人民喜欢的,对人民有利的,我们都是欣然接受;我们自己的文化,只要是对其他民族有利的,我们也从不因为是自己的什么国粹而吝啬不给,这是中国民族的优良的传统。沦为半封建半殖民地的时期,统治者们才变得神经过敏起来,若说这些国粹主义者们根本拒绝一切的外来的东西,也不尽然;进口的享乐奢侈品,进口的鸦片烟,他们倒是拿来就用,享之泰然的。

　　如果说鲁迅的革命思想不过是古代进步思想家的继续和发展,这也不完全符合事实,鲁迅革命的思想,从一个进步的唯物主义者,发展到一个坚强的马克思主义者,从进化论的世界观发展成为辩证唯物主义的思想战士,这是一个飞跃的过程,这一过程主要归功于党

――――――――――

　　① 《看镜有感》,《鲁迅全集》第1卷,第301页。

的领导,归功于鲁迅的长期斗争的革命实践。这样,才使他从一个自发地为人民的解放而斗争的勇士转变成为一个自觉地在党的领导之下全心全意为人民服务的英雄。

"鲁迅是封建宗法社会的逆子,是绅士阶级的贰臣"(《瞿秋白文集》,第977页),正是由于他是正统派所疾视的"逆子"和剥削阶级的"贰臣",他才有条件继承了中国文化中最丰富、最有价值的,和正统派对立的思想体系,这一思想体系和顽固派所保卫的"正统思想体系"同样的源远流长。鲁迅所继承的才是真正的民族文化遗产。

有关蔡元培校长几则轶事①

　　1934 年我考进北京大学哲学系,蔡元培校长已离开北大多年,我只间接地感受到了他的影响。现在零星地追记几件事。

　　抗战时期,在昆明西南联大,听罗膺中(庸)教授讲起北大首次招收女生的事。罗庸先生与冯沅君教授都在北大中文系读书,是同学。当年封建思想浓厚,冯沅君报考北大时北大第一次遇到女生报考,教务部门不敢做主,建议蔡校长向教育部写个报告,请示一下,免得日后受批评。教务处的负责人并不是无知,因为女生报考只招男生的大学。不但北大无此先例,全国也无此先例。

　　蔡先生回答说,教育男女平等为时代潮流,北大招生章程报名条件中没有说女生不能报名。只要符合报考条件,即可报名。考试后,只要符合录取标准即可录取。这是北大职责范围内的事,用不着请示教育部。

　　从此,北大开始招收女生,也是中国大学接纳女生之始。今天人们司空见惯,认为平平常常,在七八十年前,这可是引起学界轰动的新闻。听说冯沅君开始上课时,教室内外,观者甚众。

　　1919 年五四运动已载入史册,北京大学游行过天安门的照片已存入档案馆。大事早已有各种详细记载,这里不说。我在北大读书

<hr />

　　①　原载《北京大学学报》(哲学社会科学版)1998 年第 2 期。收入《竹影集》,新世界出版社,2002 年版。

时,曾听得当年在校长办公室的工人老李说过一件小事。当年校长办公室在沙滩景山东街,时称马神庙(北京有几个马神庙,这是其中之一)北大二院内。现在是人民教育出版社的地址,是原乾隆皇帝的四公主府旧址。有荷花池,有松竹点缀。校长办公室院内有一丛竹子,当年北京天气比现在冷得多,竹子不易成活,皇家园林偶然见到,很珍贵。游行队伍出发前,蔡先生不同意,担心与军警冲突时,学生手无寸铁,要吃亏。学生执意要去,蔡先生也不再阻拦。游行白布横标大书"国立北京大学"。临时找不到合适的竹竿,挂蚊帐的竹竿比较短小,支撑不起。蔡先生说你们到校长办公室院里砍罢。这竹竿支撑的北大横幅大标语,也有蔡元培先生的一份心意。

游行队伍火烧赵家楼曹汝霖住宅,痛打章宗祥。北京军警赶到现场制止,捕去的学生中有杨晦、许德珩等。周炳琳穿一件纺绸长衫,当时大批同学已陆续散去,军警见他从容不迫,像是过路的,没抓他(据周炳琳回忆)。

蔡先生主持北大时,知道爱因斯坦休假将去日本讲学,打算在爱因斯坦日本讲学后,过北京,留他讲学一个月,但需筹措经费两千元银圆。北大没有这笔钱,蔡先生到处筹集(《蔡元培集》有筹办这件事的记载),后来未能实现。蔡先生也知道爱氏学问很专门,未必有多少人听懂,但为了开拓学生视野,接触最新科学前沿,体现了一个教育家的识度。如果当年爱因斯坦能来华讲学,在学术界罗素、杜威以外,又多一件国际学术交流的盛事。蔡先生主持北大,极力主张开拓学生视野,提倡美育活动,北大学生会下有"摄影学会",我在北大读书时,这个学会还活动。

后来听贺麟先生说,他在柏林留学时,倾慕爱因斯坦的大名,想看看这位大学者的风采,花十马克买票去听讲演。演讲内容是相对论,贺听不懂,随便问了问邻座的听众,他们也是慕名而来,也说听不懂。尽管听不懂,还是感到满意,得到另外一种满足。爱因斯坦弟子甚多,前后护拥,很神气。

第二次世界大战期间,爱因斯坦遭纳粹之祸,背井离乡,受聘于美国普林斯顿大学。他不像在德国时那样矜持。早上在校园散步,遇到人老远就打招呼(大喊 How do you do),抢先握手。一位中国学者向另一位中国学者谈到爱因斯坦如何对他尊重,有得意之色。后来看到爱因斯坦遇到任何人都热情招呼,遇到附近农场送牛奶工人,赶着大车经过,爱氏也跑过去打招呼,才知道爱因斯坦在异国他乡有他的难处(听数学家闵嗣鹤、颜道岸口述)。

蔡元培先生主持北大,不拘一格延揽人才,只看学术,不重学历。梁漱溟只读过中学(他在顺天高等学堂读书,据我所知,当年梁的同学有张申府、汤用彤、李继侗、郑天挺等)。他写了一篇《究元决疑论》,蔡先生看过很欣赏,决定请他到北大教书。学生们也是看重他的学问,听者甚众,在第二院大教室讲,总是座无虚席。他与胡适、陈独秀等同时讲学,他们都受到同学们的欢迎。只要言之成理,持之有故,一律受到欢迎。梁漱溟先生离开北大,推荐熊十力先生自代。熊先生幼年当过兵,经过商,三十五岁以后才专事读书,论学历只当过中学教师。蔡先生把他请到北大。今天人们都知道熊十力是中国现代有卓见的少数几位哲学家之一。

蔡先生离开北大多年,他树立的重实学不重虚名的学风仍保持着。30 年代,北大中文系"目录学"缺人讲授。系主任马裕藻(幼渔)听说北京有一位湖南籍的老先生在一绅士人家教家馆,学问渊博,便约钱玄同先生两人共同访问这位老先生。交谈了一个下午,意犹未尽,相约第二天继续晤谈。两天后,北大中文系决定聘他到北大教书。这位老先生就是后来蜚声学林、著有《四库提要辨证》的学者余嘉锡先生。他在北大教授"目录学",治学严谨,言必有据。一次南方某大学一位教授来访,虚心请教有关目录学问题,借阅他的目录学讲义。当时他认为还不完善,有待补充,未公开发表。不料这份讲义被那位教授改名换姓,抢先出版。余先生为此事很伤心,上课时,对班上的学生说:"你们都是见证人,是他抄我的讲义,不是我抄他的书啊!"现在余先生和那位抢出书的教授均已作古。当年班上听过余嘉锡先生讲课的学生王玉哲教授(现在南开大学历史系)还健在。本来与蔡先生轶事无关,只是有鉴于当前假冒伪劣、市侩习气甚炽,假烟假酒外,学术界假主编、假教授、假博导所在多有,故连类及之。

马一浮论蒋介石①

　　1938—1939 年间,抗战初期,国民党重庆政府教育部长陈立夫向当时的行政院长孔祥熙推荐马一浮先生到四川嘉定创建复性书院。因杭州沦陷后,马一浮先生先后在江西泰和、广西宜山避地讲学,弟子们记录汇成《泰和会语》及《宜山会语》,两书均有四川木刻本。江西、广西的文化人都在撤退,马先生退到重庆,暂住在城内邹鹏初家。当时熊十力先生也避难在四川,住在重庆温泉鹿角场。熊先生通知我,说马一浮先生已到重庆,希望我去看望这位闻名已久的前辈学者。熊先生和马先生是在杭州就已熟识的老朋友。马一浮先生在重庆期间我看望过两三次,记得都是与贺自昭(贺麟)先生同去的。第一次会面,见马先生白髯垂胸,说话声音洪亮,出口成文,语言典雅,从马先生身上的儒者气象,想见当年程朱睟面盎背的风范。

　　从熊先生、贺先生处知道这次马先生在重庆,只停留几天,已会见了陈立夫、孔祥熙,正等待会见蒋介石后即去嘉定创办复性书院。听说还约了熊十力先生同往复性书院讲学。

　　在邹鹏初家,还看到二位青年前来拜望马先生。他们研究法相唯识之学,向马先生述说佛教修养,以期转识成智。马先生未及答复,熊先生立刻大声喝住他,说做学问要切实自得,"转识成智"谈何

____

　　① 原载《任继愈学术文化随笔》。收入《竹影集》时名为《蒋介石志大才疏》。

容易,声色俱厉。我们在一旁的人很为这位青年叫屈。马先生不紧不慢地告诉这位青年,为学要有次第,不能急躁,涵养居敬,不离于人伦日用之间。一上来就追求转识成智的境界,会落于空言,无补于实学,无所受用。这位青年走后,熊先生对我说,这位青年叫文德扬,四川人,从王恩洋学过佛学。因他把学问看得太容易,不得不予以针砭。

马一浮先生在会见了蒋介石以后,即将离开重庆。贺先生在一处酒楼设宴,为马先生饯行,熊先生作陪。席上有一盘菜熊先生尝后觉得味道不错,叫人把它移得近些,吃得淋漓尽兴,马先生举箸安详,彬彬有礼。这两位学者治学不同,性格迥异。熊先生豪放不羁,目空千古。马先生温润和平,休休有容。饭后,大家步行陪送熊先生回寓所,马先生乘滑竿先回。我对马先生说,饭后百步,可以助消化。马先生用手上下比划着说,滑竿上下颠簸,也可使肠胃蠕动。不久大家重新回到马先生和熊先生的住所。

我问马先生,以前见过蒋没有,见后有何印象。马先生说,以前未见过蒋。见蒋时,劝他"虚以接人,诚以开务,以国家复兴为怀,以万民忧乐为念……"。像这样文辞典丽的骈骊发言有一二十句,我当时记不全。我又问马先生,对蒋介石这个人的印象如何,在他身上看得出有没有中兴的气象。马先生沉思了一两分钟。说,此人英武过人,而器宇偏狭,乏博大气象;举止庄重,杂有矫揉,乃偏霸之才,偏安有余,中兴不足。方之古人,属刘裕、陈霸先之流人物。"偏霸之才"四个字,马先生说了两遍,故印象极深。

熊先生接着说,此人心术不正,是个流氓。马先生笑笑,没有和熊先生争辩。回来的路上,我又问贺先生:马先生对蒋的评论,您认为何如? 贺先生说,这是马先生的看法,想必有他的依据。贺先生又说,马先生学者气太重,他对蒋说的那些话,一则蒋听不懂,二则蒋也听不进去,讲"虚""诚"怕是格格不入。

马先生对儒学的继承和发展也有极精辟的见解。有一次熊先生向我转述了马先生的话。孔子的儿孙不出在曲阜衍圣公府,曲阜有孔子的奉祀人,没有孔子的继承人。孔子的嫡传儿孙是程、朱、陆、王,他们都不姓孔,马先生用禅宗大师的语言把道理表达得十分确切,使我十分钦佩。吉光片羽,弥足珍贵,恐成绝响,附记于此。

马一浮先生①

　　马一浮先生是我素日尊敬的前辈学者,抗战期间曾有机会听过马先生的言论,读过他在四川复性书院时期刻印的全部书籍,有马先生的讲义、诗集、信札等,可惜印数有限,社会上流通的不多,现在有了马先生的集子问世,是海内外学术界共同关心的盛事。

　　马先生的遗文得到学术界的广泛重视,主要原因是他的著作体现了中华民族传统文化的优秀部分。马先生学术造诣深广,世人鲜能望其涯涘。他治学广大而又精深,能会通佛儒,兼容文史,是一位难得的通儒。

　　近代大学分科过细,为了教学方便,分科讲授,事实上各门学科之间并不能划分得一清二楚,是各自独立发展的。因为文化是一个有机的整体,生硬分割,必致戕害它的生机。马一浮先生的《六艺论》,是他对中国文化的整体观,也可以说是他的学术思想体系。马先生生前没有来得及充分发挥,阐述的责任留待后来学人。

　　中华文化近一百五十年来,发展的总方向是走向现代化。无数仁人志士、专家学者都在为中华民族的生存和发展殚心竭力。有的从政治方面,有的从经济方面,有的从文化教育方面,大家共同的目的在于探索继往开来,促成中华民族的现代化。其推动的内在动力

---

　　①　原载《念旧企新——任继愈自述》,人民日报出版社,2011 年版。

是爱国主义。回顾马一浮先生的一生活动,都是在爱国主义这个总原则下开展的。

中国传统文化有许多特点和优点,概括说来,约有以下几点:

第一,体系的兼容性。中国传统文化的三大支柱是儒、佛、道三家。这三家各自有两千余年的历史,越到后来,三家越倾向于融合,使人无法分辨哪是儒,哪是佛、道。这一点马先生的著作体现得最深刻。

第二,表现形式的多样性。一个文化通人,要能遨游于文学、史学、哲学,以及兵学、医学、艺术等诸多领域。黄宗羲是历史大家,又是哲学家、政治思想家;顾炎武是音韵、文字学家,又是政治思想家和地理学家;戴震长于考据学,又是哲学家;王夫之是哲学家,又是史论家。王安石说过,不通群经即不能通一经,深刻地指出博与约的辩证统一的关系。马先生的著作充分体现了这一特点。

第三,心系民间疾苦,关心天下兴亡的社会性。文化人虽身坐书斋,家居陋巷,他的心胸却不受生活小天地的限制。杜甫被奉为"诗圣",杜诗得到古今广大人民的传诵,就在于他的作品不限于个人的悲伤衰老,不被理解,而是关心天下人的疾苦。李商隐的诗,可算第一流的精品,深刻华美,古今独步,但他更多注意个人的不遇,眼界比较狭小,虽精美而欠闳大。马先生避寇川中,诗歌不乏忧世伤时之作,而气舒神凝,毫不萧索,关心世道人心胜于关心个人。

第四,摆脱目前个人得失的超脱性。超脱性是中国文化的又一特征,关心天下兴亡,知其不可为而为之,是儒家的传统;超脱、自由,涵养自性中的完美境界,则是佛道两家的传统。社会从来是不完善的,在不完善的社会环境中,能保持完善的人生境界,这是中国传统文化的又一特点。周敦颐的《爱莲说》所谓"出淤泥而不染",千百年受到文人的欣赏,就在于他体现了中国传统文化的中国学者既关心社会而又能超脱的境界。

第五,述而不作,以述为作,述中见作。中国学者治学,每一时代都有创见,其创见足以代表他们时代的特征,但所用的概念、名词,都是前人用过的,只是把旧概念赋予时代的新内容,古而不老,旧中有新。马先生文章、诗词、书法都从传统规矩中来,又不囿于传统规矩。马先生不着意为文,其文章自然典丽,层次分明,语臻妙善,禅趣天成。马先生书法超逸,游刃于古人规矩之内而迥出古人藩篱,神采内敛,秀劲深涵,方之古人,近似朱熹书法。世间书法家只因缺少学问根底,只靠临池功夫,则难臻一流。

近世学术传播,不出三条途径:一是讲学授徒,二是著作问世,三是学侣交游。马先生学问人品为世人所景慕,也是通过这三条渠道。其中讲学授徒是主要途径。讲学可以直接交流思想,当面问答,互相切磋,教学相长。青年人思想活跃,见解虽不成熟,但善于发现问题。我国最早的第一代教师孔子就是靠讲学授徒,形成学派,流传后世的。他也受到过青年学生的启发,"启予者商也",子夏从孔子互相讨论中也受到益处。儒教以外,佛教、道教的大师讲学也多以寺院、宫观为基地,由学派发展为宗派,不断扩大他们学派的影响。

马先生交游多属海内英彦,马先生的著作均已传世。马先生与近代几位国学大师比较,唯一欠缺的是他讲学授徒的时间太短,在他一生数十年学术活动中,讲学授徒时间仅仅四五年,而且在抗战时期,国民党营谋私利,物价飞涨,民不聊生,学生读书,经济来源艰难,书院后期,师生有人离去,这对马先生是一种损失。现在总结过去,令人遗憾地感到私淑景慕者多,及门亲炙者少,遂使宏大丰富的学术体系后继乏人。

抗战结束后,山河光复,时世太平,马先生重返杭州,先生已年届暮年,身边缺追随多年的直接传人。且不说孔子的及门传人,如二程门下有游(酢)、杨(时)、尹(焞)、谢(良佐),朱熹门下有黄(幹)、蔡(忱),王守仁门下有王畿、王艮、邹守益、徐爱诸弟子的护持。这是马先生的不幸,也是学术界的一大损失。

纵览古今,不难发现世界本来不是完美无缺地按照人们的愿望发展的。儒教谓之"命",佛教谓之"缘",时人谓之"机会"。说到底,个人命运不能不受时代、社会大环境的制约。只要中华民族共同建立的社会主义祖国日趋富强,国家的文化、学术也会繁荣起来,马先生孜孜以求、终生关怀的继承发扬中华民族传统优秀文化的夙愿将会实现,我们后继者会按着去做,把它做好。前景无限,事在人为。

1935年,我在北京大学哲学系读书,选修了熊十力先生的课——"佛家名词简释",后来公开出版,定名为《佛家名相通释》。选课听讲,同时阅读熊先生著《新唯识论》。《新唯识论》开头第一页有马一浮先生的《序》。这是我第一次知道马一浮这位学者的名字,老同学告诉我,蔡元培主持北大时,多方延揽海内专家,马叙伦、黄侃、陈独秀、李大钊、胡适、梁漱溟、鲁迅,都在北大任课。蔡先生发出聘书,邀聘马先生来北大任教。马一浮先生回电报:"礼闻来学,不闻往教。"把聘书退回了。

汉儒传经,守家法,重师承,学生求学都要投奔老师门下,这是事实。古代国家设立太学,太学有祭酒、助教,为太学生解答问题,传授知识。太学设在京师(首都),太学生到太学求学也是"来学"。当年北京大学的前身是京师大学堂,民国时期,北京大学等于国家的"太学"。大儒到太学讲学授徒,无违于古礼。当年程伊川曾在太学当过助教。马先生不肯到北大教书,因而学术界不大熟悉马浮(字一浮)

这个人。

马一浮先生写过不少序跋,序跋涉及范围至广。专门为同辈学者的著作写的序文,以《新唯识论序》最有代表性。因为这篇序既讲到《新唯识论》这部专著的学术价值,又讲了作序者对哲学的看法。序文中说:"夫玄悟莫盛于知化,微言莫难于语变。穷变化之道者,其唯尽性之功乎?圣证所齐,极于一性,尽己则尽物,己外无物也;知性则知天,性外无天地也……运乎无始,故不可息;周乎无方,故不可离。"序文用意在于介绍《新唯识论》的内容和学术价值,衡量熊十力先生的著作要有一个标准。马先生开头讲明哲学的范围、对象及研究哲学的目的和方法。开宗明义,揭出儒家以宋明理学为哲学正宗,学问目的在于发挥儒家理学宗旨。

《新唯识论》是从传统法相唯识宗分化出来的新学派,借用佛教唯识学派的框架,充实以儒家理学的新内容,不是跟着玄奘、窥基的脚步走,而是另辟蹊径,建立自己的新体系。马一浮称赞《新唯识论》的学术造诣远远超过中国佛教史上理论成就极高的几位高僧:道生、僧肇、玄奘和窥基["(道)生(僧)肇敛手而咨嗟,(玄)奘(窥)基矫舌不下"]。

1938年冬,马一浮先生筹建复性书院,经重庆去乐山。我在重庆第一次与马先生见面。他举止雍容,白髯垂胸,语音洪亮,出口成文,用词典雅,给我留下深刻印象。马先生在重庆时,蒋介石约他见面,谈过一次话。我问马先生,见蒋时谈得如何?马先生说,他劝蒋"虚以接人,诚以成务,以国家复兴为怀,以生民忧乐为念……"像这样文词典丽的骈偶句有一二十句,当时我也记不全。我又问马先生对蒋介石这个人的印象如何?在他身上看得出一些中兴气象?马先生沉思了一两分钟,说:"此人英武过人,而器宇偏狭,乏博大气象。举止庄重,杂有矫揉,乃偏霸之才,偏安有余,中兴不足。方之古人,属刘裕、陈霸先一流人物。""偏霸之才"四个字连说了两遍,故印象颇深。在座的熊十力先生接着说,此人心术不正。马先生笑笑,没有和熊十力先生争辩。事后我问贺麟先生,马先生对蒋介石的评论,您以为如何? 贺先生说,这是马先生的看法,他有他的依据。贺先生又说,马先生学者气太重,对蒋说的那些话,一则蒋听不懂(文言词句),二则听不进,讲"虚",讲"诚",怕是格格不入。

马先生对儒学的继承和发展有极精辟的见解。他说孔子的儿孙不在孔府,曲阜只有孔子的奉祀人,没有孔学的继承人。孔子的嫡传儿孙是程、朱、陆、王,他们都不姓孔。马先生用禅宗语言把学术继承的道理表达得深透确切。此等议论,不见于文章、著述,弥足珍贵,恐成绝响,附记在这里。

熊十力先生的为人与治学[①]

30 年代初,我在北大哲学系当学生,后来又在北大教书,熊先生这三十年间,有短暂的时间不在北大,可以说基本上没有离开北大哲学系。这三十年间,国罹劫难,人道苦厄,社会相、人心相呈现得更加分明,使人加深了对熊老师为人与为学的认识与怀念。

从课堂讲授到书院式的讲学

记得 1934 年考入北京大学时,听高年级的同学们介绍北大的老师们,其中有一位唯一在家里上课的老师,是熊先生。比我高两届的同学说,他们听熊先生讲课还在北大红楼。到了我们这届,1935 年始就不在教室上课了。因为他受不了上下课时间的拘束。熊先生认为听者得不到实际的益处,记得他写给选他课的同学们的一封信,有"师生蚁聚一堂,究竟有何受益"的话,这封信贴在哲学系办公室有很长时间。

熊先生冬天室内不生炉火。北京的冬天差不多有四个多月,听课的学生全副冬装,坐着听讲。熊先生开的课是两个学分,也就是两

---

① 原载《任继愈学术论著自选集》。

节课。但熊先生讲起来如长江大河,一泻千里,每次讲课不下三四小时,而且中间不休息。他站在屋子中间,从不坐着讲。喜欢在听讲者面前指指划划,讲到高兴时,或者认为重要的地方,随手在听讲者的头上或肩上拍一巴掌,然后哈哈大笑,声震堂宇。有一次和张东荪谈哲学,张在熊先生面前,也成了学生,一巴掌拍在张的肩上,张东荪不得不眨眨眼,逡巡后退,以避其锋芒。抗战时,听郑昕先生说他在天津南开中学求学时,听熊先生讲课,他怕熊先生的棒喝,每次早一点到场,找一个离老师远一点的位子坐下。我才知道熊先生这种讲课方式由来已久。

听熊先生讲课,深感到他是教书又教人,讲"新唯识论""佛家名相通释"往往大骂蒋介石东北失陷,不抵抗,卖国投降。熊先生不止传授知识,他那种不媚俗,疾恶如仇的品格,感染了听讲的人。

颠沛流离中不废讲学

自从"九一八"以后,北平,昔日故都就成了边城。日本侵略势力逐年向华北延伸。华北之大,摆不下一张安静的书桌。熊先生平时深居斗室,不参与政治运动,但他对同学们的罢课、游行是支持的。同学们罢课,反对华北独立,熊先生的课也上不成,熊先生是同情学生的。对胡适强迫学生上课,也表示不满。"七七"事变后,北平为日军占领,熊先生冒险,化装成商人,乘运煤的货车逃出北平。随行的有刘锡嘏(公纯),也是北大的学生,一路照料,火车上正值大雨倾盆,衣履尽湿,生怕熊先生感受风寒,幸好未生病。熊先生辗转到了武汉,又到了四川璧山县。这时已是 1938 年的冬天。

　　熊先生从北平脱险后,住在璧山县中学里,中学校长钟芳铭欢迎熊先生住下。熊先生的学生钱学熙夫妇、刘公纯也随熊先生留在那里,熊先生没有闲着,写他的《中国历史讲话》。贺麟先生和我从重庆南温泉去璧山看望他。熊先生兴致勃勃地谈他的《中国历史讲话》的内容梗概,大意是讲"五族同源"说。在民族危急存亡关头,对中华民族的热爱,促使他不知疲倦地撰写他的这一著作。我们去时,熊先生很得意地讲述他如何解决了"回族"的起源问题。他说,这个问题使他苦苦思考了很久,才解决的。这时,他已同时着手写他的《新唯识论》语体文本。由钱学熙译为英文,刘公纯代他抄写。

　　在四川八年,熊先生生活很不安定,物价飞涨,大后方民不聊生,熊先生只好投靠老朋友、老学生,艰难度日,和家属不在一起。但他没有一天不讲学,没有一天不修改他的《新唯识论》语体文本。他看到国民党横行霸道,胡作非为,还是指名道姓地骂蒋介石,却从不显得灰心丧气,给人的印象是勇猛精进,自强不息。

　　熊先生在1939年离开璧山中学,住到南温泉鹿角场学生周鹏初家,我当时也在南温泉,每星期天到熊先生处。后来,我回到昆明,他中间到过嘉定乌尤寺,和马一浮主持"复性书院"。不久,书院遭到日寇的轰炸,熊先生膝部中弹片受伤,他也离开了复性书院,和马一浮先生还发生过小的不愉快。熊先生回到璧山来凤驿,与梁漱溟先生住在一起,借住在一所古庙西寿寺。我和贺麟先生同去看过他。那天晚上,梁先生还讲述了他到延安,和毛泽东同志在一个大炕上,连续谈过八个通宵的事。熊先生这时还没有忘了讲学,韩裕文从复性书院退出,随同熊先生。熊先生对韩裕文也分外关心。按通常习惯,我们对熊先生自称学生,熊先生命韩裕文称"弟子"。"弟子",大概有及门或入室的意思吧。韩裕文是我在大学的同班同学,为人笃实,学问也朴实,对中国的理学、西方的古典哲学,有很深厚的基础。在熊先生那边,学了一两年,因为生活无法维持,不得不离开,到了昆明贺麟先生主持的"西方哲学名著编译会"当专职的翻译,每月有了固定收入,略相当于大学的讲师。1947年间,赴美留学,因肺癌不治,半年后病逝于美国。熊先生为此十分伤痛。如果天假以年,韩裕文在哲学上的成就必有可观。

梁漱溟先生在重庆北碚金刚碑创办了勉仁中学,熊先生被邀到勉仁中学去住,梁先生的几个学生,黄艮庸、云颂天、李渊庭等也成了熊先生的学生,这时熊先生也还是修订他的《新唯识论》语体文本。我在西南联大哲学系,利用暑期,到北碚勉仁中学熊先生处住一两个月。熊先生在北碚除了给勉仁中学讲讲哲学,还结识了郭沫若先生。郭沫若听说熊先生爱吃鸡,滑竿上捆了两只鸡去看熊先生,以后两人通信,讨论先秦诸子及中国传统文化问题,这时郭还向熊先生介绍周恩来同志,他的信上说"周恩来先生,忠厚长者",愿来看望先生。熊先生与郭沫若结下的友谊,到全国解放后,一直维持着。

在北碚时,牟宗三、徐佛观(后来改为复观)等都常来熊先生处,牟宗三也住在那里。

胸怀坦荡　古道热肠

熊先生的老朋友邓高镜先生,抗日战争期间,没有到大后方去,北平收复后,熊先生回到北京大学,又见到他。见他生活潦倒,很困难,熊先生自己还约集林宰平、汤用彤诸先生按月给他生活费,由我每月发工资后汇寄给他。这种资助一直到邓老先生逝世。

抗战时期南京的支那内学院迁到四川的江津,称支那内学院蜀院。欧阳竟无先生是内学院的创立者,有一大批弟子。熊先生、吕澂先生、汤用彤先生都从欧阳先生问学。吕先生是欧阳先生的事业的继承人。梁启超当年在南京也从欧阳先生学佛学。熊先生的哲学体系已突破佛教思想体系,融佛入儒,欧阳先生认为他背离佛教,背离师说,命人写《破新唯识论》以驳斥熊先生的学说。熊先生又著《破破新唯识论》。从此师生不相来往。我和熊先生相处三十年间,熊先生谈起欧阳先生,总是带有十分敬意,认为他是一代伟人,有造诣的学者,没有不满的言辞,只是在学术观点上不一致。欧阳先生在江津病危,熊先生听说后,还是到江津内学院探视,希望与老师最后见一面。当时内学院的同仁,认为欧阳先生垂危,怕见了熊先生情绪激动,受刺激,反而不好,没有让熊先生与欧阳先生见面。熊先生出于师生情谊,前往作最后的诀别。事后人们谈论起这件事,都认为熊先生做得对。

马一浮先生与熊先生多年来是学术上的知己,互相了解,也互相欣赏。熊先生的《新唯识论》出版时,马先生为此书作序。文中有"生肇敛手而咨嗟,奘基矫舌而不下"的话,认为此书的见解超过道生、僧肇、玄奘、窥基。抗战期间在复性书院有一段时期有点不愉快而分手,后来抗战胜利后,两人友好如初。我和熊先生通信,有些见解,熊先生认为有道理的,也把信转给马先生看,马先生的信,也有时熊先生转给我。熊先生的生日,马先生有诗相赠,有云"生辰常占一春先",因为熊先生的生日在农历正月初四。

全国解放后,熊先生在北京时,收了一个义女,命名"仲光",和他自己的女儿幼光、再光排行。仲光喜静,爱读佛书,帮助熊先生料理家务,抄写稿子,熊先生一生很少和师母在一起,子女也不学哲学,在北京及在四川,都是独立生活,晚年有一女儿作为弟子,又能听他讲学,十分满意,他说"伏女传经,班女受史,庞女传道",今得仲光,又多了一个可以传道的人。熊先生南下后,仲光留在北京未随去。

熊先生一生没有积蓄,有时靠亲友的资助,抗战时期有几年很困难。熊先生对他的学生凡是去看他的,他都留下,吃住和他在一起。学生给老师带点礼物,如带只鸡,送点药物,熊先生也不客气,慨然收下,相处如一家人。但是在学问上有错误(对古人的思想理解不对),熊先生也不客气地指出,从不说敷衍、客气话。有问必答,甚至问一答十。跟熊先生在一起,令人有虚而往,实而归的感觉。和熊先生相处,好像接近一盆火,灼热烤人,离开了,又使人思念难以忘怀。

昂首天外　挥斥八极

北京大学蔡元培当校长时,仿照西方大学的规章,教授要开三门课程。只担任一门课的,聘为专任讲师,外校教授在北大讲授一门课程的,聘为兼任讲师。当年鲁迅就是兼任讲师。我在北大时,清华大学的张申府、金岳霖先生都担任过北大的兼任讲师,林宰平、周叔迦先生也是兼任讲师。熊先生经蔡元培先生介绍到北大哲学系,是专任讲师,每月薪水一百二十元。那时蒋梦麟主持北大,熊先生的为人,不会与人俯仰,只是做自己的学问,他这个讲师的名义一直继续到"七七"事变,离开北京为止。他从不参加系里的开学、毕业、迎新送旧的活动。他这个讲师,在任何教授面前屹然而立。不论什么人来访问,他从不和人谈论天气,一谈起来,就是讲学问。除学生们前来请教的以外,在北平常和熊先生来往的,有汤用彤、林宰平、蒙文通、贺麟、张东荪诸先生。都是这些先生到熊先生家,熊先生从不回访。抗战时期在重庆,有不少国民党的达官显宦来访,居正是当年辛亥革命时的朋友,陈铭枢从欧阳竟无先生学过佛学,与熊先生也友好。熊先生住北碚时,陈铭枢请熊先生在一个背山面江风景优美的饭馆吃饭。熊先生朝江面看风景,陈铭枢面对熊先生,背对着江面。熊先生问陈,你为什么不看看风景,陈说,你就是很好的风景。熊先生哈哈大笑,声震堂宇。说:"我就是风景?"熊先生对他们也是讲他的"体用不二"的道理。不论什么人,只要常到熊先生处,听他讲学,不知不觉地就成了他的"学生"了。熊先生有一种气势,或者说有一种"境界"把来访的人慑服了。

我的老朋友韩裕文,曾对我说过,熊先生告诉他,做学问,不能甘居下游,要做学问就要立志,当第一流的学者,没有这个志向,就不要做学问。做学问,要像战场上拼杀一样,要义无反顾,富贵利禄不能动心,妻子儿女也不能兼顾。天才是个条件,但天才不能限制那些有志之士。他还告诫青年学者,要爱惜精力,他在勉仁中学写了一联赠一青年学者"凝神乃可晋学;固精所以养气"。他对韩裕文讲过像×××,人很聪明,可以成器,他就是爱嫖,这也成不了大器(据说此人现在台湾)。

全国解放后,董必武同志、郭沫若同志函电邀请他到北京来。熊先生路过武汉,当时林彪、李先念主持中南工作,设宴招待他,他还是讲他的唯心主义哲学。到北京后,对人讲,林彪心术不正,怕不得善终。老朋友们劝他不要随便乱说。到北京后,毛泽东同志给他送了几本书,还写了信。熊先生申明,他拥护共产党,爱新中国,一辈子学的是唯心论,无法改变自己的哲学主张。我们的党没勉强他,还出钱帮他出版了好几种唯心主义的著作。他的表里如一,爱国、热爱学术的精神,受到共产党的尊重。

他住在上海,担任全国政协委员,到北京开会,他先说明,我保证"三到"(开幕、闭幕、照相),其余的大小会都不参加。会议期间他有机会去与多少年的老朋友叙叙旧,也很高兴。他与钟泰、张难先、吕秋逸过从。陈毅同志也前往拜访。鼓励他写他的书,帮他出版。解放后,熊先生的心情基本上是舒畅的。

以理想滋润生命　以生命护持理想

从熊先生和许多良师益友的身上,使我懂得了应当走的路和如何去走。教训深刻,而又使我铭记不忘,使我首先想到的是熊先生。

熊先生这个人,以他的存在向人们展示了一种哲学的典型。一生坎坷,没有遗产留给儿孙,家庭关系处理得也不尽妥善。几十年来,没有见他穿过一件像样的考究的衣服。伙食注意营养,却不注意滋味,甚至可以说他吃了一辈子没有滋味的饭,人们认为值得流连的生活方式,对熊先生毫不沾边。熊先生博览群书,不讲究版本,手头藏书很少,可以说没有藏书。我认识的学者中,熊先生是唯一没有藏书的学者。别人也许觉得他贫困,他却显得充实而丰足。别人也许认为他不会安排生活,他却过得很幸福、坦然。他也像普通人一样,有时为了一点小事发脾气,过后,却深自谴责,好像雷阵雨过后,蓝天白云分外清新,他胸中不留纤毫芥蒂,真如古人所说的,如光风霁月。他具有只有他才具有的一种人格美。

我常想,是一种什么力量使他这样?这里面大有学问。我感到熊先生在生命深处埋藏着一个高远的理想,有了这个理想,使他百折不回,精进不已,勇往直前,义无反顾。在四川北碚时,熊先生说他在北平寓所有一副自写的对联:"道之将废也,文不在兹乎"。胡世华同学看了想要,熊先生送给了他。前不久遇见胡世华,问起这件事,他说确有此事,还补充说,熊先生取下这副对联,在上面写上"此联吾自悬于座,世华见面索之"。"文化大革命"劫火之后,不知此联是否尚在人间。这十个字,充分说明了熊先生的理想。他孜孜不倦,汲汲遑遑,从南到北,开门授徒,著书立说,无非是为了这个理想。熊先生讲学,不问对象(有学人,也有官僚政客、商人)是否值得讲,听讲者是否真正愿意听,他总是苦口婆心,锲而不舍地讲授,讲述的中心,无非要人们认识中华民族传统文化的价值。他中年以后,建造自己的哲学体系后,"舍佛归儒"。除了在他著作中写出来的,理论上发现的佛教哲学缺失外,还有一个埋藏在他内心深处的"第一因"——对中华民族传统文化的热爱。有了这种深挚的爱,虽长年病躯支离,却肩起振兴中华文化的责任。这种深挚而悲苦的责任感,是20世纪多灾多难的中国爱国的知识分子独有的。对中国传统文化了解得愈深刻,其深挚而悲苦的文化责任感也愈强烈。这就是熊先生理想的动力①。

熊先生抽象思维、辨析名相的功力为常人所不及,《因明大疏删注》即是明证。但熊先生的著作中反复申明的,倒不在于抽象思维的训练,而是教人端正学习的态度。他指出学问的精髓不在于言说文字,而在善于体认言说文字之外的中心恻怛的心怀(超乎小我的感情),他一再教人不要把学问当作知解看待,要学会体认心之本体。他在著作中反复叮咛:玄学不同于科学,中国哲学不同于西方哲学。这里不存在抬高中国哲学,贬低西方哲学的意思。熊先生只是提供

---

① 有这种思想感情的,事实上不只熊先生一个人,而是一批这样的仁人志士,哲学家个人的具体遭际,以及对文化的认识、观点的差异,各人的表现也不尽相同。

人们如何正确理解中国传统文化的一把钥匙。因为中国传统文化的核心部分,熊先生称为"玄学"(与西方玄学、形而上学意义不同),它既有思辨之学,又有道德价值现,美学观等更丰厚的内容,这些内容确实是近代西方意义的哲学所包容不进去的。

"道之将废也,文不在兹乎",这说明进入 20 世纪,中西文化接触后,引起中国有识之士的广泛而深刻的反省。西方侵略国家挟其船坚炮利的余威,给中国的经济生活以破坏,连带引起社会生活、政治生活,以至家庭生活的变革。面临前所未有的大冲击、震荡,发展下去,必然引起知识分子深刻的世界观的动荡。春秋战国在中国历史上曾被认为是个大变革,它与"五四"以后的变革相比,简直微不足道。熊先生的哲学的核心问题,与其说它讲的哲学问题,不如说它讲的文化问题、传统文化的前途、出路问题。

熊先生"弃佛归儒",正是由于儒家传统带有浓重的民族特色,而佛教(特别法相唯识之学)更多思辨特色。思辨精神与中华民族的生死存亡的关系不是那么直接。"为生民立命",在西方近代哲学家看来,本不是哲学家的事,而中国知识分子则认为责无旁贷。熊先生与欧阳竟无先生的分歧在于:熊先生以佛为妄而舍佛归儒,欧阳竟无先生在抗战前后发表的关于《大学》《中庸》的论著,以及对孔孟的评价,也有"舍佛归儒"的倾向,只是欧阳先生认为儒家高明博大,佛亦不妄,佛儒交相融摄,更趋向于儒而已。

熊先生为了他的理想,生死以之。他很早就宣称他不能接受马列主义,不能相信唯物论。像他这样一位爱国的知识分子,这是可以理解的。

我和熊先生相处多年,相知甚深。我过去一直是儒家的信奉者。新旧中国相比较,逐渐对儒家的格、致、诚、正之学,修、齐、治、平之道，发生了怀疑。对马列主义的认识，逐渐明确。在 1956 年，我与熊先生写信说明，我已放弃儒学，相信马列主义学说是真理，"所信虽有不同，师生之谊长在"，"今后我将一如既往，愿为老师尽力"。熊先生回了一封信，说我"诚信不欺，有古人风"。以后，书信往来，就不再探讨学问了。熊先生历年给我的信很多，可惜毁于十年劫灰中！

学马列主义，也不能在言语文字上打转，也要身体力行，这方法和态度还是从熊先生的教诲中得来的。熊先生是我永不能忘的老师。

赘　语

海外不少学者和同行们，出于对熊先生的关怀，流传着不少传闻和推测。有人认为新中国对待旧社会的老专家实行压迫，他们失去了讲学的自由，受到不公正的待遇，解放后，一直受折磨，饮恨而终。我对此不得不做一些必要的说明。

先说解放前熊先生在北大所受的待遇。熊先生在旧北大一直当讲师。"七七"事变后，教授可以到西南联大报到，仍能教书，不致失业，而熊先生不是教授，迁到大后方，拒绝收容他，任他漂泊西南天地间达八年之久。全国解放后，董必武等政府领导人请他来北京。北京解放不久，教授的待遇按小米折价，刚从美国回来的华罗庚和熊先生的工资都按最高标准定为八百斤小米。

抗战胜利后至解放前，熊先生住在沙滩北大子民堂后院的两间改造过的集体宿舍里，面积约二十平方米。解放后，国务院在交道口附近给他租了一处住房，北房五间，并为他购置了必要的家具。他和义女仲光来京后，即住在这里。两三个月以后，熊先生嫌这个院子嘈杂，又搬了一次家，搬到西城宝禅寺街，住在最后一进院子，是个独院。在这里未住多久，国务院又给熊先生在北海鸦儿胡同购买了一所小四合院，出门不远就是什刹海后海。住在这里不到一年，熊先生感到年老，不耐北方严寒，打算到上海依儿子世菩，这是他唯一的儿子，当时世菩在上海招商局任工程师。熊先生的客人学生来往的人多，世菩向招商局申请，扩大他的住房面积，以便安置年老的父亲。格于制度，没有办到。最后由国务院指示上海市委，在愚园路给他安排住房，这个地方比较安静、宽敞。熊先生的工资仍按月由北大汇寄，后来熊先生嫌每月汇寄麻烦，工资由上海市委统战部支付。

旧中国不曾限制唯心论，只限制唯物论，但熊先生的著作出版，遭到种种挫折，有的书是熊先生自己出钱印的。解放后，他的书由国家出钱，出版了七八种，公开发行。说到这里，也附带说一说陈寅恪先生。陈先生抗战期间，为英国庸医所误，双目失明，仅有光感。解放后，中山大学在他的楼前特别用白色涂刷了一条小径，以便于他借助白色反光饭后散步。陈先生用的药品，国内买不到的，由香港购进，二十四小时有护士三人轮流护理。还请他到北京担任历史所所长。陈先生的朋友学生多在北京，他也有意北来。由于敦请陈先生的那位学生说话不慎，惹得陈先生不高兴，他拒绝北来。

熊、陈这两位老先生备受政府礼遇，这些事实都说明共产党是尊重学有专长的专家学者的。到了"文化大革命"，是非颠倒，国家遭难。外人只看到知识界、文化界人士在"文化大革命"中所遭受的折磨，误认为是共产党政府搞的。"四人帮"是共产党的敌人，共产党的开国元勋，上至主席、元帅、将军，包括周恩来总理在内，下至一般干部、一般群众，遭难而死的，何止成千上万？这些罪恶行径，应与共产党政府无关，这是不得不说明的。

张颐先生①

　　1934年,我考入北大哲学系,系主任是张颐(字真如)先生,四川人,早年同情革命,曾参加制造炸弹的计划,以响应四川反抗清朝的革命派。后来,武昌起义成功,四川地方当局响应革命,炸弹计划没有得到实行的机会。因他筹划革命有功,四川省派他到欧洲及美国留学。辛亥革命以后,四川连年军阀内战,地方官员经常变换,四川省教育厅长经常换人,当年派出的留学生没有经常考核,只是每年按时给他资助,不问他学什么,学得怎样,张先生得以在德国、美国、英国住了十多年。贺麟先生和我谈起张颐先生早年留学的经过,这样对我说的。

　　张颐先生在德国时,正值朱德将军也出国考察,他俩都是四川同乡,还有过交往。他在北大哲学系讲西方哲学史及黑格尔哲学。熊伟、胡世华都是张先生教过的学生。我没有赶得上他的课,一年级新生选课,选课单上要经系主任签字后,才可以取得注册登记资格。

　　张先生于1935年离开北大到四川大学,任鸿隽当四川大学校长时请他去的。日本投降后,北京大学从昆明迁回北平,张先生又被聘回北大。1948年,北平快解放时,他离开了北大,回到四川。贺麟先生一次对我说,北大教授们有一天游颐和园,大家玩得很高兴,张先

①　原载《念旧企新——任继愈自述》。

生指着排云殿和长廊说："这么好的园林,共产党为什么非要烧掉它
不可?"言下不胜慨叹。可能张先生受到一些不正确的宣传,认为共
产党专门破坏文物,不要文化。当时像张先生这样对共产党误解的
知识分子可能不少。

张先生是我国第一代介绍黑格尔哲学的专家,对学生要求严格,
提倡认真读原著的风气。他讲西方哲学史,用梯利的哲学史作教材,
一句句讲。同学们要求不必照书上念,讲讲他的见解,张先生说:"我
考虑过,你们现在的程度,这个方式对你们更有利,不要好高骛远。
精读过一部教科书,再由此引申,可以触类旁通,自己读别的书就容
易了。"

张先生是西方哲学史的专家,我们也看到过他撰写的博士论文,
确实给人以朴实无华的治学印象,治西学,而有中国汉学家的学风。

贺麟先生、郑昕先生(一位是研究黑格尔哲学,一位是研究康德
哲学)都是张颐先生当年主持北大哲学系时延揽来的青年专家。这
两位学者当时名气不大,后来都各自有了新的发展,蔚然成为学派重
镇。北大哲学系后来的师生们都佩服张先生有知人之明。

沈兼士、魏建功先生[①]

　　北大中文系继承清代朴学传统，又加以西方近现代的整理方法，在当时国内语言、文字研究方面有领先地位。四川大学与南京中央大学国学根底也厚，他们更多继承清代朴学，受西方方法影响较少，与北大中文系有区别。

　　沈兼士先生在北大讲授"文字学"，用的教材是王筠的《文字蒙求》，主要参考书是朱骏声的《说文通训定声》。他讲课，海阔天空，漫无边际，他讲课的笔记不好记，头绪乱。听课前如充分自学，读了一些有关参考书，有一定的基础，再来听他讲课，收获较大。他们受传统方法影响多，西方近代科学方法吸收不够。沈先生学生魏建功先生教"音韵学"，讲课比沈先生条理清楚。沈先生有一次考试在黑板上只写出"国立北京大学"六个字，由学生把学到的文字学知识对应这六个字的来历、意义、属性尽量写出来。少数用功的学生从甲骨文说起，通过说文到后来的演变，每一个字几乎都写成一篇短文。

　　沈先生讲课还讲到，研究古文字，看拓片，也要见实物才可靠。他曾举清末发现了甲骨文，在学术界引起轰动一事，说金石学家潘祖荫也出重价搜求，当时琉璃厂书商利用烘烤烧饼背面拓成拓片，和真的甲骨拓片混在一起卖给他。他的藏品中，有真品，也有从烧饼背面

---

　　①　原载《念旧企新——任继愈自述》。

拓下来的赝品。苏州潘家是书香门第,北大教授潘家洵先生是潘祖荫的嫡孙。

沈先生学期考试前,不知哪一位同学在黑板上写"能给六十分足矣"。沈先生看后,笑了,说:"魏建功在我班上考一百分,你们的要求太低了。"魏建功先生讲音韵学,讲古今音韵变化的基础知识。魏先生第一课,举《庄子》"北溟有鱼,其名为鲲"。"溟"字古注为海。冥、每、梅、霉、敏,声母与 m 有关,与海有关的如晦、悔,又与"海"有关。这种现象是音韵学研究的任务。有的古字是记音为主,如完全用字形去推敲,会走向死胡同,难免穿凿附会。形与音的联系考察,才能减少读古书的失误。

魏先生注意到方言调查有助于古今音韵的综合对比。

魏建功先生又是中国地方民歌的搜集、研究者。他长期与刘半农先生主持北大歌谣研究会,在国内首开风气,功不可没。

刘文典先生①

刘文典,字叔雅,安徽人。清华大学教授,早年加入同盟会,在日本东京与孙中山相识,又是章太炎的学生,他的治学路数与章太炎不同,没有走文学训诂的道路。我最先读他的书是《淮南鸿烈集解》和《庄子补正》。陈寅恪为此书作序,说不但可以补前人注解的缺失,还可以恢复《庄子》旧貌。我读过刘先生的书,觉得陈先生的称赞未免过头了。

抗日战争时期,大后方物价飞涨,民不聊生。工薪收入者日子过得十分拮据。闻一多靠治印(刻图章),联大教授在中学教书,借以贴补家用的,大有人在。刘先生的文名早为滇人熟知,在昆明期间,滇省富绅多以请他撰写碑铭、墓志为荣。润笔丰厚,远过教中学,对经济困难的刘先生不失为一种经济生活的重要补充。

我旁听过刘先生讲《庄子》《文选》。刘先生上课时,香烟一支接一支,手指熏成黄褐色,衔着香烟说话很难听得清楚。先生有一爱子约五六岁,上课时跟他同来同去。有时正讲到精彩处,小孩子跑到教室外面捉蝴蝶,刘先生一眼瞥见,不免喊一声"快回来"。如果把刘先生的课一字不漏地记下来,凭空插入这三个字,就无法理解,因为出现得太突兀。

---

① 原载《念旧企新——任继愈自述》。

刘先生不修边幅，头发散乱，一件长衫总是皱皱巴巴。他为人直率、纯真，具有庄子的洒脱。有一次雨中，刘先生一个人打着伞慢慢走着，长衫后襟湿透，鞋子沾满泥水。同学黄钺指点说，刘先生像庄子"曳尾于涂中"。

昆明气候温和，号称"四季无寒暑，一雨变成秋"。虽说四季如春，冬季还是比较冷。一般健康人有一件毛衣或一件皮夹克，即可应付一年。刘文典、陈寅恪两位，冬天要穿皮长袍。陈先生和我们研究生同住一所小楼，冬天怕风，窗户缝隙用纸糊得严严的，不准透风。一天，刘先生访问陈，两人互争谁的身体更差，相持不下。刘先生说，我穿了两件皮袍子，可见我的身体更差，自得之色溢于眉宇间。陈寅恪不再争，服输了。

刘先生欣赏称赞南北朝时已提出的关于"诗"的定义，他在黑板上写了"诗缘情而绮靡"，认为超过后人的任何定义。他还讲，文学作品贵在以正写反，以实衬虚，用华丽的辞藻写荒凉，以欢快的辞藻写悲哀。杜甫《秋兴》八首中就用了这种方法，十分成功。讲晚唐温李诗时，咏牡丹，不用那些常用的香艳纷华字样，把牡丹的神态写活了，非一等手笔办不到。

他还讲，中国古典文学经常利用汉字象形的特点，引发读者的想象，从而增强了读者的想象力。《海赋》中用"髣髴"二字（而不用"仿佛"），好像海怪蓬头乱发在水中出没，可以增加大海的神秘气势。

刘先生平时对学生、对同事，礼貌待人，彬彬有礼。他看到他不喜欢的人，也真当面给人家下不了台。抗日战争初期，中国空军力量小，日本军用飞机经常到昆明轰炸、骚扰。联大北墙外是大片荒山、坟地，听到警报声，师生到校外后山隐蔽。有一次，刘先生躲警报，在后山遇到他平时很不喜欢的一位先生,他当面指责他:"我躲飞机是为了保存中国文化,你怎么也来躲飞机?"那一位先生很有涵养,对刘先生也很尊重,没有和他争辩,换了一个地方,离得他远远的。魏晋时,阮籍用青白眼对待不同的客人,刘先生在这一点上有点近似。

刘文典先生经常讲文学造诣与人格修养不可分,为人与为文是一回事。他驳斥周作人的主张。周作人说,读者读作家的作品,并不必了解作者是什么人。比如吃包子,只要包子做得好吃,不管制作包子的厨师是否强奸过他嫂子。(周作人的这段话,我不详其出处,刘文典确是对同学这样讲的。)刘先生接着说,"文学作品是高级精神产品,不同于制作包子。一个强奸过他嫂子的人能做出'采菊东篱下,悠然见南山'的诗来吗?"

刘先生魏晋风度太多了,太任性了,联大结束迁回北京的那一年(1946),他应云南绅士的邀请,去滇西一个县里为人撰写墓志,对方盛情挽留,请他游山玩水以助文思,一住四个星期。学校对他不按规定上课,长期请假缺课,提出了批评。三校迁回北平时,他没有随同大家北返,留在云南,应聘为云南大学教授。云南大学能请到刘先生,喜出望外,求之不得。从此,我再未见到刘先生。

刘先生精考订,哲学、文学修养也很高。他曾赴云南西部滇缅战线慰劳前线将士。刘先生回来,在课堂上说起在宋希濂军部,即席赋诗祝捷。他吟诵其中的二首。他习惯于叼着香烟讲话,有些字句听不清,有句云:

春风绝塞吹芳草,
落日荒城照大旗。

海外忽传收澳北，

天兵已报过泸西。

　　刘先生讲，杜甫有"落日照大旗"句，这里古典今用，写出了军营气势。他得意地念了两遍，所以记住了。

《陈寅恪先生史学述略稿》序[①]

中国既是多民族的,又是高度统一的大国。这是中国秦汉统一以后的国情。不承认这一点,就无法确切认识中国的历史。维护这个多民族的统一大国,既要有政治组织的保证,也要有文化思想的支持。回顾秦汉以来两千多年间,统一不能维持,多民族融合遭到破坏,国家就衰败,人民就受难。一部二十四史已经反复证明这个事实。

多民族和谐相处,国家政治稳定,社会秩序得到维护,两千多年来的指导原则是纲常名教。国家的法律无不以纲常名教为准绳。说到底就是用君臣大义治国,以孝悌治家。治国曰忠,治家曰孝。这两者不可偏废。司马氏"以孝治天下",没有将"忠君"放在应有地位,巩固了家族地位,而国家全局不得安定。晋及南北朝,篡乱不断,有教养的门阀士族即使做到"笃孝义之行,严家讳之禁",还是不能使社会长治久安,多民族的统一的大国,不得不陷于长期分裂。历史上无数圣贤哲人费尽心力,最后终于找到一条适合中国古代国情的道路,最终建成儒教体系。从个人的身心修养到治国平天下的大政方针,都纳入这个系统体系中,每一个成员都得到他适合的位置,从而加强了社会的长期稳定性,历史证明儒教符合中国国情的需要。从汉朝

---

① 王永兴:《陈寅恪先生史学述略稿》,北京大学出版社,1998 年版。

统一、独尊儒术，到宋代儒教的形成，中间经历了千余年的探索、补充、完善，终于构建了具有中国特色的古代政治、哲学、宗教、学术一系列完整的体系。中国史学的发展也在于它能够适应中国多民族统一大国的需要。

陈寅恪先生十分推重宋代史学，学术界多着眼于他融会中西、对比详审方面，社会早有定评，兹不具论。他推重宋学，推重宋人史学的深层次的问题，似乎还有未发之覆在。

王永兴同志这部书稿，既讲到陈先生的史学方法，又讲到别人忽略了的忠义家风的影响，他提出的见解是深刻的。陈先生的史学值得后代学人追踪探索的很多，最主要的一点是应当看到陈氏史学是中国现代学人对古代传统史学的总结，从陈氏起，也宣告了中国传统史学的终结。

陈先生说：

> ……苏子瞻之史论，北宋之政论也；胡致堂之史论，南宋之政论也；王船山之史论，明末之政论也。

我们可以按陈先生的论点补充一句："陈寅恪之史论，近代中国之政论也。"揆诸中国国情，中国的史论与政论本不可分。史观指导政论，政论又体现史观。司马光以来，此传统一贯相承，未曾终绝。

陈先生盛赞宋人史学，是他的深刻处，很多学者多从史学论史学，没有像陈先生感受这样深刻。陈先生的学术，发为诗歌，语多悲凉，形诸笔楮，常现抑郁；因为他对中国传统文化知之甚深，非同肤泛；目睹中国传统文化在"五四"以后的狂飙迅猛冲击下，方向不明，深感忧苦，他在悼念王国维先生的文章中已说得很明白。他对旧中国的政治已完全绝望,对旧中国的学术已感到它日渐沉沦。因而寄希望新中国,暮年首丘之感,情见乎词。

新中国在百年积贫积弱、灾难深重的旧中国废墟中重建,百废待兴。还未能把一切关系理顺,又由于某些措施失误,多种矛盾纠结交错,纷然杂陈。"文化大革命"时期,朱紫淆乱,妖狐现形,陈先生抑郁含恨终其身,可惜未能看到"四人帮"覆灭后的中国。今天觉醒了的广大群众和知识分子再也不能容许"文革"的重演。反理性主义的宗教狂热再也不能横行。千百万人正在告别贫困,向文明、富足的现代化中国前进。新中国的史学将在前贤的基础上继续前进。

治史者熟知,文化繁荣总在政治、经济就绪之后,而不能提前。汉初所用的刑律还是秦律,过了四分之三个世纪才把董仲舒的儒术定于一尊。宋兴百年,才有北宋五子,到了南宋才形成儒教的完整的体系。

至于新中国学术新体系的建成,既要继承过去的一切优良传统(当然包括宋人史学精华,也包括陈先生的传世之作),也要汲取当今全人类的文化成果(当然包括马克思主义的唯物史观),铸成全新的适合社会主义中国的新体系。文化建设不同于一般物质建设,这是一个漫长的过程,即使我们这一代看不到成果,但已经看到在建设文化大厦中,学术界有志之士正在搬砖运材,做构建大厦的准备。

我祝愿王永兴同志的这部书为建设社会主义新文化增添砖瓦。

悼念汤用彤先生①

汤用彤先生的逝世,是我国学术界的一大损失。

两周以前,曾去医院看过汤用彤先生。他在病榻上还对我说,"我的病不要紧,我有信心会好的,我还能工作……"。长期卧病,人是消瘦多了,看来精神还好,我劝他安心养病,过几天再来看他。没有想到,这次见面竟成永诀。

汤用彤先生,字锡予,湖北黄梅县人,生于 1893 年。1917 年清华学校毕业后,留学美国。1922 年回国后,到 1948 年,历任东南大学、中央大学、南京大学、西南联合大学、北京大学哲学系教授、系主任、文学院长等职。1949 年北京解放后,任北京大学校务委员会主席,1952 年起任北京大学副校长。建国以来,担任中国人民政治协商会议全国委员会常务委员、全国人民代表大会代表、科学院哲学社会科学部委员。多年来担任《哲学研究》《历史研究》的编辑委员会委员。

汤先生是个博学的学者,学术界都知道他是中国佛教史的专家,同时,他对中国哲学史,特别是对于魏晋时代的哲学思想有过极深的研究。他对西方资产阶级哲学,如英国经验主义(洛克、休谟、巴克莱)、大陆理性主义(笛卡尔、斯宾诺莎等)都有多年的研究,这两门外国哲学的课,经常轮换着开设。此外对中国历史和文学的修养,对

---

① 原载《历史研究》1964 年第 3 期。

211

梵文和英文的修养都是很好的。他的著作有《汉魏两晋南北朝佛教史》《魏晋玄学论稿》《印度哲学史略》《往日杂稿》《魏晋玄学中的社会政治思想》等。接近完成的有《梁高僧传校注》。尚有关于佛教史、道教史的若干论文分别发表于国内各杂志。

汤先生到北大后,胡适提倡的考据学正风行,有些人为了争奇斗胜,专门找一些冷僻的题目去研究,喜欢引证一些人们少见的书,以炫耀自己的渊博。汤先生并没有走这条乖僻的路,他的佛教史虽以精审的考据见长,但所取材料,多是大路边上的,如《二十四史》《高僧传》《世说新语》《资治通鉴》等,立论也很平易实在,而不好发奇谈怪论。今天看来,他所提供的佛教史资料还是确实可信的。

过去研究佛教史的,往往是些爱好佛教的信徒、居士,汤先生平时与和尚、居士很少来往,而是把佛教思想当作一种社会现象来研究。他那时用的是唯心史观,看问题虽然不能看到本质,但是比起那些和尚、居士们对佛教怀着迷信的态度的研究,成就自然要高出许多。

由于汤先生对西方近代资产阶级唯心主义哲学有较深的理解,他就有条件利用西方近代资产阶级的一些思想方法对佛教思想进行分析比较,比起那些只用封建的含混不清的叙述,用佛经解佛经的中世纪的办法提高了一个历史阶段,这也是使汤先生佛教史的研究成绩能够超过封建学者的原因。

建国以后,汤先生学习了马克思列宁主义,接受了唯物史观,扩大了眼界,才进一步认识天外有天,感到资产阶级的观点方法比起辩证唯物主义的方法,又有霄壤之别。他曾表示要下决心学好马克思列宁主义、毛泽东思想,对佛教史重新钻研,对自己的过去的成绩,也要重新估价。可惜,身体健康一直没有恢复,赍志以终!

回想起我和汤先生的相识,是在 1934 年,刚考进北京大学哲学系的时候,他给一年级讲"哲学概论"。那时汤先生四十一岁,满头白发,教学认真负责,循循善诱,给听过他的课的人,留下深刻的印象。抗日战争时期汤先生在昆明西南联合大学教书。日本投降后,又随着学校回到了北京(当时的北平)。汤先生除了有一年休假时到美国讲学外,三十多年来一直是在北京大学哲学系教课的。我先在北大做学生、研究生,后来又在北大哲学系教书,算来,认识汤先生和他相处达三十年。这三十年是不平凡的三十年,经历了两个截然不同的时代。我在北京大学学习时,日本帝国主义的年年进逼,威胁着中华民族的生存,年年有反对日本帝国主义和反对国民党卖国投降的学生运动。抗日战争期间,共产党领导的八路军、新四军得到了全国人民的爱戴,延安是抗战的灯塔。而在蒋管区则政治腐化,贿赂公行,安分守己的公教人员更是衣食不周。反动派刮尽了全国人民的血汗,养肥了四大家族。抗战胜利后,接着是蒋介石撕毁停战协定,发动大规模内战。人民仍然过着暗无天日的生活。几十年的内忧外患,使得一些爱国知识分子认清了前途,接受了共产党的领导,走上了革命的道路。还有一些洁身自好,不愿意与蒋介石国民党同流合污,又不懂得哪是革命的出路的知识分子,过着半饥半饱的生活,打算在学术中寻求安身立命的道路。自以为是为学术而学术,皓首穷经,潜心研究,工作条件是艰苦的,心情是沉重的。虽说做出一些成果,对这些成果也"敝帚自珍",但是,这种成果对国计民生有什么用,自己也茫然。汤先生从前也有过这种苦闷。解放后,学习了马克思列宁主义、毛泽东思想,汤先生不止一次地说过:"若不是遇到全中国的解放,真可算胡涂过了一生。我自以为'为学术而学术',哪里有这回事?自以为超政治,哪里能超得了政治?还不是为反动派帮了忙!"汤先生总是以沉痛的心情回顾解放前这段生活的。

全国解放了,北京解放了,北京大学的师生和全国人民沐浴在党的阳光下,获得了新的生命。汤先生怀着欢欣的心情工作着。他感到过去所学的都是些唯心主义的东西,对于接受唯物主义有妨害作用,因而总是对自己过去的研究成果抱着批判的态度。别人提到或称赞他的《佛教史》时,汤先生总是带着不安的心情,说他要重新写一部,那是唯心史观,要不得。后来中华书局要重新印他的《佛教史》,他曾多方考虑,最后才答应。他对我说,解放后,把解放前的旧作原封不动地拿出来,交给读者,于心不安,他要我替他写一篇"重印后记",附在书后。当时他在病中,还担心把自己的旧观点传播给读者。这都表明他具有和唯心主义学术观点划清界限的愿望,有改造自己学术体系的决心。

1954年冬,汤先生患脑溢血,先是几个月神志不清,以后半身不遂,经过多方治疗,才逐渐恢复了半个身体的机能。他自己经常对人说,"若不是解放了,若不是党和人民的关怀,我这个病是不可能治好的。"身体略好时,医生告诉他,只能上半天工作一小时,下半天工作一小时,又由于眼睛有白内障,一只眼睛已失去视力,他还是艰难地找资料,翻书,有些重要的发现,就叫助手帮他记下来,也有时自己动手摘录。病中,十年来,积累了十几本读书的札记。对于一个长期重病的六七十岁的老年人,这个工作量是相当大的。其中有关于佛教史的,有关于印度哲学史的,还有一部分是翻阅《道藏》时摘录的(有些曾发表过),为了感激党挽救了他的生命,这些札记叫作《康复札记》。1963年"五一"节,汤先生身体比较好,晚上曾到了天安门,见到了敬爱的领袖毛泽东同志。毛泽东同志和他亲切地谈了话,问到他的健康和研究工作情况,并且说,读到了他的《康复札记》。毛泽东同志的慰勉和关怀，给了汤先生极大的鼓舞，他回来后经常说自己对党、对人民做的工作太少了，他一再提出要招收研究生。学校领导曾考虑到他的健康，前几年没有给他招研究生，只配备助手，帮助他抄抄书，找找材料。经过他的坚决请求，还是给他招了一名研究生，第二年又招了一名。汤先生早年对研究生的指导，只是指出个方向，更多地让研究生自己钻研。晚年，惟恐学生学不到，听不懂，他对研究生的指导工作做得十分耐心、十分细致。有时讲起书来，忘了自己的病。每和研究生谈过一次话，下午甚至第二天身体健康情况立刻下降，不顾医生的嘱咐，家人的劝告，他一谈到学问，全都忘了。

我每次去看汤先生时，他更是谈起来兴奋得不能停止。经常谈学习中的问题，读书的心得，有时也谈他自己的思想状况，还虚心地要别人给他提意见，他从来不谈他的病，除非别人问起时。他这种勤勉的工作态度和严格要求自己的精神不能不使人感动。

解放后，历次政治运动、重要的政治学习，汤先生一直是积极参加的。1957年，反右斗争中他躺在床上，口述大意，写成了对右派分子进行驳斥的文章。只要能行动，他总是天天读报。后来眼睛坏了，看小字吃力，就独自静静地坐在收音机旁收听国内外的大事。全国人民代表大会开会，他有病不能出席，但还是用最大的努力阅读大会的文件和重要发言稿。近来报上发表的若干批判现代修正主义的重要文章，他除了听广播以外，还要花上大半天的时间去读。别人劝他不要太劳累了，应当注意休养，他总是说，反对修正主义是头等重要的事，不学习不行。

今年的五一节，首都人民和全世界人民一道，沉浸在欢乐的节日气氛中。汤先生在病床上难以抑制自己兴奋的心情，高呼"中国共产党万岁""毛主席万岁""五一节万岁"等口号。由于长期卧病，心力衰竭过甚,几分钟后,竟与世长辞了。

汤先生病中念念不忘的有两件事,一件是他指导的两名研究生没有培养到毕业;一件是他的许多研究计划没有完成。这些遗留的工作,既然是党和人民所需要的,就不会半途而废,现在都已由领导方面做了妥善的安排。遗憾的是汤先生再也不能亲身参加这些工作,不及亲见他心血灌溉的成果了。

汤用彤先生和他的治学方法①

　　《汉魏两晋南北朝佛教史》出版到现在快半个世纪,这部著作得到国内外专家学者的重视。汤先生除佛教史外,还有不少其他方面的著作多种,这里不想多说什么评赞的话,可由读者自己去判断。中外学者公认的汤先生的成就还是在中国佛教史这个领域。古人说"鸳鸯绣出凭君看,不把金针度与人"。相处多年的师友都知道,汤先生一辈子从事研究工作,留下了传世之作,但他生前从未讲过他研究佛教史用的是什么方法。现在试图通过汤先生的佛教史著作成果,谈一谈汤先生的治学方法。虽说和汤先生在一起,朝夕相处达三十年之久,先是跟他当学生,后来跟他当助手,对他的治学方法有一些初步感受,但个人的看法难免片面,未必符合实际。汤先生去世近二十年,墓木已拱,无所取正,现在写出来,供参考。

　　汤先生病逝于 1964 年,当时痛惜他死得早,不料两年后,即发生了"文化大革命",以他多病的身体,在北大那个环境,怕也难渡过这一劫难。汤先生去世已十九年,这十九年中,我国经历了极大灾难,又从极大的灾难中得到重生,全国人民满怀信心地向前迈进,文化事业将有一个高潮。这一新时代,可惜汤先生不及见!

---

　　① 原载《中国史研究》1983 年第 2 期。题为《论汤用彤先生治学的态度和方法》。

一、传略及著述

汤用彤先生,字锡予,湖北黄梅县人。1893 年农历六月二十三日
(公元 1893 年 8 月 4 日),生于甘肃省渭南县。他的父亲曾在甘肃省
任地方官多年,幼年随父亲读五经、四书、古代历史,受过比较严格的
封建家庭教育。

1911 年春由北京顺天高等学堂考入清华学堂。顺天高等学堂是
一个水平比较高的中学,该校在北京抗战前称为河北高中,地址在地
安门东大街,即现在的北京市东城区教师进修学院。当年汤用彤先
生在戊班,梁漱溟先生(当时名梁焕鼎)在丙班,张申府先生在丁班,
李继侗与郑天挺先生在庚班,一个年级为一班。1916 年毕业于清华
学校,同年考取留美官费。因患痧眼,留校工作,教国文,并治痧眼。
在清华读书时,与吴宓先生交谊颇深。

1918 年赴美国留学,读大学课程,当时清华学校与美国的大学的
课程基本衔接。1920 年入哈佛大学研究院。1922 年取得硕士学位,
在哈佛期间,学梵文、巴利文。梵文课程一般要三四年方可卒业,汤
先生勤奋过人,提前完成应学习的课程。于 1922 年回国。回国后于
1922 年到 1926 年在南京东南大学任哲学系教授、系主任,陈康先生
是那时的学生。陈康后来在德国十余年,通晓古希腊文,成了我国有
数的古希腊哲学专家。1926 年夏至 1927 年夏在天津南开大学哲学
系任教授,郑昕先生是汤先生那时的学生,后来成为我国研究康德哲
学的专家。1927 年夏至 1930 年夏,在南京中央大学(当时称东南大
学)任哲学系教授、系主任。1930 年夏至 1937 年,在北京大学任教

授,1935 年起兼系主任。

抗战期间,任昆明西南联合大学哲学系教授兼系主任,并兼任北京大学文科研究所主任。

1946 年到解放前,任北京大学哲学系教授、系主任,兼文学院院长。1947 年夏到 1948 年,休假期间曾赴美国加利福尼亚大学讲学一年,1948 年秋返国,仍任北大哲学系教授、系主任,文学院院长。

1949 年北平解放到 1951 年,任北京大学校务委员会主席、文学院长。

1951 年夏到 1964 年逝世,一直任北京大学副校长。

解放后,曾任中国科学院历史考古组专门委员、《哲学研究》编委、《历史研究》编委、中国科学院哲学社会科学学部委员。

1949 年任全国人民政治协商会议委员。历任全国人民代表大会第一、二、三届代表,第三届全国政协常务委员。

著作有:《汉魏两晋南北朝佛教史》《魏晋玄学论稿》《印度哲学史略》《往日杂稿》《魏晋玄学中的社会政治思想》等。未完成的有《梁高僧传校注》。尚有关于佛教史、道教史的论文多篇分别发表于国内各杂志。

1954 年冬,汤先生患脑溢血,先是几个月神志不清,以后逐渐恢复了记忆,在医生的多方抢救下,最后使失去活动的右半边肢体恢复了机能。医生告诉他每天只能上午工作一小时,下午工作一小时。这时汤先生双目患白内障,一只眼睛已失去视力,他还是艰难地找资料、翻书,有些重要的发现,就叫助手帮他记下来,有时自己也动手摘录,病中作了不少札记,其中有关于佛教史的,有关于印度哲学史的,还有一部分是翻阅《道藏》时摘录的。在病中《高僧传校注》工作还在进行。在床头为哲学系青年教师讲授"印度哲学"课程。每逢和研究生谈过一次话,当天下午甚至第二天,健康状况立刻下降,有时发低烧。汤用彤先生为青年教师讲课,帮助他们掌握基本知识,从不觉得疲倦。记得朱熹晚年"虽疾病支离,至诸生问辨则若沉疴之去体。一日不讲学则惕然常以为忧"。汤先生只要谈起学问来,什么医生的嘱咐、家人的劝告全都忘了。

二、汤用彤先生与北大哲学系

旧中国有哲学系的大学不多,北京(当时称北平)一个城市,倒有三个大学有哲学系。清华大学、北京大学和燕京大学。燕京大学归美国教会领导,自成体系,这里且不说。旧中国一切大学的哲学都讲唯心论,轻视唯物论。当时人们称清华哲学系是"逻辑实在论"学派。清华大学哲学系重视形式逻辑思维的风气,在于培养独立思考,构造体系的"哲学家"。有一位教授戏称,清华哲学系出来的学生是"成则为王,败则为寇"。意思是只要学成了,就是了不起的哲学家("为王"),为王的确实有不少。清华大学的哲学系,金岳霖先生任系主任多年,形成了清华大学哲学系的学风和学派。

北大哲学系不大注重逻辑学,甚至没有一个专职讲授逻辑学的教授。张申府、金岳霖诸先生都曾在北大兼任过逻辑学的课程。1934 年起,由郑昕先生讲授一年级的形式逻辑。郑先生兴趣在康德哲学,逻辑学在北大一直鼓不起同学们的兴趣。北大强调哲学史和佛教思想的研究。哲学史又分为欧洲哲学史、中国哲学史和印度哲学史。研究佛教哲学在北大哲学系也沿袭成风。除汤用彤先生外,还有周叔迦、熊十力几位先生,马叙伦先生讲授庄子哲学也是用佛教法相唯识学说来解释庄子。旧北大的哲学系,其特点是重视佛教史的研究和哲学史的研究。汤用彤先生从 1935 年起,到全国解放(1949 年),一直主持北大哲学系,因而哲学系的教学及研究方向,受他的学术领导影响至深。

当时北大哲学系人数很少,不分专业。每年毕业不过四五人。那时同学中间,多半研究欧洲古典哲学,美国的实用主义在教育界影响颇大,但在北大哲学系没有市场。西方的现代哲学,像怀特海、罗素的哲学,北大哲学系很少引起注意。哲学系师生有兴趣的还是斯宾诺莎、笛卡尔、洛克、休谟、贝克莱、康德、黑格尔。有关佛教方面的有关课程开得比较多。有佛教选读,有因明,还有个别宗派的研究,如天台宗、华严宗、隋唐佛学、佛教概论、新唯识论等。中国哲学史也是着眼断代研究和专题或专著研究,如老庄哲学、周程哲学、王阳明哲学等。

抗日战争时期,北大、清华等校合并为西南联合大学,汤先生任西南联合大学哲学系主任,两校特点在哲学系尚各有一定的影响。

全国解放后,经过 1952 年的全国院系调整,全国只保留了北大一个哲学系。哲学系的主要课程是马列主义哲学课程,即辩证唯物主义与历史唯物主义,也还有一系列的马列主义专题和专著研究。北大哲学系从此进入了一个新的阶段,专业课程中,在历史唯物主义观点的指导下,重视中、外哲学史和佛教史的研究的风气还相当浓厚。

解放后到"文化大革命"前的十多年间,北大哲学系的毕业生,大都分配到各大专院校担任中、外哲学史课程的教师。一个有学术特色的大学,建立自己的学术重点很不容易,这种学术重点一旦形成学术传统,它发生的影响也是十分深远的。

全国解放后,北京大学的哲学系师生也和全国人民一道,沐浴在党的阳光下,汤先生肩负的行政领导工作比过去更重了。新任北大的校长是马寅初先生,副校长是江隆基同志和汤用彤先生。当时正处在教学改革,全面向苏联学习的时期。江隆基副校长主管教学改革及思想政治教育,汤用彤先生分管基建和财务。这方面的业务对汤先生这样一位老教授来说,不能说没有困难,只要是党的安排,汤先生愉快地承担了这一任务,还学会看施工蓝图,管理得很好。

时间和精力已不允许汤先生战斗在教学第一线,但他仍然是哲学系中国哲学史教研室的成员,有些学术讨论会,政治学习会,他也分在这个小组。院系调整对哲学系来说,是大事,全国所有大学的哲学系教授、副教授都集中到北大来。哲学系教授、副教授达二十八位之多,这种盛况在全世界也是仅有的。学术上互相讨论的空气十分活跃,汤先生也是其中的积极分子。北大哲学系在 1957 年以后,才变得沉寂起来,1959 年又有点小的活跃,也只限于讨论讨论曹操、老子等问题。在一年一度的“五四”科学讨论会上,汤先生也和大家一起提出论文,参加讨论。1954 年大病之后,已不能写长篇文章,他还挤时间一点一滴地集资料,对佛教、道教方面不断提出新的见解,在《北大学报》上发表的几篇文章,虽是时断时续病中之作,仍然保持他当年精密严谨的学风。这时期他的文章命名为《康复札记》,他自己说,不是为了纪念自己的健康恢复,而是要记住党和人民对他的健康的挽救。1963 年五一节的晚上,在天安门上看焰火,周总理见到汤用彤先生,关心地问起他身体恢复的情况,并把他领到毛泽东同志身边。毛主席对他说:你的病好了? 你的文章我都看了,身体不大好,就写那种短文吧! 那天回来汤先生十分兴奋,表示要更好地把他的知识贡献给人民。总是每天读书、学习、接待哲学系来问问题的青年师生,直到他逝世。

三、治学的基本功

从事社会科学研究,要有起码的基本训练,要求从幼年、少年就要打下基础。好像唱京剧,不论生旦净末丑哪一个行当,都要自幼喊嗓子、练腰腿功夫一样,有些功夫须要从小培养、锻炼。也好像一切单项的运动员都要求一定的田径运动训练为基础一样。我国上一代的文化人,差不多不自觉地承受了一种传统,文史哲三方面不要求过早地分科,几乎是综合训练的。老一代的学者如范文澜、郭沫若、王国维、陈寅恪等,都在少年时期经受了严格的训练。古文作为一种工具,运用得比较纯熟。涉猎的范围也比较广泛。在过去分科不细,"国学"一门,经、史、子、集无所不包,在前人未必自觉地认识到这种学习方法有其合理性,但从实践中培养了不少基础扎实的专家、人才。今天看来,老一辈学者的培养训练方法不免有它的浪费时间和精力的地方,但无可讳言,其中有它的合理的内核。他们不同于乾嘉学者,又超过了乾嘉学者。乾嘉学者如戴、段、钱、王诸人,缺少近代科学的训练,缺少外国语文的知识,接受的是纯经院式的训练,因而局限了自己的视野。汤先生自幼学习英语,后来又学习梵文、巴利文,还通晓法文、日文。他是我国第一代经过近代科学训练的学者,具有广泛世界文化历史知识,对古代圣贤经传不那末迷信,敢于推敲、怀疑。因此,具有超过前人的条件,对中国古典文献的自由阅读、正确理解,也不是很容易的事。前一代学者从家庭教育、社会上耳濡目染,无形中得到学习的机会,正如汤用彤先生在他的《汉魏两晋南北朝佛教史》绪言中自己说过的,"幼秉庭训,早览乙部",打下的基础。

今天的青年人已不可能具备那样的环境和条件,今天的青年人有更多的新知识、新工作要做,接触古典文献的机会比几十年前的人要少得多,应用文言文的机会更少。在今天如何克服时代给带来的不利条件,利用时代的有利条件,以最经济的手段,最节约的时间,把古典文献中必要的文史哲知识学到手,这是提到今天青年学者面前的一项新任务,这一点通过现代手段、科学方法并不是不可以学到,而且可以学得很好。像西欧某些卓有成绩的汉学家,如高本汉、伯希和等人,他们生长在异域,比中国现代青年更加缺少实践汉语的机会,但是他们通过科学方法,不但学得很好,而且还对汉学有所贡献。今天有了电子计算机,有了更完备的索引工具,检阅、查考可以免于记诵之劳,而且比记忆又快又准确,这都是有利的条件。但是我们必须承认对古文献资料要掌握它,消化它,还要触类旁通,这一关非打通不可。这样,我们的新一代必定能够胜过前一代,这不是大话,而是规律。

前人的经验,比如说,文史哲的基础知识都要具备,而不是过早地分专业,专业分得越细,越使人陷于断港绝河,视野受到限制,没有回旋的余地,当然更谈不上左右逢源了。

汤先生落脚在中国佛教史,他们写佛教史以前,他在东南大学、南开大学任教时几乎教过哲学系所有的课程,包括伦理学、逻辑学等,向达先生翻译过亚里士多德的《伦理学》一书,就是在汤先生的指导鼓励下完成的。他在北大哲学系,除了教他的佛教方面的课程外,还讲授《哲学概论》,这是为一年级学生打基础的入门课。解放前,旧中国各大学没有统一教材,而是根据教师的专长任意讲授。汤先生的《哲学概论》介绍西方当代主要流派,也讲授哲学界争论的若干主要问题。他讲授欧洲大陆理性主义、英国经验主义。他讲授佛教方面的课程并不限于佛教内部,也涉及古代印度哲学(佛教斥为外道的那些流派)。佛教课程中,既讲授过佛教的历史,也讲授早期佛教的一些主要经典原著。还开设过《魏晋玄学》,这是断代思想史,也是断代的中国哲学范畴研究。

佛教与道教,有密切关系,两家不断交互影响。社会上只知道汤先生致力于佛教史,而不大了解他对道教的研究功力甚深。《读太平经书所见》一文中已奠定了基础。抗战期间,他指导的研究生王明,论文题目为《太平经合校》。经过整理后的《太平经》,现已成为国际国内学术界公认的定本。

这些课程的开设和讲授都为汤先生的中国佛教史奠定了极为广泛的基础。有了中外文、史、哲广泛探索的基础,又具备丰富的背景材料,所以汤先生的佛教史的研究,讲的虽是一个方面,但读者从中得到的感受如饮醇醪,值得回味。

四、尊重史实的态度

汤先生的佛教史著作已足以说明他是一位史学家,佛教史也是历史的一部分。汤先生的史学成就受到同行的尊重,有人惊叹其渊博,有人心折其谨严,有人欣赏其考证精审,不论从哪一个方面的对汤先生著作感兴趣的人,有一个共同的印象,即认为他的著作使人信得过。好像和一个淳朴忠厚的人交朋友,使人感到他值得信赖,听了他的话不会使人上当。我接触到不少中外治中国佛教史的学者,这些学者来自不同的社会,有不同的国籍,不同的世界观,好像不约而同地对汤先生的著作有类似的感受和评价,这不是偶然的巧合。原因是汤先生的研究著作贯串着尊重历史事实的精神。

研究历史,首先要尊重历史,不能歪曲,不能恣意扯择自己所需要的资料,故意忽略对自己观点不合的资料,更不能任作者的偏好,混淆客观是非。汤先生曾说过,研究历史不能没有自己的看法和想法(看法和想法包括作者对某些历史事件、历史现象的解释、说明、介绍等)。当历史事实与自己的看法和想法不一致的时候,要毫不顾惜地修正自己的看法和想法,而不能修正历史事实,因为历史事实客观地摆在那里是不能修正的。汤先生解放前没有接触过历史唯物主义,也没学过辩证唯物主义哲学,他在哲学体系上是个典型的唯心主义者。但他尊重历史,明确地提出史实与想法不一致时,则修正自己的想法,不修正史实。这一点却是科学的实事求是的态度。

研究历史要客观,不杂主观成见好恶,这是西方资产阶级学者一贯标榜的一条原则。甚至有一些西方学者用这一条攻击马克思主义者的治史方法,他们说要有了立场观点就是主观主义。这样的攻击,早已被许多研究者所驳斥,这里不再申述。现在要说的是同一件事实,确实有由于立场的不同才得出不同的价值判断,如农民起义,官方正史叫作叛乱,等等。现在只就佛教史范围内的一些具体事实来谈尊重历史事实的问题。比如说佛教传入中国的时间,历史上有种种传说。当佛教和道教互相争夺宗教界领导权时,佛教徒力图把佛教产生的时代以及传入中国的时间提前,为了把道教尊奉的神老子压下去,使他在释迦面前只能充当晚辈。汤用彤先生在他的佛教史中,就曾把佛教传入中国的诸说胪列出来,一一加以评论,客观地向读者介绍了佛教传入的时代。

关于佛教净土信仰,社会流传慧远结莲社的说法,汤先生指出,净土念佛一派出于北方,"中唐之世,尚无信徒唱弥陀而求往生西方者,如后代俗僧之所信也"(《往日杂稿》)。并指出,世所推崇之净土三大师昙鸾、善导、道绰均生长于淮水之北,行化亦限于北方,道绰《安乐集》卷下,经叙此土大德,不言远公。

汤先生研究佛教而不信奉佛教,与当时名僧及佛教界名流素不交往,他认为信仰某宗教,必然对它有偏好,有偏好就很难客观地评论其得失。汤先生谨严地、客观地把中国古代佛教这一社会现象当作历史学的一个分支来探讨。

考据之学,到了清代发展得比较充分,方法多为搜集大量的资料,证其真伪,辨其异同。汤先生精通考据方法,他的学术论文充满着考据精神,精密而不烦琐,30 年代,他指导的研究生王维澄完成了一篇《老子化胡考》。取材详备,论据周密,曾引起学术界的重视。这一考证的特点,不止考证了《老子化胡经》伪出(这是一般考据学一般应当做到的),而且进一步揭示此伪经出现的社会原因,从中看出佛道两教斗争的背景。又如佛教史上国际国内聚讼纷纭的《牟子理惑论》的真伪问题,汤先生也顺利地提出了令人信服的论据,以说明此书不伪。他的态度是尊重史实、让史实站出来作证。

汤先生的考据不同于传统的考据,还在于他不是传统的汉学家,他是受过现代科学训练的史学家和哲学史家,不只懂考据之学,还懂得义理之学。读者容易感到焦循的《孟子正义》和刘宝楠的《论语正义》有差别。前者胜过后者,就在于焦氏兼通义理之学,刘氏只局限于汉学。使考据为史学服务,所以能简要不烦。

五、功能学派或批判学派的文化社会观

　　旧社会的大学里,像北大这类学校里,通晓马列主义、历史唯物主义的教授极少。在旧社会,国民党办的学校中,马列主义不能公开讲授。只在"五四"前后,李大钊同志曾在北大开设过唯物史观这类课程,只是昙花一现,以后没有继续下去。

　　汤先生在解放后才开始和全校师生学习马列主义。汤先生的解放前著作一直用唯心史观,他在佛教研究工作中,比较注意文化与社会思潮的联系。在旧时代的学者中,他的见解值得重视。比如他讲授印度哲学史,讲到佛教早期分布时,没有忽略古天竺北方各地与南方各地的学风差别;讲到中国禅宗的兴起,菩提达摩的禅法与慧能禅宗的差异时,他也注意到北方禅法重坐禅修炼方法,与北方地论宗的关系;讲到慧能禅宗时,注意到五祖弘忍于黄梅东山寺以《金刚经》为主要教材的转变,指出《金刚经》与南方流行的"三论宗"传布地区的关系。这些见解有的已得到国内外学术界的承认。因为他看到了社会上文化思潮流行与佛教有某些联系的大量现象。他讲"隋唐佛教史"(仅在北大印有铅印本讲义,汤先生生前未公开出版,1982年,遗稿由中华书局出版,书名为《隋唐佛教史稿》),在归纳隋唐佛教的特点时,曾列举隋唐佛教有四个特点(这里指的特点是与汉魏南北朝相比较而言)。

　　第一,隋唐佛教的统一性。南方佛教与玄学理论相融会,重玄谈,思辨探索,佛教流行及发展偏重宗教理论方面。如梁武帝发动群臣批判范缜的《神灭论》,只表现为在文字围攻而没有行动上的人身

迫害。北方宗教重实践、修行、坐禅、造像念佛,对理论的兴趣不大,北方信佛教与反佛教冲突,理论方面的辩论不多,行动上,往往表现为拆庙、杀和尚等活动。隋唐统一,南方北方的特点开始互相吸收,调和统一。政治上的统一也表现在文化上的统一。

第二,国际性。隋唐国势强盛,东西方经济商业来往较多,由长安通向西方的丝绸之路畅通,海上交通也发达。佛教僧侣来往频繁,中国僧人西到印度,东到朝鲜、日本,各国学人互相往来。隋唐时期的佛教也成了国际文化交流的媒介。

第三,自主性。佛教在隋唐时期,各宗派纷纷建立,自成体系,建立自己的传法世系,寺院庙产世袭,庙规僧规也有各宗派的传统,与印度佛教的差异越来越显著。

第四,系统性。各宗派建立了完整的判教体系,把外来各种佛教流派的理论,重新排列、安置,给以适当的位置。从历史事实归纳出来佛教的特点,从而得出外来文化与本土文化接触后产生什么后果问题。

西方有些社会学流派主张世界文化来源只有一个,中国有人也主张文化的出路在于全盘西化。汤先生在一次讲演中说,文化发展,将来的事,我们不是预言家,不相信预言,不过过去的事往往可以作为将来的借鉴。汤先生比较倾向于文化功能学派和批判学派的观点。从汤先生佛教史的著作中看,确曾运用这种方法作为他的研究工作的指导,他从佛教的传入后与中土文化的接触过程中,看出:外来文化与本土文化必发生影响,但必须适应本土文化环境,即为本土文化所接受;外来文化也要经常改变自己原来的某些方面,以适应本土文化环境,不能原封不动的移植过来。本土文化有它自己的特点,虽然接受外来文化,但不可能完全改变自己的特性,它的结果,将引起新的变化,外来文化变得适于本土文化环境,本土文化吸收外来文化后,自身也起了变化。他还举例来说明他的观点,如"地狱"和"灵魂"的观念,中国人也有,但佛教传入后,涵义发生了变化。中国人的理解,轮回是鬼(灵魂)在轮回,佛教主张轮回而不主张有鬼(灵魂),佛教的"念佛"本来是坐禅的一种方法,中国人理解为念佛即口唱佛名,与印度本来的意义不同。等到完全吸收后,外来文化即已变成中国文化的一部分,已不再是外来文化了。

汤先生当年不懂得历史唯物主义,也未接触过上层建筑与基础的相互关系。但他从大量历史事实、文化现象中发现外来文化与本土文化要相适应,不适应即不能生存。陈寅恪先生也看到玄奘的学问不适合中国人好简易的习惯。这些解释虽然还值得进一步讨论,他们从事实出发,看到这一文化生活中的现象,尽可能做出的科学解释,因而他们能做出有价值、有意义的学术贡献。他的文化功能学派的观点,其合理内核是看到并强调外来文化的传播要适应当地的文化土壤条件。这是他后来较快地接受马列主义的历史唯物观的一个外因。

六、历史的比较法

在没有学习马列主义以前,汤用彤先生的治学方法,我暂称为"历史的比较法"。从道理上讲,为提高鉴别能力,避免片面性,就要进行比较,古今的比较,中外的比较。我们近代几位有成就的历史学家,所以能够超越封建历史学家,如王国维、陈寅恪,他们成功地运用了历史的比较法,研究中国古代史,不局限于运用中国古代当时的文献资料,而要对比同时外国的文献资料;不但要从中国看中国,还要从外国看中国,尽量了解当时中国四邻的状况。有了对比,则便于鉴别。在马克思主义历史唯物主义未被认识以前,这是世界上资产阶级史学工作者通常采用的方法。有了历史唯物主义,这种方法也不能废弃,还不失为一种辅助方法,只是不作为第一位的方法罢了。

汤先生研究并讲授西方近代哲学史,讲授印度哲学、魏晋玄学,无形中充实了佛教史的研究。他讲授欧洲大陆理性主义,重点在斯宾诺莎、笛卡尔,讲授英国经验主义重点在洛克、休谟、贝克莱。这两门课程每年交替开设,他经常采取双方对比的方法。他讲授魏晋玄学课程,也经常采取以王弼与郭象的学说对比的方法。他讲授佛教课,经常采用与印度外道对比的方法,讲授中国佛教史,也经常采用与西方近代哲学的概念、范畴对比的方法。他还对我说过,越是研究中国哲学,越要了解欧洲的哲学和印度的哲学。这是说,他的佛教史撰写的背后,埋藏着人们没有看到的大量的工作和功力,他有深厚的知识积累,才能在他专业范围内驰骋自如,游刃有余。这种横剖面的比较研究,对哲学史的研究十分必要。因为范畴、概念,每一个民族都有它的特点,不能忽略了这些特点;同时作为认识论,人类的推理,认识外界,又有它一般性、共同性的因素。如果不是这样,我们中国人无法了解亚里士多德的逻辑学,印度的因明之学也传不进中国来。

更为重要的对比,在汤先生用作研究方法的还是古今对比,从历史现象的发展中找寻变化的线索。汤先生的魏晋玄学,未写成书,但有了一个基本体系框架。这也可以说汤先生在中国哲学史研究中一项重大贡献。因为魏晋南北朝正逢中国哲学思潮的变革时期,两汉经学神学目的论到魏晋时期已临绝境,这时佛教、道教在社会上也广泛流传。不研究魏晋玄学,佛教道教也难以深入。汤先生于 1936 年在北大开始讲授"魏晋玄学"课。这一哲学形式和内容与以前以后都有显著的差异。当时我国学术界人士也都感到这一特定阶段的哲学形态有它的特色,还没有形成一个固定的名称,有人称为"清谈之学",也有人称为"思辨之学",还有一些其他的名称。今天"魏晋玄学"这一名称已为多数哲学史家所采用。我记得用"魏晋玄学"概括这个时期哲学特点的是汤先生。他为了纪念这一年开始讲授"魏晋玄学"的课程,汤先生为他小儿子命名为"一玄"。昔年章太炎《五朝学》有云"俗士皆曰秦汉之政踔踔异晚周,六叔(魏、晋、宋、齐、梁、陈)之俗子尔殊于汉之东都。其言虽有类似。魏晋者俗本之汉,陂陀从迹以至,非能骤溃"(《章氏丛书·文录》卷一)。汤先生认为历史变迁常具继续性。文化学术异代不同,然其因革推移,悉由渐进,研究历史,不能不弄清它的变迁之迹。他还说,研究时代学术的异同,虽当注意其变迁之迹,即客观现象,更应当注意变迁的理由。变迁的理由又有两个方面,一方面要注意时代思潮的影响,另方面要注意治学的眼光与方法。新学术的兴起,虽然受时代思潮的影响,如果没有新的眼光与方法,也不能产生组织完备的新时代哲学体系。

汤先生在他的《读人物志》一文中说:"汉魏之际,中国学术起甚大变化。"即在魏晋时期,细加分别,它变化也很大。如正始名士(老学较盛),元康名士(庄学较盛),东晋名士(佛学较盛),正始以前,魏初名士(刑名较盛)。占有广泛资料,把历史现象给以排比、归纳,分梳其前后时期的异同,才可以说明一个特定时期的思潮的精神面貌。汤先生从先后对比,提出从两汉到魏晋,在认识上是一大进步。汉代学者对天地万物的总体观,不出宇宙生成论(Cosmology),魏晋玄学则由宇宙生成论进而为探究天地万物之本体,哲学的重心不在于宇宙由何物构成,是元气还是什么,而在于本体论(Ontology)。不但揭示汉魏两个时期哲学形态不同,而且提出汉魏哲学的性质的不同,认识深度的不同。章太炎早年也看到了汉魏学术不同,对魏晋学术也很欣赏,评价颇高,但章氏没有从思想发展的内部指出从汉到魏晋何以不同,两者的不同意味着什么。从认识论的角度来进行探索,这是汤先生魏晋玄学的研究工作超过章太炎的地方。

在中国佛教史研究方面,汤先生把重点放在魏晋南北朝的断代研究方面,这是有原因的。因为汉末,佛教刚刚传入中国,魏晋南北朝时期,佛教蔚为大宗,道教也逐渐扩大它的影响,中国固有文化与这一陌生的外来文化接触后,动荡激摩,有抵牾,有融会,情况复杂,问题多,困难也大。把这一段搞清楚了,对以后的佛教发展史的研究才可以顺利开展,收到振衣挈领的效果。又由于魏晋南北朝正逢中国哲学思潮的变革时期,两汉经学到魏晋时期已陷绝境。佛教、道教也广泛流传。魏晋玄学思潮是佛教、道教滋生的土壤。抓住这一大变革的环节,经过周密的历史的比较,佛教史的脉络比较容易被发现。又由于佛教是个外来的意识形态,又提出了中外比较的有利条件。这也给有功力、有才能的学者以充分施展专长的机会。

旧中国的哲学界就是旧中国的政治、经济状况的一面镜子。半殖民地半封建的社会症状一一表露在学术界。买办的、封建的货色充斥市场,也充斥学术界。当时中国哲学界几乎成了西方资产阶级哲学流派的分支机构。说分支机构也许夸大了,也许可以说是售货商亭或推销外国流派的小摊贩。胡适的实用主义,张东荪的柏格森主义,其他新学派,新体系,凡是外国时兴的,国内都有一点。汤先生对当时趋时髦、凑热闹的学术界十分看不惯。他曾说,第二等的天资,老老实实做第二等的工作(即从事历史资料考证等工作,而不挂上什么流派的牌号),可能产生第一等的成果;如果第二等的天资,做第一等的工作(建立体系),很可能第三等的成果也出不来。汤先生说,他有自知之明,甘愿做第二等的工作,给后人留下点有用的资料也好。学术研究本无所谓等级高下的差别,这分明是针对当时务虚名、不务实学的一种批评。

七、史学与史识

在旧中国,从事考据之学的,不少人喜欢引用一些别人看不到的材料借以抬高身价,沾沾自喜。汤先生和几位有成就的历史学者,如陈寅恪先生、陈垣先生却不是这样。他们主要依据是五经、二十四史、高僧传、资治通鉴、大藏经等,都是摆在大路边上,人人易见的资料。他的立论也平易朴素,从不自诩有什么惊世骇俗的伟大发现。他的著作平实中见功力,经得起时间的考验。《汉魏两晋南北朝佛教史》出版到现在快半个世纪,仍然被学术界所重视。后来外国出版的同类著作,至目前为止,我所看到的,多半是在他原来的间架上有所增益,没有重大的突破,有的作者由于对古汉语的隔阂,还有不少知识性的缺陷。经得起时间考验的学术著作从来是为数不多的。经得起时间考验的主要原因,考订谨严,资料扎实,学术界信得过。汤先生自幼身体不大强壮,三十多岁即满头白发,患高血压,写字手颤,写文章也不像有些作家那样,下笔万言,一挥而就,而是反复斟酌,日积月累,逐渐完成的。内行人都佩服他的文章古朴、厚重、典雅、平实、寓高华于简古,深具汉魏风骨。

汤先生读书十分仔细,他治学谨严,对原始材料一字一句,一个标点也认真考虑,从不轻于放过。他早年写的几篇《大林书评》(收在《往日杂稿》）中对日本一些著名学者的著作提出评论。有根有据,平心静气地说道理,并严肃地指出他们对古代汉籍的断句、标点的错误,从而造成对古人原文意义的误解。作为一个有修养的中国学者,对中国文化遗产的整理,应当最有发言权,也应当善于运用我们的发言权,为国争光。这一点,汤先生表现出中华民族的学术骨气。旧中国有些文化人,生就一副奴颜媚骨,在洋人面前不敢争是非,这种恶劣影响今天还有待于肃清。

汤先生十分注意一个学者的史识,他经常说,做学问,除了广泛占有资料外,还要有科学的识见,他经常用 Insight 这个词。没有史识,光是资料的汇集,不能算作史学著作。有意识地运用历史比较法研究中国佛教史,开创者是汤先生。在汤著佛教史以前也有几本中国佛教史,基本上是封建主义的、资料摘录式的介绍,有成就,但他们的成就受到方法的局限,使问题钻研的深度受到一定的限制。汤用彤先生提出,史学者要有史识。他不同于封建史学者。他对西方现代资产阶级唯心主义哲学有较深的理解,具备现代资产阶级的一些思想方法,对佛教思想进行分析比较,比起那些只会用封建的含混不清的叙述,用佛经解释佛经的中世纪办法提高了一个历史阶段。又由于他能把佛教的传播与发展当作一种社会现象来对待,他解放前用的是唯心史观,但比起那些和尚居士们对佛教怀着迷信态度的膜拜,成就自然高得多,这是他能超出封建学者的原因。

解放以后,汤先生学习了马克思主义,接受了唯物史观,扩大了眼界,才进一步认识天外有天,感到过去的观点方法与唯物史观比较,又有霄壤之别。汤先生认为过去所强调的"史识"有了质的改变。他表示要下决心学好马列主义,对佛教史重新钻研,对自己过去的著作成绩也要自己重新估价。可惜他的健康一直没有完全恢复,这一深切愿望没有完全实现。解放后发表了不少短篇论文等著作,但汤先生对此并不满足。他一直想把中国佛教史重新写过。汤先生从30年代到北大以后,日本帝国主义侵华行动年年加剧,北京大学师生均有地处国家边陲之感。抗日战争时期,蒋管区政治黑暗,贿赂公行,安分守己的教育工作者更是衣食不周,过着半饥半饱的生活。抗战胜利后,国民党又发动内战,民不聊生。几十年的内忧外患,一大批知识分子、学者,目击国家多难,不愿与国民党同流合污,又不懂得哪是革命的出路,他们打算在学术中寻求安身立命的道路。他们皓首穷经,潜心研究,工作条件艰苦,心情沉重。虽说做出一些成果,这些成果对挽救国家灾难有什么用,他们自己也茫然。汤先生的佛教史著作,就是在这种阴暗低沉的气氛中写成的。

中国解放后,汤先生不止一次地说过,"若不是遇到全中国的解放,可算糊涂过了一生"。汤先生研究史学,把史识放在第一位,直到解放后,学习了马列主义,才真正找到最高明、最科学的指导历史研究原则——唯物史观。

和汤先生同辈的一些学者,解放后,都在自己的岗位上做出了不同的贡献。抗日前在北大哲学系教书时,朋友过从较密的有蒙文通、熊十力、钱穆,贺麟、郑昕、洪谦诸先生。汤先生早年在东南大学时学生有向达、陈康诸位,在南开大学时学生有郑昕等。抗战前在北大哲学系的老学生有熊伟、胡世华、王森、韩镜清、庞景仁、齐良骥、韩裕文、石峻等。这些老朋友和老学生中,有的飘泊海外,有的凋谢,有的成为光荣的共产党员,成了马克思主义者。汤先生若在世,按照他思想发展的逻辑,人们相信他会成为一个光荣的中国共产党党员和马克思主义者的。

实现中华民族历史使命的巨人——毛泽东^①

　　伟大的中华民族,有文字可考的历史至少有五千年。中华民族对世界文明做出过贡献,中华民族也吸收世界先进文明丰富了自己。回顾中华民族走过来的道路,五千年来,概括地看,可以说做了两件大事:第一件大事,建成多民族的大一统封建国家;第二件大事,摆脱近代帝国主义侵略势力和封建势力,建立现代化的人民民主国家。第一件大事已完成其历史使命,第二件大事已经开始,并正在进行中。毛泽东是中华民族从事于第二件大事的参与者、推动者和领导者。

　　中华民族几千年来从事的第一件大事,是把生活、蕃衍在黄河、长江流域广大地区的众多种族融为中华民族,把众多诸侯割据的小国建成大一统的国家。中华民族在大一统的政治制度下得以充分发挥其创造性,创建了伟大的东方文明,建立了完善的政治制度,使本来比较低下的小农经济发挥出最大效益,形成巨大综合国力,从而使中国封建社会的哲学和文化达到极高成就。汉唐以来,中华民族的贡献长期处在世界文明的前列。

　　也要看到,成就所在也就是局限所在。封建社会成功地贯彻了政教合一,使它难以从中世纪的锢闭中蜕变出来走向现代化。

---

　　①　原载《中国社会科学院研究生院学报》1993 年第 6 期。

中华民族的历史使命,赋予它的第二件大事是推进中国走向现代化。为实现现代化,首先要摆脱殖民统治,救亡图存,使民族免于被奴役,建成独立、自由、富强和民主的新中国。

1840年以前,中华民族走着自己安排的道路,在大一统的政治体制下,取得了文化、经济建设的预期效应,把中国封建社会推到顶峰。如果没有外来势力的干预,社会循着自己的规律发展,也会从中世纪的古堡中走出来,奔向现代化。但1840年以后,中国被迫卷进世界,当时先进的资本主义已成长起来,他们为了保持殖民者既得利益,不愿中国走向现代化。中国的现代面临着双重阻力,一是外国侵略者的阻挠,二是中国封建主义保守势力维护其既得利益,反对任何变革。

中国人带着八国联军侵占首都北京的民族耻辱进入20世纪。民族的愿望和客观现实出现了强烈的反差。中华民族面临的抉择是不能生存就要亡国这样严峻的考验。两者之外没有第二条路可供选择。

中华民族仁人志士,一代接一代地为争独立、自由、救亡图存而奋斗。从鸦片战争起,为中华民族走向现代而努力的像林则徐为首的爱国官吏,洪秀全为首的爱国农民,康有为、梁启超为首的爱国知识分子,都在为中华民族的历史使命,完成第二件大事而努力奋斗。伟大的孙中山先生总结过去的经验,首先提出推翻几千年的君主制度、建立独立的民主国家,并为此而奋斗一生。孙中山的思想贯穿着中华民族爱国主义传统,紧紧把握救亡图存的大方向,把中国的现代化推进一步。要救亡,就要反对帝国主义的侵略,要图存,就要争取民族的生存权,要发展生产,要提高全民族的文化科学素质。正如鲁迅先生所说的,我们中华民族一要生存,二要温饱,三要发展,凡是阻碍我们达到这个要求的任何势力,都要坚决排除掉。孙中山先生未完成的事业,由中国共产党和毛泽东同志领导全国各族人民继续推进,把中华民族的解放事业推向更高阶段。

毛泽东同志的成就是多方面的,主要贡献在于他实现了中华民族的历史使命,他带动各族人民做了中华民族史上的第二件大事——建立一个独立、富强、自由、民主的现代化新中国,即中华人民共和国。毛泽东同志在1949年开国典礼上向全世界宣布"中国人民从此站起来了",实现了百年来几代仁人志士的理想。

解放后,外国侵略势力不甘心让出已享有的特权,对新中国在经济上封锁、政治上孤立,在局部地区强行军事干预。救亡图存的大业已奠定了巩固基础,但统一尚未最后完成,领土边界还未得到完全的保障。这要我们这一代人继续努力。

由古代社会走向近代化,由自然经济向商品经济转轨,一般情况下,要经过几百年的反复探索,才能把关系理顺,使它走上正轨。我们要在短短几十年内走完一般要几百年的路,困难是可以想到的。毛泽东和全国各族人民一道共同探索着现代的道路。

毛泽东之所以不朽,因为他参与并领导了中华民族的这一不朽事业。中华民族五千年间做了第二件大事,为了建立新中国,既要除旧,又要布新。新兴事业正开始进行中,中华民族的历史使命不朽,毛泽东的业绩同样不朽。

吴宓先生①

　　早在读中学时,看过吴宓先生在《学衡》杂志上的文章,没有见过面。抗战开始,北大、清华、南开三校合并,成立西南联合大学。文学院由湖南衡山搬到云南省的蒙自县,在南湖边租用了一所倒闭的法国商行,单身教授和男生宿舍都在这所楼上。记得吴宓先生和叶公超同住一处,有时看见他在南湖边与叶公超教授散步。蒙自县城内有一家卖甜粥的小店,店主人是四川人,有一定的文化修养。吴先生曾为这家小店写过一副对联:"无名安市隐,有业利群生。"这副对联为这家小店增色不少。半年后,联大迁回昆明,几十年没有回过蒙自,却时常想起这家小店和吴先生的对联。

　　1939 年起,北京大学文科研究所招收研究生,我的导师是汤用彤先生和贺麟先生。汤先生是吴宓先生多年好友,贺先生也和吴先生很熟。毕业后留在西南联大教书,我有机会与吴宓先生相识。从汤、贺两位先生处得知吴先生的为人,用一个字概括,就是一个"真"字。他对人、对事、治学,不矫饰、不敷衍,他的言与行天然一致。

　　吴先生处事不大会考虑个人得失,也可以说他不善于为个人的利益打小算盘。这种不善于为个人利益打小算盘的师长中,使我难忘的有两位,一位是金岳霖先生,另一位是吴宓先生。在昆明时,正值他五十岁生日,他在《五十生日诗》中有一句是"为人谋何巧,谋己一何拙"。他的信念是:学推孔柏先,教宗佛耶正。学术上推崇孔子和柏拉图,宗教观上他服膺佛教与基督教。他的哲学观和文化观与贺麟先生很接近。学术界多认为贺先生是研究黑格尔的专家,实际上贺先生对伦理学、价值论、中国的宋明理学都有精到的造诣。研究西方伦理学离不开基督教。吴宓先生信奉的西方人文主义也与基督教有不可分的关系。在昆明时,吴、贺两位与当时流亡到昆明的燕京神学院赵紫宸教授经常来往。有一段时间,赵紫宸教授家定期约集几位对人文科学有兴趣的学者举行茶会,大约每两周(也许是一个月)聚会一次。赵紫宸先生除专研基督神学外,也是一位诗人,写旧体诗、填词,也写新体诗,曾把他的诗集《玻璃声》分赠给大家。这样的聚会吴先生倡议取名"心社"(Mind Society),只有四五个人。这个谈心、论学的集体,大约举行过七八次,后来赵紫宸先生离开昆明,就解散了。在这个会上,贺先生讲过"知行合一的相互关系"(后来发展为《知行合一新论》,收入论文集);赵紫宸先生讲过基督教神学;吴宓先生讲过一次"红楼梦的文学造诣"。吴先生说,《红楼梦》内容且不说,只就章回小说的回目标题而论,其对仗之工,文字之美,任何章回小说都难比得上,还随手举出第三十五回"白玉钏亲尝莲叶羹,黄金莺巧结梅花络"为例。

也是在这一次聚会上,谈及柏拉图对话集中的《酒谈会》,由此又引申到西方流行弗洛伊德学说的影响。吴先生说,男女间的交往属于一种交叉关系,男人与男人、女人与女人的交往属于平行关系,确有不同。吴先生说,男人和男人的友谊、交往可以长期保持,甚至持续几十年不变,不远也不近。女人和女人之间的交往、友谊也是这样,都能以平行线的形式,持续下去。如画个坐标图,可以用一纵向、一横向来表示。唯有男人与女人之间的交往与友谊,纵横两线相交会处,即构成家庭或相爱,有一个结合点;如两线交会而未构成家庭或发生爱情,没有产生结合点,这两条线引申下去,越离越远,再无相交的可能。吴先生举出这种现象,给人以深刻的印象。当时没有黑板,吴先生用手比画着说明两条纵横线条的平行发展和交会于一点的情况。何以有此种现象,可惜吴先生未曾深论。

吴先生长期过着单身生活,不与家人住一起,住单身教员宿舍。记得在昆明时,他有一段时间与叶公超教授同住在文林街一所宿舍。每天早晨叶公超到菜市买菜。叶虽为教授,在抗战时期,生活困难,买菜好斤斤计较,价钱讲妥,叶还要从摊贩菜堆里再抓一把放在自己菜篮里。叶公超毕竟是教书先生,手脚不灵便,十之八九被菜贩把菜夺回去。对这类事,吴先生很看不惯,警告叶说,你这种爱占小便宜的习惯不改,我不再陪你逛菜场了。后来吴先生搬到北门街另一所单身教员宿舍,直到他离开昆明。

与吴先生直接打交道的还有一位系主任 C 君,C 君英语讲得好,善于交际,人缘也好。他对西方传统文化和东方传统文化所知不多,中文修养也差。吴先生学贯中西,对这位缺少文化修养的系主任很看不上。C 君对吴先生想必也没有好印象,对他的照顾很不够。吴先生在北门街宿舍住在一间阁楼上,光线只能从书桌下的空隙中反射上来。室内光线非常昏暗。吴先生有意离开西南联大,到贵州湄潭浙江大学教书。有一天,贺麟先生和冯友兰先生商谈关于西方哲学名著翻译的事(他俩都是西方哲学名著编译会的常委,另一位常委是汤用彤先生)。谈话间隙,贺先生忽然问了一句:"吴雨僧现在去贵阳,不知走了没有?"冯友兰先生听了大吃一惊,作为文学院长,还不知道吴先生要离开联大。两人赶到长途汽车站,幸好汽车还未开出。

冯、贺两位把吴先生劝了回来,留下不走,又回到他那间光线来自桌子下方的单身阁楼。这一次贵州未去成,但吴先生去意已决,后来还是没有等到西南联大结束,转到四川成都教书,西南联大结束前他就离开了昆明。

1946 年,西南联大解散,三校各回原处,大部分教员从重庆飞回北平,也有从海路或其他途径回去的。当时我的家在西安,我要由重庆经成都去西安,顺路看望钱穆先生和吴先生,在吴先生处住了一晚。吴先生住齐鲁大学的职工宿舍,房间简单、朴素。窗外下着细雨,在昏暗的灯光下(好像是煤油灯),我向吴先生讲了个人的读书及生活中的困惑,大部分时间听吴先生谈论中国儒家文化精神、为人之道,当然也讲到白璧德。第二天要上路,向吴先生告别,感谢他长辈关怀后学的深情。吴先生说,论年龄,我算长辈,我不喜欢人家把我当长辈看待,愿你把我当作朋友,以朋友的地位,无拘无束,推心置腹地交谈,这样很好。

清华大学迁回清华园旧址,吴先生与清华大学的关系非同寻常,清华是他的母校,只要他表示肯回去,清华大学求之不得。只是由于他和 C 君合不来,没有回到清华,他由成都转到了重庆,此后的经过,师友所共知,不再赘述。如果当年回到清华,情况可能另是一样。1948 年,清华面临解放,C 君仓皇逃走,吴先生和他的多年好友如陈寅恪、汤用彤、贺麟、冯友兰、金岳霖,都在各自的岗位上留下来,迎接了新中国。不论走了多么曲折的路,中国人民站起来了,几代爱国人士的梦想成为真实,"求仁而得仁",他们无所尤悔。

贺先生常和我说:"吴宓先生讲授英国浪漫主义诗人的诗,他本人就是雪莱、拜伦,他这个人的生活就是一首浪漫长诗。"

吴先生生长在陕西,关中有高山大川,水深土厚,文化传统可以上溯到周秦。吴先生具有关河人物的凝重、刚健之质。古人常说关西出将，关东出相，吴先生生于关西，出身于军官家庭，他禀赋武将的性格，却走着诗人学者的道路。这种奇特结合，铸成吴先生特有的风格。

吴先生是重践履的浪漫主义诗人学者。浪漫主义使人趋向高洁，免于庸俗，但高标傲世，往往不见容于庸鄙。吴先生深受儒教熏陶，与西方传统的浪漫主义不尽相同，因而带有吴宓印记。

以浪漫主义为生活基调的诗人、学者，不论生于治世或乱世，概难免于遭际坎坷，见讥于流俗。浪漫主义气质过重的人，以之治身，多误身；以之治国，多误国。中外史乘，屡见不鲜。

吴先生从事教育事业，一生为国家培养了大批有用之才。人们多知道他是西方文学的教授，培养了外国语言、文学人才，而不知道他对国学也做过杰出贡献，闻名中外的清华大学国学研究所，吴先生就是创建人之一。陈寅恪先生当年一无外国博士头衔，二无成本著作问世，吴先生把他招来与王国维、梁启超几位大师同聘为导师，足见吴先生学识过于常人。冯友兰先生曾把《庄子》（内篇）译成英文，冯友兰先生深知吴精通庄学，出版前请吴先生润饰英文译稿。

处于"文化大革命"时期，吴先生偏偏被安排在最轻视知识的环境中。赶上视人才如草芥的年月，令人遗恨千古。

在当前改革开放的新形势下，要使国家富强，立于不败之地，首先要培养人才。人才是开发不尽的宝贵资源。天然资源如煤、矿山、石油固然是可贵的资源，但没有可用之才，即使自然资源丰富，也只能供强国来掠夺；人口众多，如果教育落后，国民无知，民族素质不高，就只能沦为殖民地，只能被奴役，供强国驱使。只有发挥人才的优势才是真正的优势。人才是取之不尽，愈开发愈多的资源。开发人才资源离不开教育。而我国的教育仍需进一步给予应有的重视。

现在经济扶贫已引起人们的注意,而文化扶贫,似乎还未过于重视。全国还有两亿文盲,拖住了现代化的后腿。

吴先生一生的遭遇,从一个侧面反映着广大知识分子,特别是高等知识分子的遭遇。说它小,可以看作个人的沉浮、荣枯;说它大,吴先生的一生遭遇,可以关系到民族、国家的兴废存亡。这种劫难性的历史希望永被埋葬。吴先生墓木已拱,后来者长途漫漫,任重而道远。

总结往史　留待后人

——纪念冯友兰先生百年诞辰①

一代学人冯友兰先生逝世已经五年了。他的"两史""六书"仍然受到学术界的关注,逝者与生者相隔并不遥远。

冯先生的著作长留在天壤间,足供后来者研寻。冯先生治学的心情,他自己很少谈到。治学研史,贵"知人论世",这里试从学术边沿谈一谈自己的印象。

中华民族,既古老又年轻,这一特色在世界上很突出。中华民族的文化与历史前进步伐相协调,既有传统的继承,又随时赋予新的创造。春秋、战国时代已有哲学家自觉地承接了各自的历史使命,在自己的岗位尽他认为应尽的历史责任。这一优良传统,从孔子开始,以弘扬文化为己任;后来,汉代有司马迁,唐代有韩愈,宋代有二程、张载、王安石、范仲淹、朱熹、陆九渊,明代有王守仁,清代有王夫之、顾炎武、黄宗羲、戴东原,两千多年,未曾中断。

鸦片战争后,中华民族遭受空前灾难,国家受欺侮,民众被残杀、遭凌辱。"九一八"到抗战期间,广大知识分子不但亲身受到饥寒困苦,也加入了难民的行列。敌机狂轰滥炸,1938 年夏,西南联大校园墙外留下的断壁残垣、尸体横陈的惨状,这些都是冯友兰先生所亲身

---

①　原载《追忆冯友兰》,社会科学文献出版社,2002 年 1 月版。

经历的。冯友兰先生和西南联大一大批知识分子在十分艰苦的物质条件下,完成他们的学术著作,其动力就是爱国主义。冯友兰先生的《贞元六书》,写作动机是爱国热情。新中国成立后,广大学者在困难条件下,甚至在不被理解的情况下,仍然从事自己的讲学、著述,其动力还是爱国主义。广大知识分子和几亿人民分享一个积贫积弱的大国独立后的尊严。新中国广大知识分子的心情,只有历尽灾难,饱受列强欺凌的中国人,才有刻骨铭心的"翻身感",经过百年的奋斗,几代人的努力,中国人民终于站起来了。这种感受是后来新中国成长起来的青年们无法体会得到的,他们认为中国本来就是这样的。

建国四十多年,我国在文学、史学、应用科技及基础理论方面涌现了许多人才,唯独哲学理论界人才不多。原因是多方面的,直接妨害人才涌现的原因是理论界一度被假冒伪劣的理论家窃据了领导岗位,真正的理论人才难得施展。冯先生在北大哲学系任教多年,哲学系解放后,一度以极"左"著称,"文化大革命"的"第一张马列主义大字报"就出产在哲学系,哲学系成为遭受极"左"思潮危害的重灾区。

在极"左"思潮笼罩下,"革命派"要"打倒一切",粗暴地割断历史。冯先生凭他一生治学研史的经验,他看到这样下去,不但危害祖国的文化建设,还将祸及后世。一个有深厚根基的伟大民族,必有与此相应的文化根基。他对中国文化最热爱,最熟悉,他反对割断历史的立场也最坚定。他以卞和献璞的精神把学术献给国家,留给后人。

"天下兴亡,匹夫有责",是中国爱国知识分子的好传统。从事文化思想的知识分子,其职责是关心文化兴亡。出于高度的历史使命感,他在垂暮之年,用全力捍卫中国文化,继承既往,铸造未来。他振奋精神,战胜年老多病的折磨,克服连遭亲人伤逝的悲痛,承受急风骤雨的冲刷,写他的哲学史。九十岁以后,目近失明,耳近失聪,耗尽最后心力来完成他的哲学史。如果没有一种特殊的使命感作为精神支柱,换上另外一个人,早已支撑不住了。

走进三松堂,但见庭院深深,浓阴匝地,显得十分肃穆宁静。事实上,书房是不闻金鼓声的战场。冯先生正像沙场老将,为抢救祖国文化而战斗,全力以赴,义无反顾。

海外学人多欣赏《贞元六书》,而不大理解《中国哲学史新编》。冯先生的学术实践表明他更倾注于《哲学史新编》。《哲学史新编》不但凝聚着他的学术成果,也寄托着他对中国文化开拓的希望。晚年的冯先生更加坚信唯物主义,思想也更加成熟,他不观气象,不随风向,尊重历史,尊重事实,以学术实践对历史负责。他希望这部《哲学史新编》可能成为一部以中国哲学为中心而又对中国文化也有所阐述的历史著作。冯先生曾说过,"真正的中国人已造成过去的伟大的中国,这些中国人将要造成一个新中国,在任何方面,比世界上任何一国都有过之而无不及"①。冯先生的爱国主义成为他治学、为人的最终推动力。他自撰楹联上联是"阐旧邦以辅新命"。他爱的就是鸦片战争后,几代仁人志士为之奋斗而建成的新中国。

冯先生的成就,一半靠天赋,一半靠勤奋和毅力。1937年,北大、清华等三校迁到湖南,文学院借住衡山脚下的一所学院。冯先生讲授"朱子哲学",这门课程的讲稿出版时改称《新理学》。他随讲随写,每天按时写作,从不间断。和他同住一室的郑昕先生说,"冯先生写起书来,简直就像一部开动的机器"。

冯先生主持中国哲学史教研室十几年,同事们没有见他发过脾气,遇到不顺心的事,也没见他闹过情绪。他受到过不公平的批判,

---

① 《冯友兰学术论著自选集》,北京师范学院出版社,1987年版。

他从不垂头丧气,也未影响他的生活节奏。日常生活中体现着他的哲学境界。

冯先生的学术著作,文风简重,不事雕琢,条理清晰,逻辑严密,文章没有多余的字句。晚年目力不济,写文章全凭口授,由助手记录。冯先生在记录稿上略作改动,核对引文,即成定稿。古代也有些下笔成文,出口成章的作家,多属于短篇吟咏,或即席应酬之作。口授百十万言的学术巨著的,很不多见。

人生不过百年,古代人生逢太平年月,百年如一日,变化不大。鸦片战争后,中华民族处在惊涛骇浪中,这一百多年,变化剧烈,前所未遇。几千年的旧秩序不复存在,新秩序刚刚建立,来不及就绪,又被更新的秩序取代。中国人要按照自己设计的蓝图构造未来(包括文化的、政治的、经济的)。冯友兰先生所经历的忧乐休戚,不啻为中国爱国知识分子的一面镜子。他的结论和观点,学术界见仁见智,尽可留待后人评说。冯先生热爱民族文化,忧国忧民的胸怀,坚定的民族气节,他的爱国主义精神将屹立在中原大地,永驻常新。

忆金岳霖先生的一堂教学和两则轶事①

一

　　七七事变后,北大、清华、南开三校合并;成立西南联合大学。我在北大毕业后,在西南联合大学哲学系教书,有机会旁听金先生开设的"知识论"课。

　　金先生讲课,不带书本,不带讲稿,走进课堂只带一支粉笔,这支粉笔并不使用,经常一堂课讲下来一个字也不写。他夏天穿西装,不系领带,冬天穿棉袍。昆明号称"四季如春",实际冬天相当冷,陈寅恪、刘文典两位先生都穿皮袍。金先生眼睛怕强光,不论冬夏,都戴一顶网球运动员戴的遮阳帽。冬天戴着遮阳帽,显得很特殊。金先生冬天戴遮阳帽与朱自清先生冬天穿西装外披一件昆明赶马的驮夫披的白色蛉斗篷,成为西南联大教授中引人注目的景观。

　　金先生讲授知识论课程,有的学校称为"认识论"。金先生说,这门课只能叫"知识论",不应叫"认识论"。人们对某种事物可以有一定的知识,却不一定认识它,因为认识一个事物要受众多条件的影响

　　① 原载《念旧企新——任继愈自述》。

和制约，有主观方面的，也有客观方面的。

比如说，事物之间的比例（proportion）就是影响认识的一个因素。假使世界上所有的东西一夜之间都按比例缩小了一半（房子、门窗、桌、椅、人……），这个变化不能说不大，可是人们对已发生变化的这个世界并未察觉，认为和平常一样，认为没有变化。

金先生又说，"我平时好大，却不喜功"，常摆几个大的苹果在桌上。刚摆出时，它们大小差不多，几天后，有的苹果缩小了，苹果$_A$、苹果$_B$、苹果$_C$……之间差别逐渐显出来，因为它们之间的比例拉大了。如果这些苹果同时同步缩小，我会认为它们没有缩小。可见"比例"在人类认识中的作用不能不考虑。比例不过是众多关系中的一种。

再比如天气的冷热，可以用温度计测出其绝对值，但人们对冷热的感受与温度计显示的数值并不一致，有时甚至相反，甲说今天冷，乙说今天热，丙说不冷不热。人们叙述天气的冷热，只能按多数人的感受为准。好像大家有一个共同认同的冷热标准。如果对冷热感受者人数比例刚好一半对一半，究竟以哪一半为准？

金先生又说，人们嗅到某种花香的气味，有人觉得沁人心脾，有人为之头昏脑涨，感受因人而异。形成气味的还是那个化学分子结构，香和不香的感受因人而异，认识不尽相同。

金先生又说，对于桌、椅、木、石等死的东西，哲学家可以通过分析，论证其不真实，认为不过是众多感觉的复合体，好像言之成理。如果认识的对象不是呆板的死物（桌、椅、木、石等）而是一个大活人，哲学家做出上述的分析和判断就会遇到麻烦。讲到这里，金先生指着坐在他对面听课的同学陈龙章①，并代替陈龙章回答："你不承认

---

① 陈龙章是南开大学哲学系的同学，听说毕业后在西北某省工作，想已退休。

我的存在,我就坐在你的面前,你把我怎么办?"讲到"你把我怎么办"这句话时,金先生把头一摆,胸一挺,脖子一梗,做出不服气的样子,听课的同学们会心地笑了。

金先生总结说,人们用概念、判断等方式表达事物性质的特点,构成人们的知识,知识可以通过各种媒介、工具表达清楚,传达给另外的人。不论这种过程是复杂还是简单,总归可以讲清楚,我们可以说对某事物有知识,关于这种过程的学问叫做"知识论"。但我们只能说有关于某事物的知识,却不能说有关于某事物的认识,因为这个"所与"(given)对不同观察者的认识很不一致,也无法取得一致。金先生说,所谓"thing",实际上是人们对它(thing)的加工,"thingize"是人加给物的①。

金先生晚年接受马克思主义哲学,并非偶然,有其哲学理论的结合点。

二

金先生为人通情达理,平易近人。对个人利害得失,从不放在心上;对学术问题却严肃认真,半点也不迁就。听金先生讲过,30年代初,中国哲学会在南京举行一次年会。有学术报告,也有讨论。金先生带着年轻的沈有鼎去开会。金先生深知沈有鼎这个学生自由散漫,性情古怪,生怕他在会上乱发言,有意安排他坐在自己旁边。沈有鼎有好几次想站起来发言,被金先生按他坐下,制止了。沈有鼎实

---

① 东晋僧肇的《不真空论》说,"夫言色者,当色即色,岂待色色而后为色哉",僧肇讲的"色色",可英译为 thingize。

在憋不住了,趁金先生不注意,猛然站起来,金先生一把没拉住,沈有鼎滔滔不绝地讲了一通,沈没有讲他熟悉的逻辑,而是讲未来的新哲学将是博大的三民主义唯心论大体系。金先生被这位性情乖僻的天才学生的突然袭击,弄得措手不及。事隔多年,抗日战争时期沈有鼎也在西南联大教书,别人问起这件事,沈有鼎早已忘记,金先生却总未忘记当时的尴尬局面。

50 年代初,北京解放不久,清华大学哲学系请艾思奇作报告。报告会由金先生主持,当时艾思奇同志说,我们讲辩证法,必须反对形式逻辑,形式逻辑是形而上学,我们要与形式逻辑作坚决斗争。

艾思奇讲的中心是讲学习辩证法的重要,形而上学必须反对。报告会结束后,金先生以主持会议者的身份总结这次报告,他说:"听说艾思奇同志坚决反对形式逻辑,要与形式逻辑作坚决斗争,听他讲演以前,我本想和艾思奇同志斗一斗,争一争。听艾思奇同志讲演以后,我完全赞同他的讲话,他讲的话句句符合形式逻辑,我就用不着斗,用不着争了,谢谢艾思奇同志。"

回忆金岳霖先生①

"七七"事变后,北大、清华、南开三校合并,成立西南联合大学。我在北大毕业后,在西南联大哲学系②教书,有机会旁听金岳霖先生开设的"知识论"课。

金先生讲课,不带书本,不带讲稿,走进课堂只带一支粉笔。这支粉笔,并不使用,经常一堂课黑板上一个字也不写。他夏天穿西装,不系领带;冬天穿棉长袍(昆明冬季相当冷,刘文典、陈寅恪身体弱,都穿皮袍子)。金先生眼睛怕强光,不论冬夏都要戴一顶打网球的运动员戴的遮阳帽。冬天穿棉长袍,戴着遮阳帽,显得很特殊。金先生冬天戴遮阳帽与朱自清先生冬天身穿西装,外披一件昆明赶马的驮夫披的毡斗篷,成为西南联大教授中引人注目的景观。

金先生讲授"知识论"。这门课中国哲学界通常称为"认识论"。金先生说,这门课不应叫作"认识论",只能叫作"知识论",人们具有某一个东西一些知识,却不一定认识它。因为认识一个事物要受众多条件的干扰或制约,有主观的,也有客观的。

比如说,事物之间的比例(proportion)就是影响认识的一个因素。假使这个世界所有的东西一夜之间都按比例地缩小了一半(房子、门窗、桌椅、度量器具、人……),这个变化不能说不大,可是人们对这个

---

① 据《任继愈学术文化随笔》。
② 当时称"哲学心理系"。

已发生巨大变化的世界并不怀疑,认为与平常一样。

金先生又说,"我平时好大(却不喜功)",常摆几个大苹果(或西红柿)在桌上。刚摆出时,它们大小差不多,几天后,有的苹果缩小了,苹果 A、苹果 B、苹果 C……之间的差别逐渐明显。因为它们之间的比例拉大了。如果这些苹果同时同步缩小,我们会认为他们没有缩小。可见"比例"在认识中的作用不能不考虑。比例不过是众多关系中的一种。

再比如天气冷热,可用温度计测量其绝对数值。但人们对冷热的感受与温度计所表示的并不一致,有时甚至相反。甲说今天冷,乙说今天热,丙说不冷不热。人们判断天气冷热,只能按多数人的感受为准,好像大家有一个共同认可的冷热标准。如果对冷热感受者人数比例刚好一半对一半,究竟以哪一半为准?

认识的对象是死的东西,如桌椅、木、石,哲学家可以说它不过是众多感觉的复合体,不真实,好像言之成理。如果认识的对象不是呆板的死物,而是一个大活人,上述的分析和判断就遇到麻烦。讲课时,金先生指着坐在他对面听讲的同学陈龙章①,并代替陈龙章回答:"你不承认我的存在,我就坐在你面前,你把我怎么办?"一讲到"你把我怎么办"这句话时,金先生把头一摆,胸一挺,脖子一梗,做出不服气的样子。听课的同学都会心地笑了。

金先生又说,人们嗅到某种花香的气味,有人觉得沁人心脾,有人为之头昏脑涨。花香的感受因人而异。香和不香的界限显得不那么清楚。形成气味的还是那个分子,结构,认识不尽相同。

金先生又说,人们用概念、判断等方法来表达事物的性质的特

---

① 陈龙章是南开大学哲学系的同学,听说此人现在西北某省工作。

点,是人的知识,知识可以通过各种媒介、工具表达清楚,传达给另外的人。不论这种过程是复杂还是简单,总归可以讲清楚,我们叫它为知识论。但不能说我们对于面前这个"所与"(given)已经认识了。不同的观察者对同一事物的认识很不一致,且无法取得一致。金先生说,所谓 thing,实际上是人们对 thing 的加工,"thingize"。thingize 我这里译为"物物",它是人加给物的物性。

金先生为人平易近人,通情达理,但对哲学问题却严肃认真,一点也不迁就。金先生说,30 年代初,中国哲学会在南京开年会,金先生带着刚到清华大学教书的沈有鼎去参加。金先生深知这个学生一向自由散漫,性情古怪,生怕他在会上乱发言,有意安排他坐在自己的旁边,主要是让沈有鼎听听别人的发言。沈有鼎实在憋不住了,趁金先生不注意,猛然站了起来,金先生一把没拉住,沈滔滔不绝地讲了一通感想,大意说,未来的新哲学将是博大的三民主义唯心论大体系。金先生被这位性情乖张的逻辑学天才搞得啼笑皆非。事过多年,沈有鼎这次讲的什么,自己也忘了。

1950 年,金先生有一次主持艾思奇同志的报告会。艾思奇说,我们讲辩证法,反对形式逻辑,因为形式逻辑是形而上学;我们要与形式逻辑作坚决斗争。讲演结束,金先生以会议主持者的身份总结这次报告。他说,听说艾思奇同志来做报告,我本想和艾思奇同志斗一斗,争一争。听了艾思奇同志的报告,整篇报告我完全赞同,他的话句句符合形式逻辑,我就用不着斗,也用不着争了。

钱穆先生^①

钱穆先生,字宾四,江苏无锡人。我大学一年级时听他讲中国通史,这是文科、法科的共同必修课,听讲者甚众,在二院大礼堂上课,座无虚席,初听时,不大适应他的无锡口音,听了几次,习惯了,很感兴趣。

钱先生讲课生气活泼,感情充沛,声音洪亮,听者忘倦。

他善于利用地下考古材料,结合文献,开头讲上古殷商史,利用王国维甲骨文研究成果,内容显得十分充实而有说服力。

钱先生还开过"近三百年学术史"课,是历史系高年级选修课。清代学术界汉学、文字考据学占主流,钱先生讲清代思想,虽涉及汉学,并未纠缠于当时的考订、训诂。他讲顾炎武,很推重他的《天下郡国利病书》;讲颜习斋,肯定颜氏的重实行、反空谈精神,却又指出颜氏太重狭隘实践而轻视理论,也有弊病,与胡适一味推重颜习斋的观点不同。

钱先生在北大历史系教授中,他是唯一没有出国留学的教授,在当时崇洋的情况下,也遇到一些小的不愉快。有一年,系主任陈受颐休假,有人提议系主任是否由钱先生接替。胡适(当时任文学院长)说:"钱先生刚来北大时是副教授,现在已是教授了。"没有往下说。

---

① 原载《念旧企新——任继愈自述》。

这个建议就搁浅了。这是历史系高年级同学传闻之说,可能有据。

钱先生在西南联大时,讲课喜欢讲中西文化的异同,对中国文化情有独钟。当时,姚从吾先生对他说:"讲中西文化的异同,最好听听莱茵河畔教堂的钟声,这里有西方文化的精神。"钱先生没有听过莱茵河畔教堂的钟声,所以似乎没有资格奢谈东西文化比较。姚从吾的话是我亲耳听到的。

钱先生治学勤奋,搜集资料十分认真。30年代没有影印设备,只能用手抄录。钱先生家里用了三个毛笔字写得好的书手,给他抄写。钱先生有天赋,但又勤奋好学,令人钦佩。

钱先生通史学年出题目也新颖。有一道题只有六个字,拟旨,"批红""判事""封驳",意在考查学生对唐的政治制度及其机制的掌握情况。考试下来,同学张锡纶(现已离休)对我说:"试题出得真棒。"

七七事变后,钱先生与同学们一齐到了湖南长沙,又转到南岳衡山脚下。前方抗战,同学们难以安下心来读书,都要到前方参加第一线工作。记得有一次欢送离校到前方的同学会上,有一位同学讲:"我渺渺茫茫地来到学校,我又渺渺茫茫地离开了学校。"钱穆先生针对这位要离开的同学的发言说:"我们这个时代非同寻常,每一位关心国家兴亡的人士,都要有清楚明确的目的,万万不可渺渺茫茫。前面有艰难的前程等待大家开拓……"

学校迁到云南,文法学院设在云南蒙自县,租用了一个快倒闭的法商洋行(哥鲁士洋行),又租了蒙自海关的一部分房子,安顿下来。钱穆先生继续整理他的"中国通史讲义",后来在商务印书馆出版,书名为《国史大纲》,扉页上写着"谨以此书献给前线百万将士",钱先生爱国主义精神跃然纸上。

　　钱先生在蒙自与哲学系的沈有鼎同住一室。沈有鼎为人古怪。抗战时期,国民党靠大量发行纸币维持行政及一切开支。每月发工资,都是新印的纸币。沈有鼎每月把工资码放整齐,放在一个旧皮箱内,上课、散步从不离手,每天晚上数一遍,以此自娱。有一天检点钞票,发现少了一摞,他怀疑钱先生拿了他的钱,就问钱先生。钱先生平时待人和气,彬彬有礼,对沈有鼎的无礼质问,不禁大怒,要打沈有鼎的耳光。这件趣事在蒙自流传颇广。贺麟先生向我转告这件事时,我觉得沈有鼎真是个怪人。

　　联大文学院迁回昆明,因一时没有教授宿舍,一部分教师住在昆明以南一百多里的宜良县,汤用彤先生、钱穆先生都租住宜良岩泉寺,下寺是和尚主持,上寺为道士主持。他们先住在下寺,和尚吃素,承包房客伙食,房客可以吃荤。有时,钱先生买一只鸡煨汤,办伙食的和尚不吃肉,却喜欢偷喝鸡汤。后来从下寺搬到上寺,跟道士搭伙。道士不吃素,好吸鸦片,有一定的文化素养,相处融洽,直到在昆明市找到住房,他们才离开宜良岩泉寺。

　　1946 年,西南联大结束,三校各自回到原来校址。我将回北大。从重庆经成都转西安,回家探望老父。汤先生嘱托,过成都时看望他的两位老朋友,一位是吴宓先生,一位是钱穆先生。吴先生在齐鲁大学,钱先生在华西大学。钱先生住的地方比吴先生的好得多。钱先生知道我未到过成都,告诉我可以游游青城山、灌口、峨眉山、乐山比较远,且不是一个方向,如急于回西安就来不及了。还指点我每处花多少时间,途中费用也大致说了说。

　　我虽然多年听钱先生的课,过去有过接触,也多属于问问学问,这次见面只谈了生活方面的琐事,娓娓而谈,亲切如家人,对钱先生的为人更增加了一层理解,如坐春风中。

闻一多、顾随先生①

　　闻一多先生在北大任兼任讲师。当时规定,教授是专职的,要担任三门课。只讲一两门课的外校教师,不论是什么职称,一律为"兼任讲师"。当时在北大兼任讲师的如林宰平、周叔迦、张申府都是"兼任讲师"。本校由助教晋升一级,称"专任讲师"。

　　闻一多先生在北大中文系讲《诗经》,我偶然去听过几次课。闻先生口才好,又是诗人,有创作经验,诗人讲《诗经》,与训诂学家一字一句讲法不一样。他讲《葛覃》,下课了,闻先生收拾提包要离开,同学们拥到讲台边,问了许多问题,闻先生一一解答。当同学们问古人注释中两说均可通,哪一种说法更符合《葛覃》原义时,闻先生说,诗有诗的特点,不能谨守《毛诗》的说教,"后妃之本"。后一说,写出了葛覃在风中摇曳的姿态,似更可取。提问者满意而去。

　　1938年春,长沙临时大学搬迁,组织部分北大、清华、南开三校师生,从湖南长沙步行到昆明。同学有三百余人,教师闻一多先生、李季侗先生也加入这个旅行团。李季侗先生是生物学家,闻先生沿途用铅笔写生多幅,还指导有兴趣的同学沿途采集民间歌谣。后来由南开大学同学刘兆吉整理成册,书名《采风录》。这个集子,既是地方民俗记录,也带有抗战时期的时代特点。闻先生告诉同学们,不要小

---

　　①　原载《念旧企新——任继愈自述》。

看民歌,《诗经》就是当年的民歌,收集、保存下来就是文学瑰宝。刘兆吉后来任重庆西南师大教授,还怀念闻一多先生当年的关怀和指导,深悔当年收集得少了,有遗漏。时代在变化,湘、黔、滇三省的乡村情况也在变。事隔多年,再补充已不可能了。

经过长途旅行,亲身经历了中国农村少数民族地区,通过采风,懂得"礼失而求诸野"的名言,闻先生后来关于上古民俗、礼制的考据文章,关于古代神话的研究,取得新的突破,与他的湘、黔、滇步行考察大有关系。

顾随先生在北大讲词曲。他说,诗词不同,词在于抒情,而诗可以叙事、抒情,还可以发议论。商务印书馆出版《词选》,附有英文,译为"Lyrical Poem",译得好,把词的特点说出来了。晏殊词"落花人独立,微雨燕双飞",是词的抒情语,用作诗句即软弱。顾先生也是一位戏曲家。他说,诗从古诗到律诗,格律越来越严,正因为严,才更见作者的本事。好比打网球,中间用网子隔开,场内划上界线,不出界又打得好,才有看头。什么限制都不要,打起来没有意思,也不会引起人们欣赏的兴趣。曲子格律比诗词更严,除平仄要求外,还要有四声的要求,还要用得自然,不能使读者读了觉得是硬凑数。京剧用词,许多不通,为了合辙押韵,硬凑成韵脚,如"马能行""地埃尘",文学意味太少。他举出《西厢记·酬柬》中有"休使俺红娘再来请",这一句末尾三个字要押"去平上"三声,"再来请"恰是去、平、上三声,可谓天造地设,王实甫天才不可及。顾随先生很喜欢京戏,对京剧名演员,称谭鑫培为"叫天",杨小楼为"小楼",说到他们的长处如数家珍,有时离开讲课内容十万八千里,重点在于称赞中国京剧音乐、舞蹈、歌唱的有机结合,是世界的瑰宝。

顾随先生欣赏旧诗词,但不提倡写旧诗词,认为旧诗词词汇与现代新事物相去太远,用来写现代生活很不协调,不伦不类,硬写上有时显得很可笑。他在美国纽约,夜间梦见回家,醒来,冒出两句:"梦醒人何处,开眼电灯明。"前一句还像旧诗,后一句纳入旧诗,很不自然,但确是实情,改成别的说法,失去当时的真情实感。现代人接触到地名有中国有外国的,洛阳、长安以外,还有巴黎、伦敦,这些入诗还可以,如遇到"斯德哥尔摩""布伊诺斯艾利斯"等,押韵都困难。旧诗词有它的寿命,不是永久不变的。

一代大师　因小见大①

　　我在北大读书时,没有听过罗莘田先生讲课。抗战时期,我报考了北京大学文科研究所第一批研究生,那是 1939 年。北大研究生考试前先送交论文,论文通过后,才能报名。笔试后,还要参加口试,考试委员中有罗先生,这是第一次与罗先生见面。毕业时,答辩委员中也有罗先生,罗先生参与了我读研究生的全过程。我算是一个及门弟子,只是未曾入室。

密切的师生关系

　　当时文科研究所的导师,有陈寅恪、向达、姚从吾、郑天挺、罗常培、罗膺、杨振声、汤用彤、贺麟。

　　师生们共同租用了一幢三层楼的宿舍,在昆明靛花巷三号。师生们同灶吃饭,分在两个餐厅,因为房间小,一间屋摆不开两张饭桌。

　　师生天天见面,朝夕相处。郑天挺担任文科研究所的副所长(正所长是傅斯年先生,后来兼任"中央研究院"总干事,常驻重庆)。罗莘田先生戏称,我们过着古代书院生活,郑先生是书院的"山长"。当

---

　　①　据《竹影集》。原载《语文建设》1999 年第 5 期,题为《北大文科研究所师生生活杂忆——纪念罗莘田先生诞辰 100 周年》。

时同学周法高是罗先生的研究生,周戏编了一副对联:

> 郑所长,副所长,傅所长,正所长,正副所长;
> 甄宝玉,假宝玉,贾宝玉,真宝玉,真假宝玉。

对仗不大工稳,在同学中流传,后来传到罗先生耳中,把周法高叫来,要他把心思用在正道上,不要逞歪才。

课余的学术报告

西南联大的学术空气很浓,课外、晚间的学术讲演,百家争鸣。文科研究所罗先生组织的讲演,我记得的有:汤用彤先生讲"言意之辨";向达先生讲"唐代俗讲考";冯友兰先生讲"禅宗思想方法";贺麟先生讲"知行合一新论";化工系教授陈国符先生讲"道藏源流考"。这些讲演有的收入论文集,有的拓展成专著。陈寅恪先生每天九时入寝,不外出,从未参加过学术讲演。这些不同学科的讲演,罗先生都有兴趣。罗先生四十多岁,却不会世故,同大家在返回靛花巷的途中,有时也参加同学们的评论,有青年人的兴致。

生动活泼的课外生活

靛花巷导师中,好静的多。罗先生性格活泼开朗,组织"昆曲社",以中文系青年教师为主,经常参加的骨干有浦江清、沈有鼎,生

物系的崔芝兰教授，还有云南大学中文系的青年教师，罗先生也是常
客。在罗先生影响下，我也去听过几次昆曲清唱，居然坐满一间小教
室。我还和罗先生共同看过联大中文系师生演的话剧《风雪夜归
人》，男女两位主角都出自中文系。罗先生发动中文系专攻古音韵学
的讲师用唐韵读唐诗，与近代读法很不一样，使人耳目一新，大开眼
界。还和姚从吾先生、罗先生听过中央大学黎东方教授讲三国历史，
回来的路上罗先生评论说，"这是另外的学派，可听而不可学"。

安贫乐学

　　写联大的历史，经常提到联大师生面临物价飞涨的局面，不得不
在校外兼职，以贴补生活，这是实情。却也有一些教授靠那点固定的
收入，不兼职，专心做学问。据我所知，文科研究所的导师，没有一个
在校外兼职的。有时收到一笔稿费，罗先生总忘不了邀几位同学一
同到附近北方人开的小馆子吃一顿北方饭，中文系以外，罗先生忘不
了也邀我参加。

热心助人

　　学生毕业后，初次教书，心里不踏实，罗先生就告诉学生不要胆
怯。说他自己刚毕业到外地（西安）教书，主要依靠钱玄同先生的讲
义，再逐渐补充，教到第二遍时补充自己的材料，逐渐充实，教学内容
有所提高，自己信心也增强了。学生们有什么困难，或者请他介绍工

作,他总是热心帮助,从不推辞。有一次四川某大学请马学良去教授,许以副教授,马不去。罗先生知道了,对马学良大加称赞,说研究少数民族语言,不能离开了云南这块宝地,坚持下去,必有大的成就。罗先生对他的弟子中,到结婚年龄尚未成家的,他也关心,愿意做媒。他说,我将要刻一方图章,"百梅馆主",以纪念做媒的成绩。据我所知,经罗先生介绍的,虽未达到一百对,的确组成了好几对新的家庭。

仗义执言

罗先生性格开朗,看不惯的事,认为不合理的,他直言不讳地批评。抗战时期,由于物价上涨,工资不变,文教人员难以维持生活。当时教育部规定,除固定的工资另外增加"米贴",按人口多少,给以补助。这一办法,缓和了一部分工资低、家庭负担重的职工的困难。中文系一位教授填表时,子女数目栏目内填了七八个子女的名字,备注中说明,"前妻所生"。罗先生对这位教授很看不起,说,平日断绝与前妻子女来往,发米贴时,才想起前妻所生来。

罗先生的住室

抗战时期,西南联大师生都很艰苦,有一间宽大的住室,就很不错了。

罗先生住室正中墙上高处挂一镜框,照片上写着"恬厂四十自造像"。下边挂着两幅字,一幅是叶恭绰写的大字行书,豪放、有气势,

而内容一般,抄自成语,事隔多年,没有印象。另一幅是沈尹默写的条幅,是沈氏自己的诗。沈的诗比他的字要好些,记得有:

年来容我且徐徐,小病深思亦启予。
竖起脊梁绝倾欹,放开腹笥着空虚。

腊梅枝头雪未消,东风吹雪绽山桃。
北人莫道春常晚,为此春情岂易遭。

字画旁边有个面盆架,有时浸泡着衬衫、袜子。罗先生利用读书余暇,自己洗衣服。有时罗先生正洗衣服,学生来了,帮着拿到室外去晾晒,回来再继续谈学问。

读音要准确

有一次有人谈到唐代医学家孙思邈,罗先生说,现在很多人都念错了,念有孙思秒(miǎo),应当读孙思莫(mò)。还说起唱歌、唱戏,不能念倒(dào)了字,抗战时期流行广泛的《松花江上》,"我的家在东北松花江上……九一八,九一八",这两个"九一八"都念成"揪尾巴"了。他又说,有修养的演员,即使天赋好,念倒了字,也会使他的艺术减色。

《临川音系》

罗先生的《临川音系》《厦门音系》是他早年成名之作。我对罗先生涉及的领域未入门,不敢赞一词。但从罗先生对中国方言的研究,给我以启发,方言是地区性的语言,一个地区的山川水土、文物、风俗,自成体系,越是古代,地区的特点越明显。由此我想到,文化、文学也和方言一样,也不能没有地区性。中国地域辽阔,风俗及传统文化,东部、西部有很大差异。同为明末清初人,浙东的黄宗羲、湖南的王夫之的思想很不同。地区文化对他们的影响不能忽略。离开地区性,不能把黄、王二人的思想讲清楚。

不服输的性格

罗先生所治的语言学,沿袭清代朴学传统,把这一学科归到中文系。实际上,近代语言学这一学科更需外国语文的基础。西方语言基础不深不厚,就难以超过乾嘉诸大家,有所前进。中国语言学界的开拓者,人们公认三位大师(李方桂、赵元任、罗常培),李、赵二位都在青年时期在西方学习过,接受过西方近代科学训练。唯有罗先生,未出国门一步,也达到一流水平,成为现代语言学奠基人之一,他要比别人付出更多辛劳,这是不言而喻的。罗先生没有在美国当学生,却在美国作了教授,而且成了一位卓越的教授。罗先生的勤奋好学,给他的学生们树立了榜样,这种精神启发了不少学生。

　　在靛花巷文科研究所,有三位先生,汤用彤、郑天挺、罗常培这三位导师熄灯最迟,都在十二时以后,导师如此,学生也不敢懈怠,也算导师们言传以外的身教吧。

庆双寿

　　旧社会,夫妻二人同年生的,遇到过生日,两人合并举行一次庆寿家宴。亲朋好友也前来祝贺,热闹一天。罗先生与郑天挺先生恰好同年同月同日生,只是时辰不同。罗先生曾对人戏称,"我的八字和郑先生的差两个字,所以命中注定作不了总务长"(郑先生当时任西南联大历史系教授,兼作总务主任)。中文系章廷谦教授,字矛尘,五四时期老北大的学生,鲁迅文章中称为"一撮毛哥哥"的。此人善交际,爱起哄。每年快到罗先生生日时,他到处喧嚷:"罗、郑两位过双寿,要请客,请大家别忘了参加。"罗、郑两位对这种起哄式的被迫请客很反感。有一次,罗先生在院子里发话说:"明年过生日,谁都可以请,就是不请章矛尘。"章廷谦倒不在乎,不请他也会到场的。

建所轶闻

　　解放后,胡乔木到东厂胡同几次找罗先生,提到国家加强语言研究,要成立研究机构,希望罗先生主持工作,提出建所方案。最初未允,后来,罗先生对他的学生说,新中国要建语言所,这是件大事。当前,李方桂、赵元任都不在国内,我不能再推辞了。提出建所方案,对罗先生来说不难。他胸有成竹,很快拿出方案。当时不知是谁给罗先生出了一个主意,说,现在要学习苏联经验,苏联正流行马尔语言学派,应把学习马尔学派放在第一条。后来知道马尔学派主张语言有阶级性,是错的,在苏联已遭到批判,随即把第一条删去了。因为这一条是作为标签贴上的,第一条以下都是罗先生和同事们仔细推敲、论证后写定的,第一条拿掉,丝毫不影响原来章程的完整性。

回忆郑毅生先生几件事①

一、我们尊敬的"山长"

"山长"从来是我国书院的负责人的称号。

1939 年,北京大学在昆明招收文科研究生。北大、清华、南开三校成立西南联合大学,成立的时候,三校各有自己的分开以后的打算。北大恢复研究所的招生,先后共招收两届,共不到二十人。办学的条件十分艰苦。西南联大的校舍是土坯作墙,稻草作顶,有门窗而无玻璃。有时学生去迟了,或者学生人数多,教室内容纳不下,索性站在门外或窗外听,因为离讲台近,比在教室内坐在后排听得还清楚,只是没有扶手椅,记笔记不大方便,人们还是尽量争取坐在教室里去。文科研究所招收大学毕业生,入校后,基本不上课,外语在入学考试时必须通过。当时多用英文为第一外语,没有什么专业课,仍然保持北大过去那种极端自由松散的风气。作息时间也不作任何规定。由于山河破碎,国难当前,心情沉重,大家都有一种学术上的责任感,学风也沉潜笃实。同学们没有人混日子、不钻研的,也没有追

① 原载《南开史学》1983 年第 1 期。

求个人物质生活的。郑毅生先生负责我们研究所的全部教务和总务工作。师生们在云南大学附近青云街靛花巷三号租了一所楼房,共三层十八间。食堂、图书室都在一起。郑先生当时没有带研究生,而十几个研究生的生活、学习各方面的大小事,都由郑先生操心经管。郑先生是西南联大历史系教授,同时兼西南联大的总务长。总管后勤,既管财务计划,也管教务。工作比较忙,无论怎么忙,他一直坚持研究和教学。老师们当中,天天在十二点钟以后才熄灯的只有两位,一位是汤用彤先生,一位是郑毅生先生。老师们窗口的灯光,也激励着学生们的勤奋不息的干劲。

云南昆明和全国后方的城乡一样,物价飞涨,靠固定工资为生的人,生活越来越困难。有不少西南联大的师生在校外兼几门课,以资贴补。靛花巷住的几位老师,郑毅生先生和汤用彤、罗常培、陈寅恪、向达、姚从吾几位先生都以全力从事教学和研究,未在校外兼职。这种风气也给学生们树立了榜样,研究生们也都专心从事学习,心不旁骛。北大文科研究所不大像现代化的大学的研究院,有点像中国的书院,书院的总负责人称山长。罗常培先生戏称郑先生为山长,郑先生是当之无愧的山长。

二、数十年持身清廉

中国旧社会与总务打交道的人,多半受到一些不同程度的感染。郑先生在西南联大主持总务工作九年(抗战八年,日本投降后又过了一年才回到北平),郑先生一尘不染。他一年到头穿一件旧蓝布长衫,自己洗衣服,打扫房间,中年丧偶,未曾续弦。他不但自己以清俭自励,他也从未利用他的职权为自己的亲故友好谋私利。北京大学迁回北京后,他仍然以历史系主任兼任秘书长(即总务长),仍然保持他几十年一贯的情操。国民党面临彻底崩溃的前夜,发行金圆券,物价一天涨几次,郑先生清贫自守如故。他家住西城毛家湾,有不少人到他家谈工作问学业,有时正赶上他吃饭,全家啃窝头。解放后不久,全国举行"三反""五反",凡是管总务的都曾作为重点审查对象。北大总务部门也打了不少"老虎",后来发现"查无实据"的也有不少人。郑先生的朋友都相信他没有问题,却也很关心他,认为总免不了受些牵累。而群众对总揽北大财权多年的郑先生没有提过什么怀疑。这是他几十年清白自持、廉洁奉公博得的信任。

三、由人民的教师到马克思主义者

北平解放前夕,胡适先逃往南京,并不断在南京安排飞机,迎接北平的一些有影响的教授,希望他们乘飞机南逃。当时北京大学一度作为联络中心,胡适临行前还曾委托北京大学原负责安排南逃的教授们的飞机票。但是郑先生接受我中共的指示精神,坚守岗位,安心迎接解放,北大的绝大多数教授在党的影响下没有南逃。当时的一些高级知识分子,虽说不上对共产党有多少了解,但对国民党几十年来的日暮途穷,倒行逆施,毫无希望,是十分清楚的。有一次有事到办公室,正遇上有位清华大学教授和他通电话,问他走不走。郑先生用安详稳定的口气,慢条斯理地说:"不——走。"胡适在南京天天盼北平来的飞机,离开北平最后一架飞机,胡亲自去飞机场迎接。只接到北大一位历史系的教授毛子水。这个人与国民党特务头子戴笠是好朋友,他心虚,仓惶逃走了。

郑先生把北京大学的物资、档案,完整地移交到人民手中。旧北大从此结束,新北大从此开始。郑先生响应了党的号召,从他自己的岗位上尽到了他的责任。

郑先生继承了中国知识分子的优良传统,重实行,不尚空谈,洁身自好,有所不为,继承了中国乾嘉以来朴学实是求是的治学传统,使他有可能比较稳固地接受科学的历史唯物主义治学方法,终于成为一个优秀的马克思主义者。

全国解放后,郑先生努力学习马列主义、毛泽东思想,并力图运用历史唯物主义观点解释历史。半辈子从事旧史学的教授,改弦更张,不言而喻,要比年青人付出更大的辛劳,但是郑先生一步一步地、坚实地也是艰难地走过来了。不但学到了马列主义,而且运用得很好,做出了优异的成绩。他成了一些旧史学者转变为新史学者的光辉榜样。他留传下来的《清史探微》,既有清代朴学者的谨严,又有历史唯物主义的科学见解,有识者都相信这一部书是一本值得流传的学术论著。

郑天挺先生少年时期曾在北京顺天高等学堂读书。这是一所历史悠久、水平较高的中学(该校抗战前称为河北高中,现改为北京东城区教师进修学院,地址在地安门东大街),国内知名之士,据先生回忆,当年梁漱溟先生在丙班,张申府先生在丁班,汤用彤先生在戊班,郑先生与李继侗先生(生物学家)在庚班。这一些零碎史料是郑先生告诉我的,社会上知道的人不多,附记这里,以备参考。

西南联大时期的郑天挺先生^①

郑天挺,字毅生,是明清史专家,他有治学的专长,又有办事的才干。西南联大八年间,他处理那些极琐碎、极不起眼的总务工作,从容不迫,办事公道,博得师生们的信任和称赞。他除了主管西南联大的总务工作外,还兼管北京大学文科研究所的总务工作,他也是文科研究所师生共同尊奉的"山长"(旧式书院的负责人)。

郑先生工作忙,但从未放弃教学工作,他讲授校勘学、明清史,经常在夜间看书、写作。当时靛花巷这所集体宿舍里,熄灯最迟的有两位,一是汤用彤先生,一是郑天挺先生。据我所知,当时大学里有几位学有专长的教授,管了事务,脱离了教学,以后就脱离了学术界。郑天挺先生早年得明清史专家孟森(心史)的真传,由于不断努力,继续攀登,他的国际声望甚至超过孟森先生,在南开大学创建了明清史的中心。

总务工作十分繁杂、琐碎,经常有些无原则的纠纷,三校联合,人员的成分也复杂,郑先生处之以镇定、公平,不动声色地把事情办了。1945年,日本投降,西南联大决定结束,三校各自搬回原址。郑先生奉派发回北平筹备恢复北京大学。他临行前,委托我和韩裕文(已故)两人清理他房间的书籍、绘画、文件,该留的留下,该销毁的销毁。

---

① 原载《念旧企新——任继愈自述》。

我们两人用了好几天的时间，清理他八年来的函件、文件时，才知道他默默无闻地做了大量工作：为学校延揽人才，给同事们平息争端，消除了一些派系之间处于萌芽状态的对立。西南联大的领导层，他们不会把学校领上邪路，特别像梅贻琦先生以办教育为终身事业的学者，光有上层团结，如果教务、总务等职能部门不协调，天天闹人事纠纷，学校也难办好，当时确有搞派系、闹不团结的一些人。如果那些想闹事的人告密、攻讦，闹到重庆教育部，国民党巴不得找个借口，"整顿"联大，派一批学阀党棍来插手，西南联大就要遭殃，民主堡垒也将受到伤害。郑天挺先生善于处理纠纷，协调同事之间的关系，对不利于三校团结的言行不支持、不扩散，使它消弭于无形。这些功劳，郑先生生前从来不曾对人表白过，若不是偶然的机会帮郑先生清理文件，我也无从知道，我尊重郑先生的意志，从未对外讲，但是郑先生的贡献，郑先生的胸怀，值得敬佩。郑先生已作古，若不说一说，也许这些看不见的功绩将永远湮没。

还有几件小事也想提一提。

郑天挺先生与罗常培先生同住在青云街靛花巷三号，北大文科研究所集体宿舍，和研究生住在一起，在一个食堂吃饭。他两人同年、同月、同日生，按生辰八字，有六个字相同，罗常培先生开玩笑说："我和郑先生的八字差了两个字，我降生的时辰不好，所以当不了总务长。"当时章廷谦先生每年都宣传郑、罗两人的生日，强迫他俩请客，庆"双寿"。当时大家很穷，日子不好过，花钱请客，出于被迫，每年两人请有关老朋友吃一顿，罗先生对章廷谦先生的起哄颇有烦言，我没有听到郑先生对此发过牢骚。

西南联大学年考试，都由助教事先准备考卷，印制考题，临场监考。有一次助教何鹏毓睡觉睡过了头，醒后，发现时间已过，挟起考卷和试题向教室跑去。何住在文林街宿舍,到新校舍至少要十五分钟,何鹏毓生得胖,走得急了些,加上心情紧张,刚跨进教室,就晕了过去。郑先生和班上的同学们把他扶起来,七手八脚抢救,喷凉水、按摩,十来分钟,何苏醒过来。郑先生这才发卷子,开始考试。事后郑先生没有埋怨过何鹏毓。那天我到学校,正碰见这件事的发生。

北大文科研究所第一届研究生周法高原为中央大学中文系毕业,在文科研究所跟罗常培先生研究古音韵学,成绩优异,他后来随"中央研究院"历史语言研究所去了台湾,前些年被选为院士。他读研究生期间,患小肠疝气,需动手术,要住院,请名医外科专家范秉哲给开刀。抗战时期,物价高昂,住院费用和手术费用都比较贵,旧社会没有公费医疗,医疗费用都由个人负担。住院前如不能先交足费用,则需有人担保。郑天挺先生是研究生的"山长",做了周法高的担保人。手术很顺利,范大夫医道也高明。周法高生怕住院时间长了,花费太多,他没有等到拆线,私自跑出了医院,自己忍着痛把缝合线拆掉了。病人失踪,医院到处找。这时周法高大约还欠医院一点钱,如果不算拆线的费用,再减去提前出院省下的住院费,欠款也有限。郑天挺知道了这件事,一面批评周法高不应该不守医院规矩,不辞而别,一面也向范秉哲大夫作了解释,了结了这场小小纠葛。范秉哲大夫晚年在北京安居,他一生治疗过上千病人,他也许不记得这个小插曲了。三年前看到周法高写的一篇回忆大陆读研究生的生活的文章,曾讲到他得过疝气,请一位大夫治好了,但未提他自己拆线和郑天挺先生担保的经过,补叙几句,留作海峡两岸学者佳话。

贺麟先生①

1934 年,我考入北大哲学系。一年级听汤用彤先生讲授哲学概论,郑昕先生讲逻辑课,引发了钻研哲学的兴趣。第二年学习西方哲学史。三年级学黑格尔哲学及斯宾诺莎选修课。四年级毕业论文,贺先生指导,论文为《朱子哲学》。

北大哲学系的老师都主张自学,从不把着手教。如能主动读书,可以有较大收获;如混日子,也不难混下去。后考上研究生,导师是汤先生。北大文科研究所规定,导师外还要有一位副导师,我的副导师是贺麟先生。现在看来,这是个很好的制度,学生可以兼采导师的长处,中国哲学与西方哲学相结合,对以后成长有利。学生听课也自由,不限制听课时数,有充分时间读书、准备论文材料。

在抗战时期,国家多难,大家在流亡中,学生生活有困难,老师很愿意予以帮助,师生关系比在北平时显得更亲近了很多。

大学毕业时,面临就业选择,哲学系留一名助教,同学石峻留作助教。同班毕业的还有两人,我和韩裕文。韩去外县教中学,我也考虑去教中学。正值北大法学院周炳琳先生到重庆中央政治学校任教务长,请贺先生教哲学概论课。贺先生约我去担任助教,帮他改改学生的读书报告。我觉得这可以有更多时间读书,就答应了。

---

① 原载《念旧企新——任继愈自述》。

278

中央政治学校是国民党培养干部的学校,当官的多,没有什么学术空气。贺先生教哲学概论课,给学生以新鲜感,很受欢迎。第二年,贺先生不再在中央政校教书,回到昆明。有好几个学生自动转学,改进西南联大哲学系,陈修斋、樊星南就是其中优秀的。

学校设在重庆南温泉。这一年,我看到许多国民党军政要员。校长是蒋介石。蒋介石去学校时,随行的文人有吴稚晖、陈立夫等人,军人有何应钦、陈诚等人。这一批文武大员,没有一个像有独立人格的人。蒋介石训话时,学员要保持立正姿势,学校职员也要站着听蒋训话。教员自由参加。贺先生受特别礼遇,他可以不参加这种训话。

这一年,贺先生给我开了一个书单子,读了不少西方伦理学及哲学史的书。寒假期间,听说北大恢复文科研究所,招收研究生(报考研究生要附上一篇论文),我也准备了一篇《王阳明哲学》的论文。这时,熊十力先生逃出北平沦陷区,也来到重庆南温泉附近——鹿角场,住在他学生周鹏初家。他们听他讲中国哲学的一些问题和读书中遇到的问题。写《王阳明哲学》这篇论文时,有些问题向他请教,采取闲谈的方式,不像上课那样正规。熊先生有时教书,有时也评论政治,回忆清末的一些掌故。每去一次,都有收获。

我在初中时,军训教官粗暴对待同学,使我对国民党没有好感。在中央政治学校,亲眼见到国民党上层官僚集团的腐败无能,更生了一层反感。这个学校有学生两百人,职员两百人,校内工人两百人,上下等级分明。有一位高级职员,在食堂饭桌上大讲某年某次,"委员长亲自骂过我,骂的什么话……"说者不以为耻,反引以为荣。更令人诧异的是,许多听者不以此举为可耻,反露出某种艳羡之色。"知耻近乎勇",不知耻可以无所不为,还有什么希望?

在研究哲学的道路上,对我帮助最大,甚至可以说有终生影响的老师中,贺先生是其中一位。

大学四年,有三年在北平,一年在长沙和昆明。此后十几年间,我和贺先生都未离开北大哲学系(贺先生离开北大哲学系在1956年,我们才分开,但都在北京,经常见面)。

贺先生治学,有现代人的特点。从听他的西方哲学史、斯宾诺莎、黑格尔哲学,到参加他主持的西洋哲学名著编译会,长期学术熏陶,受益最深的,是接受了他的中西哲学比较法。我们这个时代是个中外文化交流的时代(有时主动,有时被动)。中国人的衣食住行,语言词汇,无不带有中外交流的痕迹。贺先生从事翻译事业,也是从行动上贯彻了中外交流的思想。

贺先生受旧社会长期教养,又接受西方近代科学训练,他身上体现了中外道德观结合的痕迹。他在北大、在联大,并不是一帆风顺的。有的教授留学回国后,就担任教授。贺先生留学回来,是先从讲师做起,一步一步走过来的。我初进北大时,他还是讲师,后来升为副教授、教授。贺先生在清华大学与张荫麟是同学。和张荫麟两人一同去拜见梁启超。贺先生对我说,"梁启超对张说(用广东话):'你有作学者的资格呀。'他没说我有作学者的资格"。清华是贺先生的母校,从美国回来,他想回清华。金岳霖先生主持哲学系,认为贺先生治学,不重视逻辑,喜欢讲直观方法,不大符合清华哲学系的学风,没有请他到清华,贺先生接受了北大的聘书。

1947年,北平面临解放前夕,国民党骨干纷纷南下,担任训导长的陈雪屏逃往南京,陈的训导长职务交给贺先生。训导长当时的任务是监视学生,管理学生,不使学生有反对政府的行动。贺先生没有站在国民党立场监视学生,而是设法保护学生免于逮捕,被捕的设法

保释。北大学生送给他一面锦旗(不是绸制的,是用红布写的),写着
"青年的保姆"。贺先生主持"西洋哲学编译会",解放前夕共有成员
四名,其中有三个地下党员。北京大学也有向贺先生告状的,贺先生
置之不理。这四个编辑工作人员为汪子嵩、黄楠森、邓艾民、王太庆,
后来成为新中国的哲学专家。

贺先生为人忠厚,即使别人对不起他,他也从不记仇,不报复。
"文化大革命"期间,文化教育界是重灾区,贺先生又是学术界的重点
人物,有些人乘势落井下石,批他的政治,还批他的学术,批他的翻
译。政治错了,连翻译的黑格尔哲学也要打倒。事后贺先生对我说,
"政治可以批判我走错了路;我翻译黑格尔的《小逻辑》,确实呕心沥
血,字斟句酌,连我的翻译也说得一无是处,感到屈辱"。"四人帮"
垮台后,那位学生登门道歉,申明当时迫于形势,言不由己,贺先生对
此人并未介怀,不再计较。

北大哲学系的教师,学问虽有专长,但应付日常生活,对跟行政
部门打交道,很不行。贺先生在北大燕东园分到的住房,不见阳光,
他不去争,一直住到工作调动,才搬到城里干面胡同宿舍。

贺先生为人忠厚,没有架子,平等待人。几十年来,我没有见他
发过脾气,即使遇到极不痛快的人和事,也不疾言厉色。他是西方哲
学专家,但更具有东方文化熏陶下的涵养。在南温泉中央政治学校
时,他说,从前曾国藩和他的老师倭仁交换日记看,借以互相促进。
他知道我也有记日记的习惯,便也和我交换看日记。日记本来不是
写给别人看的,对某人某事的不满,日记中可以自由发泄。贺先生在
我的日记上,有时批注几句话,规劝我对人对事不宜过于严苛;为学
读书不能过于峻急。他还说:办事能做到日后不要失悔是最好的结
果。青年人为了一时快意,不顾后果,给人以伤害,到了自己懂得道

理多时,会感到后悔。我也从贺先生的日记中看到他对待青年的爱护。他还善于发现青年的长处,青年身上容易犯的毛病也予以宽容。可惜我这本日记毁于"文化大革命",没有保存下来。

贺先生和我在昆明翠湖公园散步,谈起沈有鼎先生。贺先生说,沈为人聪明,善于思考,可惜他文人相轻的坏习气太深,难成大器。沈曾对贺先生说:"金龙荪(金岳霖字龙荪)那点学问只能骗骗冯芝生(冯友兰字芝生)罢了。"一句话骂了两位大师,太刻薄,连老师也骂,而且骂得没有道理,不可取。

在昆明时,经常听贺先生讲宗教对文化的重要性,他特别指基督教,也一再提到《圣经》值得研究。当年我年轻,翻开《圣经》,见到有些以水变酒、使跛子行走等神奇法术,认为没有什么看头,对宗教的社会作用很不理解。贺先生说:中国文化是礼乐;在西洋,他们的礼乐包容在宗教中。宗教与文化是一回事。光从哲学著作中还不足以认识西方文化的全部。我对文化、哲学摸索了多年,自己已进入老年,才深刻懂得贺先生这一见解的深刻、正确。宗教是人类知识的源头。人类知识起源于宗教这个母体,以后每前进一步,又必须摆脱它的限制。不了解一个民族的宗教,即无法认识一个民族的文化。

欧洲最大的宗教是基督教,中国的宗教是什么呢? 最后我终于找到中国的宗教是儒教。西方的礼乐包含于基督教,中国的礼乐包含于儒教之中。

贺先生凭借他的学术感召力,赢得学术界的钦重。解放前,他是中国哲学会的成员兼秘书,主编中国哲学界惟一的刊物《哲学评论》。那时,中国哲学会不是专门研究中国哲学的学会,而是全中国的哲学界同仁的学会,是逻辑、西方哲学、中国哲学、伦理学共同发表研究成果的园地。现在台湾的中国哲学会仍沿袭当年在大陆的格局。

解放后,贺先生最大的贡献是推动了西方哲学名著翻译,培养了一代西方哲学和黑格尔研究的人才。黑格尔的几本主要著作都有了可供传世的汉译本,完全是贺先生主持、推动的功劳。近、现代中国翻译著作,影响最大的有两部书,一部是严复译的《天演论》,一部是贺麟译的黑格尔的《小逻辑》。《天演论》为近代中国革命敲响了警钟,完成了它的历史使命。《小逻辑》为今后若干年中国研究黑格尔哲学,建立了基本资料,这部书不曾风靡一时,却成为中国精神文化财富。

记得 1948 年,有一次在他家,他发现我身体瘦弱,有些病相。他告诫我:你三十岁刚过,不可过劳,这是中国学者很难度过的年龄,颜回三十二岁,僧肇三十一岁,你可得小心。物价贵,生活困难,是实情,也要把身体养好,心情要开朗。

侯外庐先生与他的学派①

    我对侯外庐先生的学术思想很敬佩,他是我学习马克思主义哲学最早的启蒙老师之一。他的学问比较广博,历史学、经济学均有很深的造诣,而且又是教育家。在这里我仅从中国哲学史研究上来谈一点感受。

    我觉得马克思主义在学术界能够站得住,并不是靠宣传、靠喊口号,主要是靠用马克思主义作为一个工具或武器来解剖历史上学术上的问题,拿成果给人们看,你们看这个武器行不行? 是不是真正解决问题? 像郭沫若先生的《奴隶制时代》就是这样,像侯外庐先生的几本书也是这样。这是示范作用,它比空喊口号要有力量得多,这样才能站得住。侯外庐先生的影响之大,也是靠他实际工作的成果、科研的成果来显示历史唯物主义的优越性的。因为他长期的充实自己,学习努力,在学术界起带头作用,这就形成了侯外庐学派。我们哲学史界称侯派。这个学派的成立,不是自封的,也不是愿意成立就能够成立的。这与政治上拉帮结派是两回事。学派的成立要得到同行的公认,不是那么简单的事情,要拿出真东西来,叫内行人说行。侯外庐先生的著作在那里摆着,我们看他与同伴们合编的《中国思想

---

    ①   此篇系北京图书馆馆长任继愈同志 1988 年 11 月 29 日在纪念侯外庐同志学术讨论会上的讲话,标题是编者加的。原载《纪念侯外庐文集》,陕西人民出版社,1991年 3 月版。

通史》，这是解放以后系统地讲思想史的一部书。从头到尾，就只有这唯一的一部书，以前还没有过。这部书影响是很大的。侯外庐先生文风有一些特别，读起来要是不习惯的话，不那么顺畅，但看惯了以后会发现好多闪光的东西，很有价值的东西。人们看了很有收获。

从侯外庐先生集体编书中带出一批人才，当年（50年代）的"诸青"，是一些青年小伙子，现在都成了骨干、顶梁柱，有的成了学科的带头人。编书有言传身教的作用。他们写东西反复地改，参加者从中受到教育。这不是空话的教育，而是通过实践来起指导作用。言传身教，从政治上、行动上、道德上要这样，做学问也要这样，才能有效地带出一批人来。这点侯外庐先生是成功的。

还有一点印象很深，侯先生说："搞学问和干革命一样，要经常保持批判的精神。"一直到最后那部书《宋明理学史》，那时他已经卧病在床了，不能从头到尾参与修改。但这部书总的路数还是沿袭侯外庐先生的。比如这部书对宋明理学优点的地方大胆肯定，而且说得很具体，有细致的分析；对材料的运用比较重视，也有精细的考证。这一点体现了"文化大革命"后新时代的面貌。因为"文化大革命"把空论、怪论推到了极点，空话连篇。而这部书有根有据，更加强调了史料，把论据摆出来，体现了时代的特色。这是"文化大革命"以后的产物。但是，批判的精神一直是保持着的。比如说，对宋明理学，在肯定了它的优点和成就之后，又认为它在政治上是个"浊流"。这是侯外庐先生一贯的思想，说得很精彩、很正确。这个"浊流"，一直到今天还妨害着我们"四化"建设的进步。

我没有准备，即席讲这些。谢谢大家。

孙开泰根据录音整理

郑昕先生^①

　　郑昕先生,字承壁,安徽庐江人,早年在天津读南开中学,听过熊十力先生的课。后来,他没有在国内上大学,一个人到欧洲德国读哲学。他在国外读书以兴趣为主,没有取得学位,有点像陈寅恪先生。

　　我上北大第一年,必修课有逻辑学。郑先生是我逻辑学的启蒙老师。

　　郑先生不善于讲课,讲课时,不是面向学生,经常侧面对着窗外讲。在黑板上写字时,背过身去。刚上课时,面对学生一堂课,侧影对着学生的时候多。后来听高年级同学说,郑先生有了改进,他们初次听郑先生讲课,郑先生总是面对黑板、背对学生。

　　郑先生讲康德哲学选修课,他不善于言说,我的关于康德哲学系统的知识是自己看书得到的。郑先生毕竟是研究康德的专家,当我们看书遇到疑难,向他提出问题时,他能精辟地讲解,把我们疑难的地方讲透。郑先生没有架子,很能理解同学们的思想。"九一八"日军占据东北三省以后,北平成了边城,同学们举行游行、罢课,郑先生对我们的爱国行动很同情。

　　学校迁到南岳,郑先生同冯友兰同住一室。冯先生天天写他的《新理学》,每天一定写若干字,从不拖欠。郑先生对我说,冯先生简

---

　　① 原载《念旧企新——任继愈自述》。

直是一部写书的机器，真不可及。

与郑昕先生接触较多，是在抗战后期，郑昕先生搬到青云街靛花巷三号，原来的北大文科研究所的单身宿舍。国民党抗战越来越不积极，中日战场处在相持阶段，国民党上层腐败透顶，已失尽人心。郑先生对政局大发牢骚。他桌上有一部《花间集》，还有《庄子》。他在联大开的课还是"康德哲学"，但他的兴趣好像不在这里，更关心时局。

我在教课之余，跟游国恩、罗膺两先生学写旧诗。这时朱自清先生也写旧诗。朱先生说，新诗有它旺盛的生命力，旧诗的长处是含蓄，又加上汉字一字多义，作者有感情要抒发，但又不愿讲得太显露无余，旧诗正好满足作者的这种心态。写诗动机，主要为作者，而不是为读者。朱自清先生这种见解，当时我也有同感。住在靛花巷的还有罗常培先生，是音韵学家，他借给我一本讲诗律的书。有时把写成的诗拿给郑先生看，共同评议一阵，随手扔去，过后也就忘了。

郑先生在解放后，积极提倡马克思主义哲学，与艾思奇同志负责筹建"中国新哲学会"，担任副会长，团结了广大旧大学哲学界人士，推动哲学的发展功不可没。1952年全国高等院校进行了一次大的调整，金岳霖先生担任北大哲学系主任，后金调到哲学研究所任副所长（正所长是潘梓年同志），北大哲学系主任由郑昕先生继任。

郑先生嗜烟、嗜酒，后来因胃癌不幸早逝。

郑先生从事高度思辨之学，性格却是浪漫主义的，两种品格在郑先生身上形成奇妙的结合。

宋朝王安石是宰相，又是文学家、思想家，他对工农业生产以及女工缝纫也很留意，是典型的中国学者。郑先生完全是西方现代训练出来的专家，只钻研哲学，哲学以外的，一概不懂。有一次，他的夫人缝制衣服,请他用面粉打浆糊,郑先生很快做成送来,一点黏性也没有,原来郑先生把藕粉当成面粉了,遭到夫人的一阵埋怨。

郑先生年轻时常骑自行车,以后常年不骑。一天,他借一位同事的自行车出游,昆明市及郊区多丘陵,下坡时越走越快,郑先生忙中有错,忘了用闸,双手及手臂摔伤甚重,郑先生对人说此次出游很痛快。

还有一次,郑先生患斑疹伤寒,是昆明的流行病。我和韩裕文等四个人用帆布床把他从宿舍抬到北门街医院。我第一次体会抬担架的滋味,是一项很吃力的劳动。

日军投降后,北大迁回北京,郑先生生病,我们几个老学生去医院看望他。在正常情况下,对生病的师长也很关心,但是缺少抗战时期那艰苦与共、患难相扶持的亲切感。

郑先生患癌症,逝世于"文化大革命"前,他免遭了一场灾难。如不是患了这种不治之症,他会享有高寿的。他的身体比贺先生、汤先生都健壮。

沉重的悼念　永恒的遗憾^①

　　回想与张岱年先生初识,是在 1935 年中国哲学会第四届年会上。当时他在清华大学任助教,我是北大哲学系的学生。旧中国的"中国哲学会"是一个民间组织的学术团体。凡属大学开设的学科,中外哲学史、学派、美学、伦理学、逻辑学诸学科的专业者,都可以加入学会为会员。记得当时北大参加的教师有汤用彤、贺麟、郑昕、胡适、林志钧等几位先生,清华大学参加年会的教授有金岳霖、冯友兰、邓以蛰,还有两位青年教师,一位是研究美学的李濂,另一位是张岱年。北大的同学对本校的教授们见惯了,不大注意他们会上的发言,对清华的教授们提的问题倒是很感兴趣。金岳霖先生讲"道、式、能",这是他后来《道论》和《知识论》两部专著的雏形。冯友兰讲"朱子的理与气",开头讲,朱子的气不同于流动的气体,它指的是天地构成的原始材料,英文叫作 stuff,可以译为"士大夫",可见"士大夫"还够个料,不是废物。

　　我特别感兴趣的是两位青年教师。李濂讲中国古代绘画的重要范畴,"气韵生动"。李濂操河南方言,他的老师邓以蛰怕听众听不懂,把主要名词帮他在黑板写出来。他们师生间的融洽,老师对学生的关怀,我们这些学生感到新鲜、敬佩。张岱年当时风华正茂,头发

---

　　① 原载《不息集——回忆张岱年先生》,北京大学出版社,2005 年 4 月版。

自然弯曲呈波浪状,最初疑心他烫发,后来知道他是天生的卷发。口才不流利,却清晰、扼要,没有废辞。他讲的题目我大致记得是"现在中国所需要的哲学"。短短几十分钟,难以阐发得详尽,大意是说中国需要在传统哲学的基础上,吸收西方近代的新哲学思想。他的论文已经孕育着他晚年的"综合创新论"的构架。这次哲学会上,北大清华以外的教授们有中国大学傅铜的"快乐主义新诠",彭基相的"孔德哲学述评"。傅的论文欠深入,失之浅;彭的论文无新意,失之平。

两年以后,"七七"事变,北平沦陷,我在西南联合大学,张先生身陷敌占区,音讯隔绝近十年。

日寇战败投降后,西南联大解散,各自回到原来的旧址。北大与清华又分在城内城外两地,接触多的时期还得算全国解放以后的两三年以及院系调整后,我们在同一个教研室工作许多年。

听金岳霖先生说,张先生平时不苟言笑,安步徐行。有一次哲学系教师散了会,回家的路上大家边走边说。张先生忽然脱离了大伙,一个人蹑手蹑脚快步向一棵大树下走去。原来他发现了一只刚脱壳的蝉,正向高处爬,张先生手到擒来,带回去给他五岁的儿子玩。张先生在讲学研究心性之学外,还有富于人情味的家庭生活。蹑手蹑脚给小儿子捉蝉的张岱年和阐明天理人欲之辩的张岱年结合起来认识,才是一个活生生的张岱年先生。

由于众所周知的原因,张岱年先生受到不公正的对待,在学术界沉埋了二十年。他身处逆境,仍然从许多方面实现他早年关心的三个方面:(1)哲学理论问题的探索;(2)中国哲学史研究;(3)文化问题的研究。

全国解放后,中国学术界在文学、史学、考古、艺术诸多方面成绩显著,唯有哲学理论界,成绩平平,可以载入史乘的不多。马克思主义本来不是纯学术,它与当时现实政治、阶级关系密切,以及国内国际的政治形势密不可分。张岱年先生上一世纪 20 年代,已接触学术思想的马克思主义,并参与当时的社会史论战。当年列宁在世时,曾称赞普列汉诺夫是优秀的马克思主义理论家,曾造就了一代马克思主义者。斯大林当政后,普列汉诺夫、布哈林都不算马克思主义者,够哲学家资格的,列宁以外只有斯大林。上一世纪 20 年代的马克思主义讲述方式与 50 年代后期的马克思主义很不相同。解放后和大家一同学习马克思主义,显然受苏联哲学教科书的影响。苏联的哲学教科书认为,只有国家的领导人才享有马克思主义的阐释权、发展权。新中国只有毛泽东称得起马克思主义哲学家,其余哲学工作者都是注释者。如果有人不自量力,妄图以个人名义发展马克思主义,即使持之有故、言之成理也难有施展的机会。

全国大学院系调整后,全国各大学的哲学教师集中到北大哲学系,当时,教授副教授共有二十八人之多,堪称世界最大的哲学系。主要是学习、改造思想,只开了两门课,一门是"中国近代思想史",由三位教师集中备课,由一个人出面讲授。一门是"中国哲学史",是哲学系的重点必修课,两年讲完;课程由四位教师分担,粥少僧多,张岱年先生只担任了宋元明清这一段,占"中国哲学史"这门课程的四分之一,没有能够充分发挥其所长。文化问题的研究,由于政治的条件不具备,也难有充分发挥的机会。

一个人的成功,既要主观努力,也要有适当发展的客观环境。有时环境起着决定性的作用。张岱年先生在哲学史教学方面,未能尽其所长,但他培养研究生、教育青年学者成绩卓越。比如他带出来的博士陈来就是其中的佼佼者。张岱年培养了许多研究生,在学术界有很好的声誉,北大新一代青年学者今天都成为学术界骨干,有的成为学科带头人。张岱年先生开的中国哲学史课虽然未能从头到尾讲到底,但他为研究生讲的"中国哲学史史料学",充实而精湛,来听讲的除北大研究生外,社科院、北师大的学生也慕名而来,虚而往,实而归。哲学史史料本来属于张岱年当年自己治学的准备工作,哲学史史料学不是罗列书目,而是结合自己治学的过程,带着青年同学到后台参观,指点某处台词配合的某些道具的用处,使听讲的学生得益匪浅。人们只看到张岱年理论空灵高明,往往忘了张岱年用过扎实的工夫,为理论的空灵高明打下了坚实基础。

新时代有新时代的哲学体系。记得抗战时期,我国有好几位哲学家构建了他们的哲学体系。金岳霖的《道论》《知识论》,冯友兰的《新理学》,熊十力的语体文本《新唯识论》,都是抗日战争时期的精神产品。浙江杭州马一浮讲他的《六艺论》,以《六艺》为框架,发挥他的中国传统文化哲学,他在四川乐山复性书院的一系列的演讲录,是《六艺论》的一部分,由于条件不具备,未能完成。

张岱年的《综合创新论》既包括了他的哲学观又包括他的历史文化观,是他构建的新时代哲学体系,由于条件不具备,未能亲手完成。以他高明的才智,学殖的丰赡应该不成问题,可惜条件不具备,这一宏伟设计,未能实现!

一个比较完整的哲学体系,从酝酿到成型,总要经历长期反复思考的过程,如果经过不同学派的攻击辩论,其系统会更臻完善,立于不败之地。抗战期间,张岱年先生"抱刘越石之孤忠",坚贞自守,与广大哲学界同仁长期隔绝。解放后,他的发言机会蹉跎了二十年,旺盛的精力、活跃的思想遭到禁锢,他个人受的损失无法弥补,使人深感沉痛;他的精神产品没有来得及奉献给学术界,更是无法弥补的损失。

　　所幸张岱年先生《全集》留下来，给后人以借鉴、启发的依据，这是无可奈何之中的慰藉。

　　与张岱年先生先后相过从近七十年，临文时，心情无比的沉重。汉代王充曾在《论衡·命义篇》说，"闻历阴之都一宿沉而为湖"，"数万之中必当有长命未当死之人"，在极"左"思潮的趋势下，知识分子难以掌握自己的命运。"国命胜人命"，王充当年深为感叹，我们不赞同王充的命定论，相信王夫之的"唯君子可以造命"，我们有创造历史主宰命运的使命。看到张岱年先生的一生，使人感到人类创造历史的道路还很长，很长。愿与大家共勉。

艾思奇同志①

　　1949年,艾思奇同志受聘为北京大学哲学系教授。艾思奇同志是中国最早的马克思主义哲学家之一,在青年中有广泛的影响。不少知识青年读了他的《大众哲学》,投奔了延安。新中国成立后,他又是与旧大学哲学界广交朋友,普及马克思主义哲学的功臣。

　　记得北平解放后,北京大学定期举行哲学双周座谈会。参加者有两部分学者:一部分是较早接受马克思主义思想的学者,其中有侯外庐、何思敬、徐特立、艾思奇和胡绳。另外一部分学者是当时北京大学和清华大学哲学系教师。北京大学有汤用彤、朱光潜、贺麟、郑昕、胡世华、齐良骥、任继愈。清华大学哲学系有冯友兰、金岳霖、邓以蛰、任华、王宪钧、张岱年。座谈地点在北大孑民堂。这是北大最大的一个会议室和对外接待室。时间定在隔周的星期日上午。每次谈论会,推一位主讲人,大家提问题讨论,不拘形式,交换意见,会场气氛生动活泼。清华大学远在城外,交通虽不便,但清华的教授们都按时参加,风雨无阻。因为解放后大家对马克思主义哲学很感兴趣,新旧哲学工作者互相交流,获益很多。

　　讨论的题目,记得有西方美学思想、黑格尔哲学、康德哲学、罗素哲学、杜威哲学、形式逻辑、数理逻辑、中国近代思想。记得关于形式

---

　　① 原载《念旧企新——任继愈自述》。

逻辑是不是形而上学,当时有过争议。艾思奇同志主张形式逻辑即形而上学,金岳霖及清华、北大的学者都认为这两者不是一回事。经过反复辩论,后来取得共识,认为形式逻辑不是形而上学。金岳霖为形式逻辑正名,坚持真理,艾思奇虚怀若谷的风格深为哲学界称道。时隔几十年,当时争辩的问题早已不成问题,这次争辩已被遗忘,但在当时,却被看作一件大事。

旧中国有一个"中国哲学会",完全由会员交纳的会费维持,是一个纯粹民间的学术团体。这个学会不是专门研究"中国哲学",而是在中国全国范围内研究哲学的学会,中外哲学史、逻辑及其他属于哲学的领域都包括在内。全国解放后,这个学会自动停止了活动。原来在延安成立的新哲学会在北京成立,重新选举了会长和副会长,会长是李达,副会长由艾思奇和郑昕两人担任。李达当时任湖南大学校长,常住南方,实际负责人是艾思奇同志。

新哲学会成立后,吸收了社会上更多有造诣的哲学爱好者。记得当时佛教界巨赞法师也申请加入了中国哲学会。按照学会章程,新会员入会要有两位会员介绍,会长批准才能入会。郑昕和我充当了巨赞法师的入会介绍人。中国新哲学会会址在南河沿金钩胡同十九号一所两进院的平房内。下设中国哲学史、外国哲学史、逻辑、中国近代思想史、辩证唯物主义与历史唯物主义五个组,各组分别为大学哲学系编写教学大纲及有关资料,也在这里举行过多次学术讨论会。新哲学会成立后,子民堂的双周座谈会停止了活动,新哲学会的活动吸收了更多人参加。

当时全国解放不久,物资匮乏,编写的讲义都是手工刻写蜡纸,用手工操作的油印机印刷的。编写的《中国近代思想史提纲》就是在金钩胡同新哲学会中国近代思想史组筹备,后来由北大的几位教师完成的。

艾思奇同志在北大讲课,最初讲的是"社会发展史",这是北京大学全校学生共同必修课。当时北京刚解放,北京大学有文、理、法、工、医等学院,地址分散,人数众多,无法集中听课,而且也找不到能够容纳万人的大课堂。北大集中了几十位青年教员组成辅导班,由艾思奇同志先向辅导班教员讲一遍主要内容,然后由辅导班教员分别回到各个班向同学授课。艾思奇先向辅导教师讲一次,辅导教师回到各系,结合各系的情况,分别编写教材,向学生讲授。讲课方式与旧大学方式不同,隔周上课,隔周讨论,有点像"西明纳尔"(Seminar)的教学方式。艾思奇同志在这门全校必修课上,既负责讲课,隔一周又负责解答学生提出的问题。我作为"社会发展史"的辅导教师,既要上课,又要解答上课讨论中遇到的问题。因为有三位教师轮流讲课,我有充分时间阅读了一些马列主义有关参考书及马、恩等原著,接触到马克思主义哲学这个新领域,从此开阔了视野,打开了思路。艾思奇同志是我学习马克思主义的启蒙老师。在清华大学,讲"社会发展史"也采用北京大学的讲授方法,任华也担任过辅导教师。

在孑民堂双周座谈会期间,学习过《实践论》和《论人民民主专政》。会上大家讨论过几次,后来又在新哲学会举行过讨论会。这几次讨论会艾思奇、胡绳等都多次发言。因为《实践论》中讲到知行问题,中国哲学史和西方哲学研究者多有自己的体会,发言很踊跃。冯友兰、贺麟、汤用彤、任华都有较长的发言,艾思奇同志也有多次发言,并解答问题,与会者都有不同的收获。

艾思奇同志最初讲授全校的共同课"社会发展史"以后,接着在哲学系开设的课程有辩证唯物论与历史唯物论及马列原著等课程,哲学系的学生都听过艾思奇同志讲课。他在延安、在高级党校讲课多年,经验丰富,深受学生欢迎。教员中我也是旁听者之一。

艾思奇同志为哲学系讲过一系列的课程,他主要讲辩证唯物主义、历史唯物主义。他讲话有浓重的云南口音,缓慢而有条理,具有云南人朴实、厚重的风格。他从不放声大笑,有时也迸发一句幽默的话。有一次讲到人的道德意识是自觉的行为,他说:"道德出于自我意识,不同于动物,狗就没有自我意识,只能给人当走狗。"引起同学们的笑声。艾思奇同志不笑,照常讲下去。

艾思奇同志讲历史唯物主义,引用中国"英雄造时势,时势造英雄"的成语。他说,社会存在决定社会意识,英雄是社会发展潮流中产生的。顺应社会潮流,英雄才能成为成功的英雄。不顺应社会潮流,或客观条件不具备,英雄便无用武之地。三国时期诸葛亮只能三分天下占据一分,要统一中国,就没有办到。欧洲的拿破仑也是英雄,他只是历史时代的产物,当时法国没有拿破仑,法兰西也会产生一位相当于拿破仑的人物出来,完成法国这场变革。在 1951 年,胡乔木发表了《中国共产党三十年》,文章中也讲中国共产党按照中国工人阶级的需要,培养塑造出自己的领袖。艾思奇、胡乔木的观点是历史唯物主义的,很有说服力,有力地驳斥了国家的兴衰全靠圣人,圣人出,天下治的唯心观。唯心史观认为有了尧、舜这样的圣王,天下大治,尧、舜不经常有,所以天下乱多治少。这种观点不合历史实际。

艾思奇在北大哲学系讲辩证唯物主义的范畴时,关于"必然和偶然"一对范畴,他举例说,一切反动的、不得民心的反动派必然失败,这是必然,至于哪天哪月灭亡,这是偶然,科学的历史观不同于算命卜卦的先生,区别在此。又举长期采用农村包围城市的战略,战略出于革命需要,出于群众的拥戴。有了革命,就有领袖,这是必然,至于这革命领袖产生于湖南还是江西,他是否一定叫毛泽东,则是偶然。他把道理讲透了,他的话是对的,经得起时间考验的。

艾思奇同志讲授历史唯物主义,也受到当时历史的局限。讲到社会的生产时,他引用恩格斯的说法:人类社会生产有两种,一种是物质生产,一种是人的生产(生产下一代,生育子女)。当时斯大林的政治经济学,只承认物质生产,人的生儿育女不算生产。艾思奇讲课时接受了斯大林的观点。记得他说,像恩格斯这样伟大的思想家"也难免有错误,不过只是一小点,不算什么大事,恩格斯还是了不起的大思想家"。斯大林反对恩格斯关于生产的说法,后来已得到改正。可见,学术问题有它的严肃性,政治干预奏效于一时,但不能行久及远。

北京大学哲学系的马克思主义哲学奠基人最早是 20 年代的李大钊,他讲授过唯物史观,后来中断了几十年。艾思奇来到北大后,中断了的马克思主义思想不但活跃起来,而且发展了。

艾思奇同志在北大讲课,大约五年左右,把马克思主义普及到高等学校,在北大哲学系留下深刻的印象,和高等学校的知识分子结下了深厚的友谊。艾思奇同志功不可没。

1953 年以后,大批苏联专家来到中国,北京大学也分配来几位苏联专家。他们讲课很机械,只讲正面结论,不讲反面论点,不提倡辩论,不许反问。本来内容十分丰富的辩证唯物主义课,被苏联专家讲成了干巴巴的教条。考试也提倡死记硬背,学生的创造性受到压抑。《联共党史》讲到俄国十月革命后,农村消灭了富农阶级。学生问:"当年那些富农哪里去了?"苏联专家不耐烦了,反问学生:"你打听他们干吗,是不是要与他们通信?"学生们不敢再问了。

后来才知道,苏联派来的这些教师大多数不是第一流专家,也有

从党政机关抽调来的,学术造诣和艾思奇同志不在一个档次上,

艾思奇同志向社会、向广大群众普及哲学,人们早已熟知。他在解放后,把马克思主义普及到大学、高等研究机构,与知识分子广交朋友,似未引起注意。当时形势下的哲学普及工作,十分艰巨。他把本来站在唯心主义阵营的大批旧知识分子引导到了马克思主义一边来。固然这是由整个革命形势决定的,但他的功绩是卓越的。我就是闻道较迟,接受启蒙教育的一个。

1961 年,参加编写大学文科教材,我负责主编《中国哲学史》教科书,集中住在西郊的高级党校,见面的机会较多,对艾思奇同志了解渐多。他多才多艺,喜游泳,喜音乐,爱好绘画,收藏齐白石的国画。对中国哲学史也有广泛的兴趣和独到的见解。为人豁达,能容忍,不与一般俗人争一日之短长,真理所在,则分毫不让。我深为他英年早逝而悲伤,又为他在"文化大革命"前离世而庆幸。艾思奇同志如果生前遇上"文化大革命",其结局将难以预料。

史学家的品格①

　　全国解放后,我读到《美国侵华史》。知道作者是刘大年,但未曾有机会见面。

　　以后同在中国科学院工作,不在同一个研究所,才有了见面的机会。1971年下放"五七"干校,共同在河南息县,我与大年见面的机会多了。后来我们两人都当选全国人大代表,社科院共有六位,还有冯至、夏鼐、吕叔湘、唐弢。人大开会的座位按姓氏笔画排列,任、刘姓氏都是六划,我们邻座。开会在一起,回到住处又在一起,接触更多,对他的了解也逐渐加深。以后住处相距不远,常常找他谈谈学术上的问题。

　　大年同志参加革命较早,却从不摆老革命的架子,没有教条气息。我这个马克思主义的新兵和他交谈,很受教益。比如他讲述范文澜同志对于"批判继承"的理解时说,批判地继承就是把旧文化中一切合理的东西榨干,吸收为我们所用。这个比喻生动而深刻,令我心折。

　　1958年以后,全国广大地区推行人民公社制度,实行了若干年,挫伤了农民的积极性,上上下下都不满意,一个壮劳力辛苦一年,还欠了公社的债,填不饱肚子。老百姓为了抵制人民公社,才出现了包

---

　　① 据《竹影集》。原载《近代史研究》2000年第6期,题为《忆刘大年同志的几件小事》。

产到户(后来通称为家庭联产承包责任制),农村生产力很快得到恢复。这个变革改变了过去农民不关心生产的弊病,有速效。刘大年同志却指出,从长远看,农村生产发展还是要走合作化的道路,一家一户的生产单位不能使广大农民从简单的劳动中解放出来,要有新的组织形式才行。他这些见解,后来从理论上、从实践上都证明是正确的,他真正搞通了历史唯物主义。

马克思的历史唯物主义与旧哲学的不同,突出之处在于它深入社会,干预生活,不是手持高头讲章,坐而论道。马克思主义的历史观和研究方法,在中国经过近百年的传播,已经生根、开花、结果。我国历史学界首先用历史唯物主义解剖上古史,取得令人信服的成绩,造就了大批人才。刘大年同志是较早的马克思主义史学家之一。他专攻近代史,他在 50 年代写的《论康熙》是继《美国侵华史》以后引起学术界关注的论文。

我国著名的文史学家陈寅恪,受到海内外学者的尊重,晚年双目失明,在极"左"思潮笼罩下,心情郁悒,写成《柳如是别传》。刘大年同志充分肯定了陈先生在南北朝隋唐史方面的巨大成就,同时也指出,用几十万字考订柳如是的生活细节,此种研究方向不值得提倡。在对陈寅恪一片赞扬声中,能提出此种评论,不啻一副清凉剂,难能可贵。陈寅恪先生博闻强记,治学谨严,目空千古,一生服膺司马温公。司马光关心治道,主编《资治通鉴》。如能起温公于地下,《柳如是别传》必不会得到温公认同。

"四人帮"打倒后,出于对"文化大革命"荒谬批孔的反弹,学术界有些人把孔子抬出来,以补救马克思主义的缺失。学术界有人宣传,亚洲"四小龙"的腾飞是得力于孔子精神,只有恢复孔子之道,才可以救社会的时弊。刘大年同志对此提出了有理有据的批驳。他说,孔子的学说既然有如此神通,何以对邻居慷慨,对本土反而不帮忙?他指出,孔子学说不是最近才出现,也不是外国引进,何以几千年来孔子学说没有救了旧中国?鸦片战争以后,民贫国弱,孔子学说的威力哪里去了?孔子学说有价值,是中国人民的宝贵遗产,我们应当继承发展,但把孔子学说拔高为治国平天下的最高原理,这是错误的。

凡是我们两人共同参加过的大小学术会议,刘大年同志必有发言稿,我有时只有一个提纲。这些细节都表现出一个科学家严肃务实的学风。刘大年同志治学一丝不苟的精神值得我永远学习。

刘大年同志的专业范围在中国近代史,他在这个领域内带出了不少青年学者。近代史研究处处涉及西方各国,特别是政治、经济领域的利益问题。对于一个摆脱西方殖民主义枷锁的新中国要站起来,在中国拥有既得利益的各种外国势力、集团必然要反对。一方要站起来争取民族的自由,一方要维护既得利益,不希望看到从前的弱小国家站起来与他们平起平坐。侵略与反侵略,压迫与反压迫构成了一部中国近代史的发展主线。凡是涉及中国的变革进步的思想、改革,外国敌对势力必然反对,并且找出一些理论根据来论证中国不应改革,不应革命;不应反对西方侵略势力。近二十年来,这种思想以不同的学派、学说来论证中国革命搞错了,"五四"以来从来没有找到自救的道路,甚至推论说没有辛亥革命,光绪皇帝如继续当皇帝,中国会比今天共产党领导得好。这些议论直接向社会主义中国挑战。中国近代史研究者义不容辞,理应做出科学的答复。范文澜等同志在新中国开创了中国近代史的科研领域,刘大年同志继承发展了中国近代史的研究,做出了他应有的贡献。这一事业,还要靠我们后死者继续努力。近代史是历史研究的一部分,也是建设社会主义新文化的重要支柱。中国近代史研究失去一员主将，但现在已有千万生力军跟了上来，必将开创更光辉伟大的新局面。

最后，举一件小事，作为此文的结束。我见过不少老干部，当年为了革命生死置之度外，勇往直前，义无返顾。等到进入老年，反倒怕死了。这说明，一个革命者，完全彻底相信唯物主义，并不是人人能办到的。大年同志患病住院，曾对他的家人说，如果他的病无法治愈，不必用抢救的办法维持生命，要相信医生的诊断。身后坚决不举行告别仪式，不开追悼会。他这种明达的生死观，不愧为坚定的唯物主义者，令人敬佩！

初小老师曹景黄[①]

　　我从识字到上正规小学，换过许多地方，最后一次上小学，读到毕业，是在山东济南贡院墙根，当时叫"省立第一模范小学"（现改称大明湖小学），专收男生。这所小学师资整齐，教学认真，当时在山东省很有名气。当时是级任制，由一位老师从低年级接收，一直跟到学生毕业，然后回头来再从低年级开始。我觉得这有好处，师生有感情，互相了解，对学生的学业、品德成长有利。如果老师业务水平高，师长足以为学生的表率，这个制度值得提倡。

　　我读小学时，分为高小、初小两部。级任老师是曹景黄先生，山东新泰县人。记得小学上《论语》课，讲到"臧文仲居蔡，山节藻棁"，曹老师说："蔡是乌龟，古人以龟为神物，近人以乌龟为贬义，骂人的话。我的村庄取名'蔡家庄'，是'乌龟庄'。"大家都笑了。因此，我不仅记得曹老师是新泰人，还记得他家乡的村庄的村名。上一辈读书人，除了名字还有"字"和"号"，当时忘了问问曹老师的字和号，真遗憾。

　　曹老师教习字课，用元书纸写毛笔字（音乐、体育、图画、生物有专科老师）。作文课当堂写作，下一周批改后发还。作文卷子按成绩

顺序发还给学生,成绩好的放在前面,差的靠后。发作文卷子也是一次作文评讲。作文用文言写作,好的作文,老师指出好在哪里。常见的错字、用词不当,老师结合作文向全班讲解。作文课是写作练习,发作文的评讲则是语法修辞的练习。这一好传统,现在的小学教学好像已不再实行了。记得有一次作文题目是关于清明节植树。我的作文有"吾乡多树,每值夏日,浓荫匝地……以待行人憩焉"。曹老师指出,"这个'焉'字用得好,得到文言文的语感,就算学懂了"。

曹老师讲《岳阳楼记》,讲毕,还吟诵一遍,以加深作品印象。我们上一辈学者都会吟诵。现在老先生中,文怀沙先生吟诵古诗词,很有功力。这是中国古代帮助理解、欣赏文学作品的通行办法。记得王守仁的学生向王守仁请教《诗经》的一章,王守仁没讲话,只是吟诵了一遍,问学生:"懂了吗?"学生回答:"懂了。"满意而归。

曹老师讲课文,若涉及有关酗酒荒淫内容的文章,他也向学生讲一些性知识,结婚后性生活要有节制(当时男女分校,学校没有女生)。同学年龄参差不齐,小的十来岁,大的有十五六岁的。

曹老师讲他们年轻时,有武科考试,有的武科考生不注意身体锻炼,性生活不节制,拉弓射箭,一只肩膀被撕裂,脱离躯体,成为终身残疾。

七十年前的小学老师对青春期少年传播一些性知识,应当说是相当开明的,是对下一代人的身心成长高度负责。今天有些中小学的老师,有的还没有达到这个水平。

讲《论语》"胁肩谄笑,病于夏畦"这一章,曹老师结合课文,举了一些社会上流行的巴结上司、拍有权有势人物马屁的可耻可笑举动的例子,印象深刻,有时引得哄堂大笑。在我幼小的心灵里,培养了鄙视趋炎附势的人生观。

我今年八十岁了,曹老师给我的教育的新鲜感从未衰减。

高小老师夏育轩[①]

　　到高小,我们的班主任是夏育轩老师。他在山东济南是位小有名气的话剧创作家。他曾说:"关于话剧,不敢说专家,有这方面的专家,我愿意和他交谈交谈。"他写的剧本我没有看过,记得他写的多偏重于社会题材,他在班上对我们讲了一个剧情梗概,叫作《五千元的戒指》,写一个诈骗犯,图财害命,讹诈一家珠宝首饰店的故事。初小曹景黄老师讲《论语》,高小夏老师讲《孟子》。这种课程叫"读经",为各年级的必修课。山东省地方军阀,当时称山东省督办张宗昌命令教育厅在全省推行。当时教育厅长叫王寿彭,是清朝慈禧太后六十寿辰那年开科,第一名状元要取个吉兆,王寿彭名字取得好,正好祝君王有彭祖之寿,把他的名次从后面提到前面,定为状元。

　　这位状元不大懂得近代科学,也不懂得数学。有一次视察学校,赶上数学老师在黑板上边演算边讲解代数,板书整齐。这位王寿彭厅长对校长夸奖说:"这位英文教师讲得很好。"

　　有一次,在济南开华北运动会,优秀运动员奖品是《十三经》。有一位运动员叫王玉良的,得到两项冠军,奖给他两部《十三经》,当时有"二十六经冠军"的称号。

　　夏育轩老师课讲得好,对学生要求严格,他还鼓动学生学习要有

---

　　① 原载《念旧企新——任继愈自述》。

主动性,鼓励学生自觉地完成学习任务,倡议公布同学住家到学校的距离一览表,姓名栏下有"约×里"。住得远,如偶然到校迟到,提出正当理由,可以得到谅解。还让同学们自办小图书馆。占用教室一角,设两个书柜加一把锁,推举一位同学掌管,半年轮换一次。同学们共同出资,订阅几种杂志,有《小朋友》《儿童世界》(还有几种记不清了),还由同学捐助一些文艺小说,如《水浒传》《红楼梦》《镜花缘》《说岳全传》《三国演义》《老残游记》等,也有几十种之多。我当过一任图书馆负责人,我的前任是陈运畴同学,他把钥匙交给我。正赶上1928年日军炮轰济南,杀害我公使蔡公时,造成"五卅惨案"。学校停课,我们提前毕业,小图书馆也不复存在了。

夏育轩老师记得掌故多,社会经验多,给学生很多课堂以外的知识。西方心理学有一派,把人的性格分为四大类型,其中一种为多血质,性情开朗豁达,能哈哈纵声大笑,孟子应属多血质类型。

夏老师还讲"文如其人",什么人写什么文。他说,明太祖朱元璋在南京城外郊游,见人骑马路过,便出一七言对,上句为"风吹马尾千条线",长孙建文对云"雨打羊毛一片毡",四子燕王对"日照龙鳞万点金"(这则故事后来在明笔记中也看到了)。夏老师说,从这句对子中也可以看出建文这个人软弱无能。

还有一次,刚讲过《桃花源记》,他就让学生虚构一个理想乐园,写一篇《重游桃花源记》。

那时山东军阀割据,连年内战,山东省自行印制"军用券",不能兑现,强迫老百姓使用。教师们发薪水,一部分用银圆,搭配部分"军用券"。我们读孟子说的"民有饥色,野有饿莩",都能理解。老百姓对张宗昌恨之入骨。山东省流行民谣有:

　　也有葱,也有姜,锅里煮的张宗昌;

　　也有葱,也有蒜,锅里煮的张督办。

张宗昌的官职是"山东省督办"。

　　人们心目中的"桃花源"离现实太远,实在无法构成一个美好的理想国。我在作文中把桃花源中的"良田美池",老人儿童的乐园在现实中归于幻灭,我把重游所见写成良田荒芜,美池干涸,鸡犬无声,老少叹息的一片荒凉景象。夏老师看了说:文字写得好,命意也深刻,荒凉结局缺富贵气,可能与你的富泽有关,深深表示惋惜之意。

初中时期的老师[①]

1928 年,山东济南被日本侵略军占领。我不能在济南升中学,便回到山东老家平原县中学读初中。县里只有初中,已办了两届,我是第三届入学的,称中三班,每年只招收一个班,约为四十人。

平原是个穷县,农产品有麦、棉、花生。有马颊河经县境流入渤海。因沿津浦铁路,风气尚不甚闭塞。

我三岁离开老家,十三岁再回来,故乡情状比较生疏。

学校设在县城东南角,与县文庙为邻。校门正对琵琶湾,一泓池水,终年不涸。

初中三年,印象深刻的有图画老师赵香波、张宁宇。教水彩及写生,使我知道画家齐白石、徐悲鸿,还有山东画家吴天墀这些名家。他们教我懂得透视学。我的水彩画有的被选入县文化馆陈列。1937年抗日战争开始前,我暑假回山东还看见过。

另外有国文科的任幹忱、刘海亭老师。刘海亭,山东潍县人,原来在济南模范小学高小教书,也许由于"五卅惨案",还是其他原因,到平原县来教国文。刘老师到我们班上,点名时发现了我,倍觉亲切。他教学认真,讲解生动活泼,改作文也认真,写得一手赵体字,大字更佳,学校重大活动,横标大字都由他执笔。

---

① 原载《念旧企新——任继愈自述》。

309

教了一年,快要放暑假,还差一个多月。刘老师因事去济南,学校托他为学校买下学期的教材,同学们也有人托他代买文具及其他日用品的。学校下下学年聘书,都在 5 月间,平原县中学教师的职位也成了角逐的目标。刘老师是个书生,有人谋求取代他教这一班国文课。有人说他买教材有贪污,到处张扬。刘老师无从申辩,自觉无颜见人,未再上课,悄然离开了学校。班上有一位同学赵某,也趁刘老师处境险恶,跑去找他,说代购的文具价钱比县城的贵了,向刘老师要回了五角钱,回到班上向别的同学夸耀。当时我是个小孩子,不懂得世道险恶,只觉得刘老师只会教书,不会办事,也觉得这位同学太没有情谊,即使代买东西贵了五角钱,也不应去要。后来升入大学,又见了当年的老同学,才知道有人为谋求他这一班的教学职位,不惜向他栽赃,使他蒙羞离去。多年来,我多么想再见到这位可敬的老师,一直没有打听到他的下落。刘老师带着遗恨,蒙受不白之辱,离开了平原县中! 真正应被责罚的是那些居心险恶的小人。

另一位数学老师秦文郁,教学有经验,只是选用的教材不大合用,用的是商务印书馆翻译外国的混合数学教科书,把几何、代数混编在一起,效果不及分科编写的教材好,只我们这一班使用过一次。这种编排方法,有利于启发学生的数学综合思维。我的数学基础是初中打下的。

任幹忱老师是北京大学中文系三年级的学生,平原人,家境贫寒,学费不够,休学一年,当教师,攒了钱,又回去读书。他讲课时顺便讲到北大教授的一些轶事。他说,黄季刚先生学问很好,很受北大的器重,只是脾气有些古怪。有一次,黄先生到北大上课,上课铃响了,学生坐满了教室,黄先生坐在教员休息室不动。教务处职员跑去请,说:"上课时间到了,该上课了。"黄先生两眼望天,冷冷地说:"时间到了,钱还没有到呢。"教务处赶快去代他取了薪水,他才去上课。

我认为黄先生的做法太不近人情,却佩服北京大学蔡元培带出了尊师重教的博大学风。为了留住人才,不惜打破行政惯例。北大教授中,像黄季刚先生也只此一家,如果每个教授都这样,北大也无法应付。

任幹忱在北大读书,接触到一些当时国内一流名家,他讲课深刻,广征博引,不像一般中学,讲明白字句,串讲一遍就算完成任务。他还讲作者的时代背景,作者的生平为人。讲司马迁《报任少卿书》,把汉武帝对待文人的态度及司马迁冤案的由来讲得很充分,司马迁的愤激不平之气就跃然而出。他讲《芜城赋》,结合南北朝政治形势,把文章风格讲活了。一年后,他离开了学校,回到北大继续读书。任幹忱是我们任氏家族人,按辈分和我祖父同辈。初中毕业后,我到北京升高中,任幹忱老师在北大未毕业,代为租房子,代买生活用具,指导应该注意事项。抗日战争时期,他在重庆青木关,在体育委员会当秘书。我在西南联大读研究生。他托我求刘文典写过一幅字,他视同拱璧。他四十多岁才结婚,中年得子,取名"兆明",还特意告诉我得子的喜讯。日本投降后,他可能随体委去了台湾,我回到北京,两人失去了联系。

英文老师涂××,山东菏泽人,教英文,刘海亭老师走后,他又兼教我们这一班国文课。他喜欢讲新文学,鲁迅、郁达夫、郭沫若的几篇古典戏剧,"卓文君""聂政"是他选出来讲的。涂老师多才多艺,有时也在班上朗读他自己写的短篇小说和散文,是一位才子型的老师。

唐××是黄埔军校的毕业生,山东高密人,教党义及军训、体育课,对学生蛮横、粗暴。有时用体罚,有一次,责罚一位同学,同学不服,他大叫:"拿绳子来,给我捆上!"他虽然讲过他参加东江战斗,多么勇敢,我却对他印象不佳,从此对国民党也存有戒心。